现代汉语语法研究丛书

丛书顾问：邢福义　陆俭明
丛书主编：匡鹏飞

☆ 教育部人文社会科学重点研究基地成果
☆ 中国语言文学国家“双一流”建设学科成果

形式动词的原型范畴及其形成机制

高逢亮 / 著

华中师范大学出版社

新出图证（鄂）字10号

图书在版编目（CIP）数据

形式动词的原型范畴及其形成机制/高逢亮著. —武汉：华中师范大学出版社，2023.6

（现代汉语语法研究丛书/匡鹏飞主编）

ISBN 978-7-5769-0105-4

Ⅰ. ①形… Ⅱ. ①高… Ⅲ. ①现代汉语—动词—研究 Ⅳ. ①H146.2

中国国家版本馆CIP数据核字（2023）第058521号

形式动词的原型范畴及其形成机制

ⓒ 高逢亮 著

责任编辑：肖绪旭　**责任校对**：罗　艺　**封面设计**：罗明波

编辑室：高等教育分社　**电话**：027-67867364

出版发行：华中师范大学出版社　**社址**：湖北省武汉市洪山区珞喻路152号

电话：027-67861549（发行部）

网址：http://press.ccnu.edu.cn　**电子邮箱**：press@mail.ccnu.edu.cn

印刷：湖北恒泰印务有限公司　**督印**：刘　敏

开本：710 mm×1000 mm　1/16　**印张**：15.75

版次：2023年6月第1版　**印次**：2023年6月第1次印刷

字数：260千字　**定价**：72.00元

欢迎上网查询、购书

从书序言

华中师范大学汉语语言学学科的形成和发展，已有 70 年左右的历史。改革开放以后，进入快速发展阶段。在邢福义先生的带领下，本学科逐渐形成了自己的学术主张（“研究植根于汉语泥土，理论生发于汉语事实”）、基本理论（“小句中枢说”“句管控”等）和研究方法（“两个三角”，即“表—里—值”小三角和“普—方—古”大三角）。这些理论和方法，奠定了本学科的学术根基，体现了本学科的理念和追求，也滋养了一批批桂子山语言学人。

近年来，在教育部人文社会科学重点研究基地——语言与语言教育研究中心和华中师范大学中国语言文学国家“双一流”学科汉语语言学方向的建设中，我们进一步强化和凸显了上述学术特色，确立了以“现代汉语语法”作为主攻方向、从不同角度对现代汉语语法研究进行深化拓展的建设思路。

《语言与语言教育研究中心“十三五”发展规划》明确指出：

面向国家需求，结合自身优势，本中心将以“现代汉语语法”作为科学研究的主攻方向。自信有为，创建特色，这是我们的发展理念和学术追求。因此，我们强调自强自立，立足汉语本土，弘扬朴学精神，发掘汉语特点，为世界语言学贡献中国元素。我们强调国学思路。在我国的传统学术中，语言学进入国学范畴的是文字、音韵和训诂，语法未受重视，语法学的兴起始于晚清时期《马氏文通》的问世。把语法引入国学范畴，是对国学研究的拓展和深化。我们强调引进提高。引进的目的是提高，提高的结果是创造出自己的特色。我们需要借鉴外国理论，但不盲从。借用不是照搬，需要本土化。我们既不要妄自尊大，也不要妄自菲薄。吕叔湘先生和朱德熙先生都特别强调“务实”。基于汉语事实，生发汉语理论，古为今用，洋为中用，这是我们发展学术、创建特色的基本路径。

《语言与语言教育研究中心“十四五”发展规划》进一步指出：

“十三五”期间，本中心面向国家需求，结合自身优势，确立“现代汉语语法”为科学研究的主攻方向，旨在立足汉语本土，弘扬朴学精神，发掘汉语特点，创建中国特色，为世界语言学的发展贡献中国元素。“十四五”期间，将通过现代汉语语法研究的多维拓展（口语语法、方言语法、境外华语语法等）和不断深化，进一步巩固方向，彰显特色。我们将始终不渝地践行“务实”和“创新”两大理念，以“务实”为学风导向，以“创新”为学术引领。基于汉语事实，生发汉语理论，这是我们一贯坚持的发展学术、创建特色的基本路径。

基于上述建设思路，为了反映本学科在这一领域最新的探索足迹，我们特编辑出版“现代汉语语法研究丛书”，主要收录本学科教师的相关成果和毕业研究生的相关博士学位论文。本丛书首批共推出著作10种。这些著作都是首次正式发表，研究的对象涵盖了现代汉语语法问题的各个方面，包括词类中的动词、数词、副词，句法中的主语问题、定语从句、唯句成分、特定句式、空语类、移位问题等，也包括语法与语用相结合的话语标记问题；研究的视角，以现代汉语共时平面为主，也涉及一些历时演变方面的探讨；研究的理论和方法，立足“小句中枢”和“两个三角”，同时也充分吸收借鉴认知语言学、生成语言学、语言类型学等学科的理论方法。这些研究，从不同对象、不同视角、综合运用各种理论方法对现代汉语语法问题进行了专题考察，在事实发掘和理论探讨方面都做出了一些新的努力。

本丛书为教育部人文社会科学重点研究基地成果和华中师范大学中国语言文学国家“双一流”建设学科成果。丛书的出版，有幸得到老一辈著名语法学家的悉心指导，邢福义先生和陆俭明先生欣然应允担任顾问；得到华中师范大学语言与语言教育研究中心主任汪国胜教授和文学院院长刘云教授的大力支持；得到华中师范大学出版社高教分社何军华社长和宋文静编辑的积极协助。特此一并表示最诚挚的谢意。

“路漫漫其修远兮，吾将上下而求索”，“独学而无友，则孤陋而寡闻”。我们将继续凝聚整个学科团队的智慧，继承和发扬学科的学术特色，充分吸收借鉴国内外各种具有启发性的理论和成果，不断求实创新、开拓进取、探索真知，为把现代汉语语法研究推向深入贡献绵薄之力。敬请学界同仁不吝赐教、批评指正。

匡鹏飞

2022年7月20日于武昌桂子山

前　言

本书受到华中师范大学语言与语言教育研究中心以及湖北省社会科学基金一般项目（后期资助项目）“现代汉语形式动词的原型范畴及演变机制研究”（编号：2018104）的资助，谨致以诚挚的谢忱。

形式动词是汉语中较为特殊的一个动词次类。其主要的句法特征是，可以带双音节及物动词作宾语，并且双音节及物动词的受事只能置于形式动词之前，这是形式动词和普通动词以及代动词、泛义动词等其他动词次类的关键区别。形式动词抑制了充当其宾语的动词的部分特征，可以说使其实现了“指称化”，也因此实现了“有界化”。形式动词的宾语动词可以根据表达需求添加多种修饰成分，从而增加了信息量，丰富了表达手段。形式动词意义虚化，但并不是完全没有词汇义，较为抽象的词汇义对它们选择宾语动词有所影响。

对于形式动词的范围、分类，学者们采用的多是结构主义语言学的范式，以语法功能为切入点，忽视了其他方面的属性，得出的是经典范畴，没有全面反映语言事实。本书运用认知语言学原型范畴理论重新审视形式动词，描写并解释其成员在典型性方面存在的差异。我们认为形式动词包括 30 个成员，可以划分为 3 个次类 8 个小类，不同小类的形式动词在语法表现及表达功效方面存在对立和互补关系，这一特点丰富了我们的表达手段。不同的形式动词在选择宾语动词方面存在不同的倾向，同时，不同的形式动词若携带相同的动词作宾语，往往凸显了同一个动词的不同义面。

对于形式动词的来源，多数研究者注意到了“加以”的词汇化和语法化的问题，对于其他成员的演变历程则有所忽视。实际上，大部分形式动词都经历了词汇化或语法化的过程，其中有些尚处在词汇化或语法化过程之中。这些原本是短语、跨层结构或者普通动词的成分能够通过词汇化或语法化演变为形式动词的关键之处在于宾语范围的逐步扩大，能够携带双音节及物动词作宾语是它们实现词汇化、语法化的最终句法环境，其中隐喻机制发挥了重要作用。

本书内容分为八章。

第一章简要介绍本书的整体框架。我们对形式动词的研究现状及存在问题进行了梳理。从 20 世纪 50—60 年代开始对“进行”“加以”的个案研究，到 80 年代开始的系统研究，国内关于形式动词的研究成果十分丰富。吕叔湘、朱德熙、龚千炎、邢福义等先生都曾对形式动词进行过研究，使形式动词研究保持在一个较高的水平。不过，仍然有很多问题值得作进一步研究，主要表现为形式动词的范围、分类和演变机制须进行深入探讨。

第二章讨论了形式动词与相关范畴之间的关系。在这一部分，我们首先讨论形式动词和准谓宾动词，然后，将形式动词和代动词、泛义动词进行比较。这些概念和形式动词在内涵和外延方面都有所不同，但目前这些术语的运用存在较为明显的混淆，妨碍了对形式动词的认识。

第三章描述了形式动词的理想认知模型。形式动词的理想认知模型是一个集束模型，包括语义特征模型、宾语性质模型、句法分布位置模型、语体特征模型、语篇特征模型，不同研究者在认识形式动词时对这些模型有所侧重，导致对形式动词的认识有所区别。典型的形式动词应同时与这些认知模型匹配。

第四、五、六三章是本书的主体部分。

第四章讨论了形式动词的范围和分类。目前对形式动词的分类均是采用二分法，一般是分为“进行”类和“加以”类，通过二分法得出的次类若是非此即彼的矛盾关系，则最为理想，但是“进行”类和“加以”类存在纠缠，这种划分有明显的局限性。我们认定了 30 个形式动词，并分为三个次类：(1) 动作类形式动词，这类形式动词主要携带表示动作行为的动词作宾语，根据它们词义及表达功能的区别，我们将动作类形式动词分为“进行”类、“加以”类、“给予”类、“作”类 4 个小类 18 个成员。(2) 表态类形式动词，主要包括“表示、提出、致以、发出、给出、感到”这 6 个成员，根据它们的表达功效，我们分为内向表态类和外向表态类 2 个小类。(3) 存现类形式动词，主要包括“有、存在、产生、构成、造成、形成”这 6 个成员，根据它们的表达功效及添加体标记的情况，可以分为存在类和出现类 2 个小类。

第五章对非典型形式动词进行了论证。它们具有和典型形式动词相似的句法表现，但也存在典型形式动词所不具备的语法特征，因此既是对立的又是互补的。

第六章讨论了形式动词的演变机制。本章首先对“V出”类、“V以”类、“V成”类形式动词以及“造成”“展开”“给予”等的词汇化情况进行了描写与分析。这些经历词汇化过程的形式动词也同时会经历语法化的过程。另外，我们还对“表示”等动词的语法化情况进行了分析。

第七章探讨了形式动词的表达功效。通过讨论，我们认为形式动词可以增强或转变句子的语体色彩，使句子显得庄重、严肃。同时，形式动词可以凑足句子结构，有完句作用。另外，形式动词可以标记或切换句子焦点。从语言项目（item）的排列（arrangement）角度来说，与SVO语序相比，形式动词使动词和它的受事NP不再处在同一层次，二者距离变远，这一结构上的差异造成了一定的语义后果，即形式动词结构往往表示间接实施某一行为。

第八章是结语部分，对本书最终得出的认识进行了说明。

总体来说，本书主张一种动态的词类观。形式动词虽然是一类意义较为虚化的动词，但是并非是固定不变的，为了满足书面表达的需求，它在动态地吸收新成员。本书就是试图把新成员及它们演变为形式动词的动因说清楚。不过，这一目标显然没有完美地实现，还有很多工作要做，这也是笔者的下一个目标。

高逢亮

2022年12月

目　　录

第一章　绪论

第一节　研究对象、内容与选题来源

本书旨在对形式动词进行探讨。这显然不是一个新的研究对象，汉语语法学界对形式动词的研究是长期的，取得的成果也是丰硕的。翻看不同版本的《现代汉语》，形式动词都是动词的一种次类，而且教材所列举的往往是“进行、加以、予以、作”等典型成员。这反映了学者们对形式动词的认识较为一致。要在这样一个问题上谈出新的见解是有难度的。不过，本书仍然发现不少值得进一步挖掘、重新加以认识的问题。很重要的一点是，语言系统是在动态发展的，从动态的角度看，任何一类词都不是固定不变的，而是在动态地“除旧迎新”。形式动词也在“悄悄”地吸收新的成员，以满足语言社团表达上的需求。朱熹在《观书有感》中的名句“问渠那得清如许，为有源头活水来”，可以借用来说明这个问题，如果把一类词看作一池水，没有活水的注入，水质必然会越来越差，没有新成员的加入，一类词的表达功能可能就会运转不灵。与之相关的一个问题是，既然有新成员的加入，那么新成员是如何融入这个范畴的，与已有成员之间的分工是怎么样的？这些都是值得分析的问题。

认知语言学的“原型范畴”理论将一个范畴分为典型和非典型成员，构成一个连续统，如果将典型成员的代表性特征列举出来，非典型成员一般只具备其中的一部分，而且非典型成员往往同时具有其他相邻范畴的部分性质。从一类词动态形成的角度看，新成员的产生首先是取得非典型成员的资格，然后随着使用频率的增加、功能的稳固向典型成员靠拢，最终可能成为典型成员。形式动词也是一个原型范畴，有典型成员和边缘成员之分，边缘成员和普通实义动词、代动词、泛义动词等范畴有交叉。也就是说，有些形式动词同时具备普通实义动词、代动词、泛义动词的属性，具有多种用法。如果不能认识到这一点，对形式动词成员的判定往往会过严，即只会将使用频率较高的如“进行、加以、予以、作”等判定为形式动词，实际上它们只是典型形式动词，仅有这几个形式动词并不能满足我们语言生活中的表达需求。当前学界对形式动词的研究集中在上述几个成员，尤其是“进行”和“加以”，忽视了其他形式动词。我们将根据典型形式动词的特征，结合对语料的观察、分析，刻画形式动词的原型范畴。形式动词作为一个范畴，有不同的成员，不同的成员又可以根据句法、语义特征及表达功效分为若干小类，它们在选择宾语动词以及对动词的作用方面存在区别。所以，研究形式动词的原型范畴，实际上也是在研究形式动词的带宾能力及结构整体的功能，根据这类词带宾能力的强弱，以及整体功能的共性、差异，可以区分成员的典型度。要做到这一点，必须观察大量语料才能进行，否则容易先入为主，囿于既有观点而忽视非典型形式动词。

形式动词和普通动词两个范畴之间存在交叉。有些动词既有普通动词的用法，也有形式动词的用法。这两个范畴之间的联系和区别，吕叔湘（1980）曾经有过简要论述，其说法十分明了，形式动词只能以动词为宾语，普通动词还可以带名词宾语。但是，形式动词往往来源于普通动词的虚化，这意味着一些动词可以兼有形式动词和普通动词两种用法。二者的主要区别在于它们的语义和语法特点。语义方面，形式动词没有明确的具体的词汇义，特别是在句中使用时，语义虚化明显，一定条件下可以删略。需要强调的是，形式动词虽然意义虚化，但属于实词，并不是完全没有词汇义，其词汇义在对宾语动词的选择限制及凸显宾语动词不同义面①方面有重要作用。这一点我们会在下文详细展开论述。在这里我们举例简单说明一下形式动词与宾语动词的选择关系，例如：

（1）我问：如果从这些家谱中选择一两种加以研究，进行校注，予以发表，您同意吗？

例（1）中“加以、进行、予以”都是典型的形式动词，它们的宾

① “义面”是生成词库理论中的一个概念。Pustejovsky（1995）指出同一个词在不同语境中因为组合词项不同而产生意义上的变化，比如 bottle 既可以表示“盛器”也可以表示“被盛物”，这种现象称为“逻辑性多义”（logical polysemy）。宋作艳（2015：8-10）也作了介绍。

语都是双音节及物动词。典型形式动词往往可以相互替换，但是例（1）中“予以”若用“进行”替换则表达效果不够理想，我们在北京大学中国语言学研究中心CCL语料库（下文简称“CCL语料库”）中也没有找到“进行”和“发表”直接组合的用例。根据《现代汉语词典》（第7版），“发表”的词义是“在报刊或互联网上登载（文章、绘画、歌曲等）”，侧重于表示一种结果，不强调持续的过程，“进行”则表示动作行为的持续，因此从词义匹配的角度来说“进行”和“发表”很难“和谐”地组合。“加以”由于虚化程度高，可以替换“予以”，例如：

（2）每一次，他的发现要么不受人注意，要么在别人独立做出同样的发现以后才加以发表。

但是“加以发表”和“予以发表”在意思上仍有所区别，后者相比前者多出了“同意、允准”这种道义情态义，也就是说，“予以”标记了更远的交际距离，“予以”的施事及与事之间存在某一方面权力上的不平等。这说明形式动词不是完全虚化的，也有词汇义。

“加以”和“进行”一般被视作形式动词的典型成员，虚化程度都比较高，不过它们在选择宾语动词方面存在差异。具体来说，“加以”有“施加”之义，“加以＋VP”表示将一动作行为施加到一对象之上。段玉裁在《说文解字注》中指出“加”由其本义引申出“凡据其上曰加”。对一事物所施加的动作必然是对这一事物有所影响的，自然是以及物动词为主。因此“加以”一般不携带不及物动词作宾语。而“进行”因为表示动作的持续，有些不及物动词所表征的动作行为本身也是可以持续的，所以“进行”可以不及物动词为宾语。如“答辩”一词，不能指派受事，是不及物动词，一般不能作“加以”的宾语，在CCL语料库中仅有1例，即例（3）。

（3）在哈佛，博士资格考试的压轴难题，往往是要学生列举一串本学科最具“魅力权威”的精神导师，精要地作比较批评，进而对学科的发展前景、突破方向加以答辩。

“答辩”充当“进行”宾语的数量则较多，在CCL语料库中有78条，例如：

（4）在答卷中除了回答上述问题外，对那些证据不足的指控还应针对以下两个方面进行答辩：一是出口产品不存在倾销，二是没有对进口国的同类产业造成损害。

“加以”带宾语倾向于指向一个结果或者目的，“加以答辩”具有更强的通过答辩使问题明了的意味。有些及物动词如果对受事的“处置”意味不强，那么也较难充当“加以”的宾语。比如“争论”一词，词义编码的是辩论的动作过程，处置意味较弱，在 CCL 语料库中“加以”和“争论”组配的情况仅有 1 例：

（5）日本人考虑未来，对之加以讨论、想象和争论。

与“加以争论”用例数量少的情况不同，“进行”和“争论”组配的情况有 168 例。用例数量的悬殊说明即使是使用频率最高的两个形式动词“进行”和“加以”也并不是无条件地相互替换的，它们本身仍具有一定的词汇义，使它们在选择宾语动词时有一定的倾向性。周刚（1987）曾经将形式动词分为“进行”类和“加以”类，通过对比指出了两组形式动词在句法、语义层面的联系和区别。不过，他研究的对象只有 6 个形式动词，范围小，而且虽然“进行”和“加以”具有代表性，但是实际上每个形式动词在选择宾语动词及对宾语动词的作用方面都有自己的个性。

典型的普通实义动词比如“吃、看、写、说”，它们表示具体的动作行为，往往可以单独成句，多数不能带动词作宾语。普通实义动词往往在语义上蕴含经常充当其宾语的名词性成分，比如“喝”典型的宾语是“水”，“吃”的典型的宾语是“饭”。“喝水、吃饭”之类的组合类似复合词，关系非常密切，因此往往单说动词就能表达一个动宾结构的意思。这从一个侧面说明了普通实义动词的独立性。反观形式动词，它们在语义上不能蕴含任何成分，也没有组合关系非常密切的成分。形式动词的典型成员如“加以、给以、予以”等，词汇义不很明确，不能单独成句表达意思。形式动词对宾语的依附性较强，它们只有和宾语组合成动宾结构才能入句，而且一般不能以名词为宾语，宾语一般是双音节动词。这也是形式动词和普通动词非常重要的一个区别。

另外，普通动作行为动词可以加“的”构成“的”字结构转指动作的施事、受事等语义角色。比如“买的”可以转指购买者或者货物，但是形式动词一般不能加“的”实现转指，比如“加以的”“予以的”等都不能转指其他成分。“进行”“作”虽然可以加“的”构成“的”字结构，但是无法转指施事，只能转指其宾语成分。这说明了“进行”“作”和“加以、给以、予以”等虽然都是典型的形式动词，但是在语法层面仍有不同的表现，这一点周刚（1987），胡裕树、范晓（1995），刁晏斌（2004）等都有探讨，其中周刚（1987）较早把形式动词分为“进行”

类和“加以”类，这一分类受到众多研究者的认可。除了在能不能构成“的”字结构上有区别，“进行”类和“加以”类在能不能作定语上也有区别。例如：

(6) 传播者与被传播者之间建立的是一种经常的、系统的联系，进行的是稳定的、有次序的文化接触。

(7) 在卡西诺废墟上激烈进行的攻击和反攻，直至23日才告结束。

例(6)中“进行的”充当主语，实现了转指，例(7)中“进行”充当定语，这两种情况下的“进行”不能替换为“加以”。从这个角度来说，“进行”类形式动词和普通实义动词有些纠缠，“加以”类形式动词相对而言是更为典型的形式动词。虽然“进行”类形式动词和普通动词存在共性，但“进行”类形式动词也是较为典型的形式动词，如果把典型的形式动词和典型的普通动词看作一个连续统的两端，那么“进行”类形式动词应该是靠近典型形式动词的，而在“进行”类形式动词和典型普通动词之间必然散布其他一些动词，且它们正在经历虚化向形式动词靠拢。如果不把这些动词识别出来，那么形式动词的范围问题是无法认识清楚的，只有将形式动词的原型范畴刻画清楚，才能更好地理解形式动词成员的不同表现。所以，本书要讨论的第一个问题是刻画形式动词的原型范畴。

既然是原型范畴，就意味着与其他范畴之间的界限是模糊的，可能有些边缘形式动词之前都被简单地归入了其他范畴。我们从历时和共时两个层面入手分析形式动词的原型范畴是如何形成的。历时层面主要是一些短语或者跨层结构的词汇化，共时层面则是普通动词向形式动词虚化的语法化。有些普通实义动词呈现出向形式动词靠拢的趋势，包括像“进行”这样较为典型的形式动词也仍然具有普通实义动词的性质，在CCL语料库中我们发现了1例形式动词“进行”重叠使用的句子，即：

(8) 他清楚地知道这种危险，临服用前便把孩子们唤到跟前，无限深情地对他们说：“万一爹要醒不过来，你们不要难过，长大后要接着进行进行研究和试验……”

虽然这种情况比较特殊，用例数量少，但是说明“进行”仍然有一定的词汇义。同时，这也说明我们需要考察普通实义动词向形式动词虚化的规律才能更清楚地认识形式动词的范围问题。具体来说，这个问题要再分两个方面。一个方面是理清普通实义动词向形式动词靠拢的趋势和规律，如“表示、造成”等等；另一方面是形式动词的历时演变，“加以、给以”这样的形式动词存在由跨层结构通过词汇化、语法化演变为形式动词的情况，这就需要对它们的演变作一下梳理。

总之，本书对研究对象的选择主要基于两个方面的考虑。第一，形式动词的研究成果虽然丰富，但是目前的研究范围仍主要局限于典型形式动词，非典型形式动词基本上未受到注意。而实际上非典型形式动词在我们的语言生活中发挥了很大的作用。例如“表示”，在新闻报道、公开演讲等场合中使用频率很高，与其他典型形式动词句法功能相似而表达功能互补，显然具备形式动词的属性。所以，非典型形式动词需要予以研究。第二，不少形式动词来源于结构或者词语的历时演变，但当前学界的相关研究主要集中在“加以”这样的典型形式动词上，其他成员的来源问题谈得较少。研究历时演变，词汇化与语法化是重要的理论工具，其他形式动词的词汇化和语法化过程还需要进一步研究。

第二节　本书的理论基础及主要解决的问题

本书尝试采用多种理论视角对形式动词各方面的问题进行分析。所运用的理论框架以及与之对应的问题主要有以下几个方面：

（一）原型范畴理论与形式动词的范围

赵艳芳（2000：58）对原型范畴理论作了较为详细的介绍。原型范畴理论对于我们研究形式动词有很大的启发。袁毓林（2010：9）认可词类为原型范畴的观点，指出词类就是根据家族相似性而成为一类的，同时提到了形式动词的分布特征及权值设定问题。

形式动词的范围是一个存在局部争议的问题。之所以说是“局部争议”，是因为对于形式动词的主要成员研究者们基本上没有不同意见，只是在个别成员是否形式动词这一问题上有分歧。但是我们认为形式动词的范围不只是局部争议（即有的研究者认为是，有的研究者认为否），更重要的是对非典型形式动词的忽视甚至无视。在我们的研究中，一方面会分析一些属于局部争议的形式动词，如“致以、从事、展开、开展、作/做出”等，更会分析一些几乎没有研究者注意到的形式动词，如“表示、提出、发出、给出、造成、存在、有、形成”等。形式动词的典型成员应该说是比较确定的，凡是研究形式动词的成果都会将这些典型成员纳入研究范围。形式动词的非典型成员则是需要进一步挖掘和探索的。

形式动词是很特殊的一类动词，其具体成员和成员的来源并不是一个简单的问题。经典范畴理论主要是通过设定一些条件来判断类别，这种方式比较直接，符合条件的可以纳入这一范畴，不符合条件的就被归入其他类别。但是，经典范畴理论所设定的条件往往是根据比较好的样本进行的，一些成员可能只具备这一组条件的某一部分，所符合的条件越少，就会和好样本差别越大。但是既然一个成员已经符合一部分的条件，就没有理由将它排除在这个范畴之外，不能绝对地说它不属于这个范畴。对于经典范畴理论存在的缺陷性，Lakoff（1987：16-19）已经作了详细的讨论。原型范畴理论克服了这个缺陷，注意到了范畴之间的边界是模糊的，同时范畴内部的成员之间不是均质的，在范畴中的地位不绝对平等。这对我们的研究深有启发。

将形式动词看作一个原型范畴是比较合理的。这个范畴的典型成员应该包括“加以、给以、予以、给予、进行、作”这 6 个，几乎所有形式动词的研究者都不会把这 6 个成员排除在外。特别是“加以”和“进行”，当前的研究主要集中在这 2 个成员。实际上，若研究者在研究形式动词过程中只以这 2 个词作为参照，是无法认识清楚形式动词的范畴的。

形式动词是一个封闭类，其成员数目有限，这是我们比较赞成的，因为形式动词终究属于比较特殊的动词次类，不同于意义实在的普通动词。但是当前的研究成果显然尚未穷尽列举其成员。除了“进行、给予、加以”等典型的形式动词，形式动词具体的范围还是一个需要深入研究的问题。在前人研究的基础上，我们提出了 30 个形式动词。这些词都具备形式动词的主要句法功能，而且同类形式动词之间往往可以相互替换而不改变句子的基本意思。当然，这 30 个动词是否真的就是不刊之论，已经全面地揭示了形式动词的外延，我们并不能妄下断言，但是，这至少是向语言事实迈进了一小步。

（二）词汇化理论、语法化理论与形式动词的演变机制

论证形式动词的原型范畴实际上主要是讨论形式动词的句法、语义、语用特征，属于现代汉语共时层面的问题。但是共时是历时的投影，要真正弄清楚现代汉语形式动词的属性，有必要考察其历时演变过

程。我们的看法是，形式动词是汉语语言系统发展演变的产物，而不是汉语语法欧化的结果。一些形式动词是经过词汇化、语法化过程演变而来的。

一部分形式动词来自跨层结构的词汇化，比如“V以”类形式动词“予以、加以、给以、致以、施以”，一部分形式动词来源于短语的词汇化，比如“V出”类形式动词“发出、提出、给出、做/作出”，“V成”类形式动词“构成、形成、造成”，还有“产生”是近义词“产”和“生”复合成词的结果。而且，一些非典型形式动词尚处在词汇化过程之中，未被《现代汉语词典》（第7版）收录，比如“给出”。但是，在合适的句法结构中它已经结构凝固，具备了与典型形式动词相同的句法功能。从词汇化的过程来看，形式动词的典型分布框架“P＋NP＋[ ]＋VP”是这些结构完成词汇化的最终句法环境。还有一部分形式动词主要是来自普通实义动词的语法化，比如“表示”。一般来说，经历过词汇化的形式动词也大多经历了语法化的过程。

（三）“两个三角”理论与形式动词的表达功能

邢福义先生（1997）提出“两个三角”的研究范式。“小三角”指“表—里—值”，即语表形式、语里意义和语用价值三个层面。“大三角”指“普—方—古”，即普通话、方言和古代汉语。“两个三角”都强调对语言问题观察、描写、解释的充分性。

形式动词的“语表”主要不指其词形，而是指形式动词所分布的句子结构框架。形式动词所分布的句子结构类型具体来说是比较多的，若能进行归纳、概括，指出其典型分布框架，显然更有利于观察形式动词的语法功能。所以，我们将首先分析形式动词分布的典型句法位置。形式动词的“语里”可以分为词汇义和语法意义两个方面，语法意义是主要的，但是形式动词的词汇义也对它们的入句表现有所影响，这一点前人的研究有所忽视。语法意义和形式动词的分布框架——“语表”是互相验证的。形式动词语义虚化，但是并不是绝对没有词汇义，也可以进行诸如语义特征方面的分析。另外，形式动词为什么限于书面语体，它在语言使用方面的特殊价值值得进一步挖掘。

我们根据形式动词及其宾语“DV＋VP”整体的表达功能，把30个形式动词分为三类：

①动作类形式动词：进行、展开、作/做、作/做出、实行、施行、

实施、从事、来、加以、给予、给以、予以、施以、施加、提供、发动、发起。

②表态类形式动词：表示、提出、发出、致以、给出、感到。

③存现类形式动词：有、存在、产生、构成、造成、形成。

这三类动词在对宾语的选择及表达功能上存在对立和互补之处。

由于形式动词的来源涉及词汇化和语法化的问题，我们也对部分形式动词作历时层面的考察，这是“普”角和“古”角的结合。形式动词属于现代汉语书面语体，在方言中一般缺少对应成分，因此，“方”角的研究不是主要内容。

（四）“最简方案”与形式动词的句法功能

对于形式动词的句法功能，朱德熙（1985）的说法较具代表性，不过有些问题仍然值得进一步探讨。Chomsky（1981、1995）、Radford（1997）、宋国明（1997）、温宾利（2002）提到的题元理论、格理论等对我们的研究很有启发。我们认为，形式动词与宾语的互动关系可以借助格位和题元角色的分配来进行分析。在形式动词与其宾语构成的结构中，形式动词是结构形式的核心成分，可以提供格位，而其宾语则是意义的核心成分，可以指派语义角色。因此形式动词和它的宾语各有分工，共同构成一个形式和意义的结合体。从这一点可以推出一个自然的结论：当形式动词以动词性强的成分为宾语时，最能凸显形式动词的句法功能。因为，在这种情况下，形式动词表义功能是最弱的，主要是起到了提供格位的作用。

（五）结构主义与形式动词的分布

索绪尔（1980：156）指出语言单位最重要的方面是它的价值，索绪尔所说的“价值”就是符号与符号之间在形式上的差异。形式动词的结构形式决定了它属于形式动词而非其他词类。形式动词的主要形式特征就在于它们的分布情况，也就是它们所占据的句法位置。我们所提出的动作类、表态类、存现类三类形式动词具有相似的分布情况。如下面三个例句所示：

(9) 1969 年美国学者 B. 伯林和 P. 凯伊对 20 种语言进行调查，发现各种语言里表示颜色的词虽有多有少，可是基本颜色的词限于 11 种。

（10）联合国特委会主席巴特勒对这项任命表示欢迎，并称达纳帕拉领导的特别小组仍受特委会领导。

（11）当前社会发展变化很快。许多新因素对家庭都造成影响，使家庭面临危机。

“进行”是动作类形式动词，“表示”是表态类形式动词，“造成”是存现类形式动词，它们在句中都以双音节及物动词为宾语，负责标记前置受事。上述三个例句中的形式动词结构都可以通过删略形式动词及引导受事的介词变换为SVO语序的结构。

（9'）1969年美国学者B.伯林和P.凯伊调查（了）20种语言。

（10'）联合国特委会主席巴特勒欢迎这项任命。

（11'）许多新因素都影响家庭，使家庭面临危机。

不过，“进行、表示、造成”的分工又有所不同：“进行”的宾语“调查”是动作动词，“表示”的宾语“欢迎”是表征态度的动词，“造成”的宾语“影响”是表征人对客观世界所作判断的动词。因此，上述三个形式动词难以相互替换。总之，三类形式动词可以分布在相同的句法结构槽，但有不同的表达功效。很多形式动词之间往往可以相互替换而不会导致基本句义的改变，比如“给予、给以、予以”这一组，相互间用法上的区别值得研究。

第三节　研究目标、研究方法和基本观点

本书的主要研究目标在于：

第一，首要目标是明确形式动词的成员，并区分典型成员和非典型成员，说明它们的共性和差异。目前学界对形式动词的范围基本达成共识，只是就个别动词如“致以”“从事”“做出”等是否归属形式动词存在争议，但是我们认为目前所确定的范围不能全面反映语言事实，仅注意到了少数典型形式动词。我们通过分析典型形式动词各个方面的特征，结合对大量语料的统计，明确形式动词的30个成员，并根据句法、语义方面的特征分为若干次类和小类，构建形式动词的原型范畴。同时，理清形式动词与其他动词次范畴如准谓宾动词、代动词、泛义动词等之间存在什么样的关系。

第二，运用词汇化和语法化理论解释形式动词的来源。大部分形式

动词都是短语或者跨层结构词汇化、语法化的结果，除了“加以”，其他形式动词的词汇化和语法化情况还没有进行充分的研究。形式动词的来源虽然是多元的，但是最终能演变为形式动词的主要机制却是相似的。通过梳理它们的演变过程，可以更好地认识形式动词这一原型范畴是如何形成的。

第三，刻画部分形式动词的个性特征，指出形式动词成员之间的对立和互补关系，对于部分形式动词的词汇化、语法化历程予以描写。

本书主要运用的研究方法主要包括：

（一）语料统计、归纳法

因为涉及判定形式动词的成员，而形式动词一般分布在书面语体中，且形式动词常常在语篇中连续使用，铺排成篇，因此只有充分占有、观察语料才能明确形式动词的全部成员。我们主要利用北京大学中国语言学研究中心 CCL 语料库、国家语委语料库、北京语言大学 BCC 语料库等，另外我们还从各种媒体上的一些新闻报道、新闻节目搜集来相关语料加以整理，以考察形式动词的入句表现，从而明确形式动词的范围。

（二）对比分析法

具体来说，将形式动词的典型成员与非典型成员进行对比；将形式动词与普通实义动词进行对比；将形式动词中的近义成员进行对比；将现代汉语形式动词与其他语言的轻动词进行对比。通过对比可以更好地观察形式动词的特点。

我们对形式动词进行多维度的研究，力求全面、细致，有所突破。基本观点主要为：

首先，当前对形式动词的研究实际上以典型成员为主，范围较小，忽视了一些逐渐具备形式动词属性的非典型成员。我们确立了形式动词的 30 个成员，并将这些成员分为动作类、表态类、存现类三种类型，三类形式动词具有句法功能上的共性，同时在表达功能方面存在对立和互补之处。学界所认定的形式动词的成员实际上集中在动作类，但是仅凭动作类显然无法满足我们的表达需求。我们还将三类形式动词进一步细分，动作类形式动词又分为“进行”类、“加以”类、“做”类、“给予”类四个小类，表态类形式动词又分为内向表态类和外向表态类两个小类，存现类形式动词又分为存在类和出现类两个小类。因此，我们将30个形式动词分为三个次类和八个小类。这种划分是比较细致的，能够较为全面地反映语言事实。

其次，形式动词的主要来源可以概括为短语、跨层结构的词汇化和语法化，以及一些普通实义动词的虚化。学界对“加以”的词汇化和语法化情况讨论较多，但是几乎没有对其他形式动词的词汇化和语法化情况进行讨论。当然，这和所界定的形式动词的范围不同有关。实际上，正是因为一些形式动词尚处在词汇化、语法化过程之中，所以它们属于非典型形式动词。很多短语、跨层结构词汇化的最终环境就是形式动词的典型分布位置，这种现象很值得注意。

第四节　形式动词的研究成果综述及目前的研究所存在的问题

一、国内外研究现状

国内对形式动词的研究成果是比较丰硕的。从20世纪50年代发轫，不同时期的研究者从词汇、语法、语用、语言规范等各种角度围绕形式动词展开了探讨。吕叔湘（1980）第一次使用并推广了“形式动词”这一概念，也正是从这个时间开始，对形式动词的研究趋于系统，也受到了越来越多的学者的注意。吕叔湘、朱德熙、胡裕树、范晓、胡明扬、邢福义、龚千炎、尹世超、沈家煊、袁毓林、刁晏斌、周刚、周小兵、冯胜利、张谊生等先生在形式动词这个问题上都有深入的研究，这使得形式动词的研究较早就打下了比较好的基础。其中朱德熙（1982、1985）关于形式动词的研究产生的影响尤为显著。所以，我们以1980年为界，把国内对形式动词的研究分为两个阶段。从50年代开始到1980年，国内对形式动词的研究还是较为零散的、基础性的，主要是讨论“进行”和“加以”两个典型成员。1980年以后，对形式动词的研究则趋于系统，研究者们从句法、语义、语用、语言规范等不同层次进行探讨，可谓多点开花。

（一）50—60年代词类问题大讨论背景下的形式动词个案研究

国内对形式动词的研究大致始于20世纪50年代，也就是邵敬敏

（2006：9-10）所划分的“汉语语法学的发展时期”。在此之前（邵敬敏先生称为“汉语语法学的‘探索’时期”）的汉语语法研究中基本上未提及形式动词，或者未注意到形式动词成员的特殊性质。国内汉语语法学界在20世纪30年代的“中国文法革新讨论”中对词类问题展开了讨论，但未涉及形式动词。在50年代曾进行过三次语法专题讨论，对汉语中的词类问题、主宾语问题及单句复句划分问题加以梳理。单就词类问题讨论来说，虽然这样的大讨论主要涉及一些较为宏观的问题，如汉语中有无形态、词类以及词类划分的标准等，不过，这种大范围的学术争鸣客观上带动了对汉语具体词类问题的研究。因此在50年代，对形式动词的研究也开始了。“形式动词”的名称最早是由吕叔湘（1980）使用，在这之前并未给予这类词一个名目。这说明之前的研究是相对零散的，限于对个别成员的研究。

20世纪50—60年代对形式动词的研究集中在“进行”和“加以”这两个实例上，其他词如“给以、予以、致以”虽然也提到了，但是并未作细致考察。当时没有一个专门的类名指称这些词，也就是说还没有像“形式动词、代动词、虚义动词”等专用术语。因为还没有形成“类”的概念，一些研究者对这些词的词性进行了讨论。所以，对形式动词的研究开始于形式动词在汉语确立为一个动词次类之前。之所以当时学界还没有把“进行、加以”这类词归纳为一个范畴，我们认为：一是典型成员数量少，二是把这两个词看作新生事物或者说用法呈扩展趋势的新词，对其使用也有不少学者持审慎态度。

形式动词是动词中非常特殊的一个次类，因为它在句法、语义层面的特殊性，导致20世纪50—60年代的学者对形式动词的词类属性有不同的认识。“加以”从构词的角度来说，包含一个虚语素“以”，“以”在古代汉语中是介词，当时的学者对“加以”的词性进行了讨论。刘培伦（1957）注意到“加以”的动词宾语可以受形容词的修饰，而且这个形容词可以移到“加以”之前充当状语，将其描写为A、B两个格式：A. 形容词＋地＋加以＋动词；B. 加以＋形容词＋的＋动词。这篇文章认为：A式中的“加以”是助动词，它的宾语仍是动词；B式中的“加以”是动词，充当其宾语的动词属于名物化用法。刘培伦先生所区分的两种形式是否影响“加以”的词性，也就是说能否根据“加以”和动词宾语的修饰语之间的位置关系将“加以”分为助动词和动词两种用法，目前来看，这一观点是被学界否认的。但是，刘培伦先生指出的这种语言现象是值得注意的，比如，“认真地加以研究”和“加以认真的研究”有无不同？若有，是什么性质的区别？另外，刘培伦先生所做的区分对我们观察形式动词和宾语之间的互动关系是有启发的：宾语是光杆动词和定中结构两种情况下形式动词的属性体现的程度是否有所不同？这些问题都很值得讨论。所以，刘培伦先生的观点虽然有问题，但是指出了值得注意的问题。百方（1957）认为“加以”之后的动词是谓语而不是宾语，“加以”主要用来加强语气，显然也是把“加以”看作一种修饰性成分。胡竹安（1957）指出“加以”是遗留在现代汉语中的文言词，与“予以”相似，为介词结构，“加”是介词，“以”相当于“之”。他认为“加以”的作用是加强语意，不需要强调语意的时候就不要用。牧庵（1957）则不同意胡竹安（1957）的观点，他认为“加以、予以、给以、致以”等在现代汉语中已经是合成词，“以”只是一个近乎后缀的构词成分，不再是介词了。陈迪明（1958）认为“‘加以’基本上是一个动词”，理由是它具备一般动词的最基本的特点：必作谓语中心词，必带宾语，能受副词修饰。王阳畛（1959）认为“加以”同时具有动词和结构助词的特点，但是它独立性最差，因此看作结构助词比看作动词合适。王阳畛先生注意到了形式动词依附性强的特点，需要与动词组合才能进行表达，而且认识到“加以”是虚化程度最高的形式动词。龚千炎（1961）从历时层面讨论了“加以”的形成过程，从共时层面讨论了现代汉语中“加以”的语法特性，认为“加以”属于动词。总之，当时的研究者对“加以”词类属性存在分歧较大，正如半介（1958）所说“分歧到言人人殊的地步”。显然，对于“加以”的句法功能，研究者们没有形成一致的认识。形式动词在句法上的明显特征是以动词为宾语，也就是从线性形式来说常常是两个或多个动词共现，而它们又不是并列结构，那么从结构层次上来说就有主次之分。若“加以”为主，那么它就是动词，“加以”后面动词为宾语；若“加以”为次，那么它可以视为助动词，其后面动词为谓语中心语。而“加以”等形式动词的特点就是表意作用不明显，但是句法功能强大，在“加以”的管辖下，其宾语动词实现了指称化。所以，从语义层面来说，形式动词为“次”，从句法层面来说，形式动词为“主”。这也正是为什么学者们对“加以”的词性存在比较大的争议，主要分歧就在于到底“加以”是主要还是次要句法成分。

20 世纪 50—60 年代除了讨论“加以”“进行”的语法属性，部分研究者还从语言规范的角度提出了自己的看法。部分研究者对形式动词持否定态度，认为“进行、加以”这类词不可滥用，或者应尽量少用。萧斧（1955）认为滥用“进行”只会使句子结构显得散漫、拖沓，使其词义更加模糊，建议“要审慎地运用这个新近流行的动词”。大致来说，认为应该淘汰“加以、进行”这类词的观点主要基于形式动词表意作用不明显的特点。有意思的是，萧斧先生在其文章里所列举的一些滥用“进行”的句子，现在看来是恰当的。如其中一例：“领导方面对他们进行了教育……”萧斧先生认为这个句子中的“进行”是滥用，但是现在是完全可接受的合格句子，反倒是如果没有“进行”句子会很别扭。这反映了随着“进行、加以”使用范围的扩大、使用频率的增加，它们在全民语言生活中的地位已经趋于稳固。东明（1959）指出，“加以”这类词没有必要使用，应该“彻底消灭”。文章给出的例子如：“这些优良的品质，每一种都是值得我们加以颂扬的”，“要把前进道路上的障碍加以消除”，“现在只举两个例子加以说明”。这些句子现在来看也完全可以接受。还有部分学者的判断较为客观，认为“加以、进行”这类词能否“立足”要看语言事实。如华景年（1959）认为“加以”这类词，“在汉语规范化过程中能否站得住，这要靠语言发展的事实来证明”，“用哪个词废哪个词也得取得社会的公认，决不是某个人武断地发号施令所能解决问题的”。朱德熙（1961）指出“加以”这类词既不是废物，也不是万应灵丹，不能不用，也不能一味滥用。现在来看，形式动词已经成为现代汉语系统中的重要组成部分，在我们的语言表达中，特别是书面汉语中，发挥了不可替代的作用。不过，形式动词的确存在使用不够规范的现象，在一些完全不必要添加形式动词就能表情达意的情况下硬要使用形式动词，画蛇添足，反而使表达显得不够自然。这种不规范现象与形式动词本身在语言系统中存在的价值没有关系。

（二）形式动词作为“类”的地位确立

根据邵敬敏（2006）对汉语语法学史的划分，20 世纪 80—90 年代是汉语语法学的创新时期，在这一时期，动词是语法学界最关注的问题之一。形式动词研究也取得了很大的发展。

在 20 世纪 80 年代，形式动词被汉语语法学界确立为动词的一个次类。这首先意味着第一个时期对词性问题的讨论基本上结束，形式动词属于动词，是动词的次类。其次，研究对象不再限于个别代表性的成员，而是开始观察、归纳不同成员的共性和差异。类的地位确立后，如何命名这个类成了一个讨论的热点问题，并且至今仍然有不同意见。除“形式动词”外，其他研究者也给予“进行、加以”这类词形形色色的名目。周光廓（1957）称为“抽象动词”，言圣久（1981）说是“傀儡动词”，宋玉珂（1982）采用“无色动词”，陈宁萍（1987）同时使用了“代动词”（pro-verb）和形式动词两种称呼，袁杰、夏云贻（1984），刁晏斌（2004）则命名为“虚义动词”。实际上，不管是什么名称，它们都反映了形式动词内涵上的共性：语义虚化，不表示具体的动作行为。我们认为形式动词这个名称可以说是使用较为普遍，接受程度较高的术语，而且《现代汉语八百词》提出这一名称时间较早，其他研究者不宜再创造新的概念来指称这一类词，否则不利于对这一问题的讨论，而且无法证明其他名称优于“形式动词”。

邢福义（1981：129）指出了以“进行”为代表的动词（包括“作了、加以、开始、停止、结束、继续”等）可以使作宾语的动词名物化。邢先生提出的这些词并非全是形式动词，它们对宾语施加的语法作用也有强弱之别。以“加以”和“开始”为例，“加以表扬”中“表扬”不能再带宾语，但“领导开始表扬同学们”，“开始”没有使“表扬”不能再带宾语。显然，形式动词对宾语的句法管控是更强的。当然，邢先生并不是在讨论形式动词问题，邢先生将这些词并列，对我们仍有较大的启发，因为这些词都是表现动词过程状态的词汇手段，相当于是体标记的补充。朱德熙（1985）首先强调了书面语研究的重要性以及复杂性，书面语研究应该和口语研究分开进行。这篇文章着重讨论了汉语虚化动词（即形式动词）的特点，按照朱德熙先生的说法，虚化动词指的是“进行、加以、给予、给以、予以、作”等这几个一般只出现在书面语里的及物动词。朱先生还指出，充当形式动词宾语的成分除了少数地地道道的名词，绝大多数是具有名词性质的动词，可以称为名动词。名动词可以直接修饰名词，也可以直接受名词修饰。朱德熙先生认为名动词充当虚化动词的宾语时，体现的是名词的性质，虚化动词的语法功能是“使名词性成分转成谓词性成分”。总之，朱德熙（1985）这篇文章讨论了虚化动词的语义特点、句法功能以及其宾语的性质等重要问题，对形式动词的研究产生了较大的影响。这篇文章最后一句话提到不同的虚化动词各自具有一些特点，并准备“另文讨论”。这说明朱德熙先生已经注意到了形式动词的不同成员是有自己的个性的。既然形式动词是一个类，是由若干成员组成的集合，那么成员之间有没有系统的异同点呢？换句话说，形式动词还可不可以再分为次类，这自然也是需要重点研究的问题。

傅雨贤（1987）分析了“进行”充当谓语中心所构成的7种句式，并指出了它们的句式变换情况，从而描写了“进行”的语法特征。周刚（1987）根据语义内容和语法形式方面的不同表现，把形式动词分为 DV_a 和 DV_b 两个次类，也就是“加以”类和“进行”类。这一分类准确地分析了两类形式动词进入句子后不同的表现，影响较大，具体观点我们在相关章节会进一步介绍。周小兵（1987）对比了“进行”“加以”所构成句型的区别及变换条件。其他一些研究者一般也是分为两类，如刁晏斌（2004）分为“做”义类和“处置”义类，杨虹（2009）分为“处置”义类和“进程”义类，虽然名称有所改变，不过都注意到了“进行”和“加以”的差异，基本上与周刚、周小兵的两分法一致。

李临定（1990：105-107）指出形式动词主要有“进行、加以、作”三个，“进行”具有“表时”“表量”“表体”形式，“加以”没有。胡裕树、范晓（1995、1996）全面梳理了形式动词的分类，对宾语的选择情况，所能构成的句式以及表达方面的作用。邢福义（1997）在讨论动词分类时指出了一类“历程动词”，这类动词跟时间历程有关，主要包括“开始、进行、继续、停止、结束”等。邢先生指出了“进行”跟时间历程有关，这是很准确的，形式动词“进行”主要凸显宾语动词持续过程的义面。毛宏愿（1997）区分了形式动词和形式化动词。“加以”和它的单音节形式“加”是形式动词，而那些既可以带名词性宾语又可以带动词性宾语的动词是形式化动词。这篇论文注意到了形式动词的不同成员在虚化程度方面存在差异，一些形式化动词正向形式动词靠拢，他还指出了“加以”是最典型的形式动词。刁晏斌（2004）对“形式化动词”这一说法提出了批评，认为所谓的形式化动词是一种临时的表现，是一种“语境的”或“搭配的”类，不是基于动词自身固有的、普遍存在的特点而概括出来的类，所以“形式化动词”这一提法是有问题的。我们认为毛宏愿（1997）的观点是有一定道理的，一些动词因为可以分布在典型形式动词的句法环境，正逐渐向形式动词靠拢，“形式化”实际上是形式动词原型范畴形成的重要途径，所谓形式动词和形式化动词两个概念也反映了典型和非典型形式动词的区别。

进入21世纪，语法学界对形式动词的研究趋于系统，且理论视角多元化，出现了大量专门研究形式动词这个动词次类的论文和专著。据我们了解，仅直接以“现代汉语形式动词研究”为题的硕士学位论文在近几年就有多篇。由此可见对形式动词的研究依然是汉语学界的热点之一。应该说，研究者们从可能的各个角度（句法、语义、语用、修辞、韵律、汉语教学等），运用多种语言学理论对典型形式动词展开分析、论述，得出的认识丰富了形式动词的研究。不过，即使是对形式动词整个类的综合研究，多数研究者仍然是主要以“进行”和“加以”为研究对象。这种现象倒是颇符合原型范畴的内涵，人们对一个范畴的认知往往建立在对典型样本的观察上。

刁晏斌（2004）指出形式动词后的宾语不只是动词一种情况，也可以带名词作宾语。基于此，刁晏斌认为形式动词的名称不合适，他把这类动词称为“虚义动词”。于丽丽（2008）细致梳理、比较了不同研究者对形式动词的研究，在范围问题上，她赞同朱德熙（1985）的观点，文章归纳了形式动词的语法特征。杨虹（2009）对各家的研究范围进行了统计，共计 31 个动词，也就是说有 31 个动词曾被不同研究者认为是形式动词。在此基础上杨虹进行了分类，并择取其中 6 个构造了形式动词的连续统：加以＞予以＞给以＞给予＞进行＞作。杜群尔（2010）对语料作了细致的统计分析，指出了不同形式动词在可否不带宾语以及带什么性质的宾语的问题上存在差异。他认为“加以”“予以”是最典型的形式动词，其次是“给以”“进行”，最不典型的是“致以”。仇伟（2006、2010、2013）将汉语与英语的“乏词义动词”从认知的角度进行对比研究。一些研究者着重对形式动词的历时演变过程进行了讨论，刘红妮（2011），方环海、李洪民（2011）从词汇化和语法化的角度分析了“加以”等演变为形式动词的过程，李永春（2018）对“予以”词汇化的历程及条件进行了描写。李桂梅（2012）对形式动词句式的表达功效进行了阐述，指出了形式动词句式与 SVO 句式的不同语用价值。沈家煊、张姜知（2013）指出形式动词的功能是增强谓语的陈述性并增强宾语的指称性。王永娜（2016）提到的形式动词在数量和分类上都是比较多的，但是我们认为在一定程度上混淆了与其他类型的动词的关系。邓盾（2017）认为“加以”和“进行”都不是轻动词，“加以”是一个三元动词，“进行”是一个非宾格动词。

一些学者所持观点和大部分学者的主张有所不同，对我们的研究也较有启发，因此单独拿出来做较为详细的介绍。

首先是陈宁萍的研究（1987）。他主要根据 Ross 的动/名连续统模型考察汉语动词和名词分界，认为汉语中某些动词正在向名词一端移动。这篇文章中作者使用的术语主要是“代动词”，但是和当前学界使用的“代动词”的内涵和外延有所不同，涵盖了形式动词，范围更大。作者在文中提出一个测定动作动词名性强弱的辅助框架，这个框架可以表示为“代动词＋____”（下画线代表代动词的宾语，处在这一位置的动词显示出一些名词的特征）。作者认为代动词的存在是为了使在口语中需用几个分句表达的内容能在书面语中整合成一个句子，认为“形合的多分句统一体”开始出现，还重点分析了形式动词给句子带来的语法构造以及表达效果上的变化。陈宁萍认为汉语正在由普遍动词型（a general verbal style）向普遍名词型（a general nominal style）转移，其中代动词的出现是一个重要标志。文章认为使用代动词之后，其宾语动词的受事前移，这可能表明汉语正在经历由 SVO 转向 SOV 的类型漂移。具有这种新兴用法的代动词除了“作（做）出、进行、加以”之外，还有一些动词如“闹（生产）、犯（嘀咕）、发/发出（感慨）”等。陈宁萍先生的观察非常敏锐，得出的认识令人耳目一新。我们认为测试动词名性强弱的框架中的动词包含了形式动词及其他动词次类。值得指出的是，陈宁萍所设定的测定静态动词（包括部分形容词和部分表示习惯性动作的动词）名性强弱的三组框架很有启发性，比如“表示＋____”“感到＋____”“有＋____”这三个结构框架。我们认为框架中的三个动词“表示、感到、有”属于形式动词，下文相关部分将进行论证。在讨论“有”时，陈宁萍（1987）明确指出“有”在句子中的一些作用和“进行、加以”等代动词（pro-verb）颇为相似。文章指出像“在工作上有了/过来往”中的“有”作用相当于形式动词。此文提出的形式动词的范围与其他学者的认识有较大的不同，突破了以往研究的桎梏，但可惜的是，其后关于形式动词的研究大都没有充分借鉴此文的观点，很多仍然停留在“进行”“加以”等几个代表性成员上，无法全面揭示形式动词的功能和特征。这篇文章也存在一些问题，比如作者在文中也指出“进行、加以”等代动词是书面语言整合不同分句的形合标记。但是提到的“闹、犯”等其他动词口语色彩较浓，并不是为书面语言服务的，与“进行、加以、作/做”等应区分开。总体来说，陈宁萍的论述中已经包含了原型范畴的思想，指出一些动词向典型形式动词靠拢的趋势，其方法和结论都对我们的研究有较大影响。

其次是袁毓林的相关研究。袁毓林等（2009）指出“有”属于形式动词。袁毓林（2010b：117-118）谈到了形式动词的配价问题，他认为从配价的角度来说，形式动词跟宾语组成的动词结构，对从属成分的支配关系是比较复杂的，“不能把这种动宾组合的配项简单地算作是形式动词的从属成分”。这说明袁毓林先生将形式动词及其宾语视作一个整体，而不是形式动词及其宾语动词各自配价。同时，他指出“表示”和“致以”等是形式动词，不过没有系统论证，而是作为结论提出来的。

再就是张谊生（2000：18）将副词分为描摹性副词、限制性副词和评注性副词，界定描摹性副词时张先生使用了形式动词作为鉴定框架，描摹性副词是“对行为、状态进行描述、刻画的”，“可以充当动词的准定语”，也可以做陈述义动词的状语。如“全力进行抢救”和“进行全力抢救”都是可以成立的，基本意思一致。这种现象很值得注意，“全力”是副词，而副词只能作状语，张先生认为“进行全力抢救”中的“全力”是指称义动词“抢救”的准定语，这种看法很值得仔细体味。

总之，形式动词被认为是汉语里较为特殊的一类动词，受到汉语语法学界的持续关注，前辈时贤的论述不可谓不充分。回顾形式动词的研究不难发现对形式动词的认识是随着汉语语法学的发展而发展的。对形式动词较为集中的讨论可以分为 20 世纪 50—60 年代、80 年代直到现在两个阶段。50—60 年代主要是对一些基础性问题进行探讨，比如形式动词的词性。从 80 年代开始，形式动词被明确为一个动词次类，对它的研究也较为深入、全面。语言是在不断发展的，形式动词这个动词次类也在变化，一些普通动词逐渐虚化为形式动词。总体而言，国内对形式动词的研究是持续性的，取得了较为丰硕的成果。

国外对其他语言中同类性质的动词也进行了深入的理论探索，他们管这类动词叫轻动词。Jespersen（1924）最早使用轻动词（light verb）这一概念，它是相对于普通实义动词（heavy verb）而存在的。Jespersen 把轻动词和英语的发展趋势联系起来，认为现代英语呈现出在真正承担语句信息的成分前面添加一些不太重要的动词的倾向。Larson（1988）、Kate Kearns（1988）、Radford（1997）、Chomsky（1995）、Bruening（2016）等系统研究了英语里的轻动词，Grimshaw（1988）则运用生成语法的技术对日语的轻动词“する”进行了研究。他们的研究方法对于我们研究形式动词具有借鉴价值。

二、当前研究所存在的问题

可以说，汉语语法学界对形式动词的认识逐渐加深，由点到面，趋于深入、细致。吕叔湘、朱德熙等先生都曾对形式动词进行过研究，使形式动词研究保持在一个较高的水平。同时，对典型成员“进行”和“加以”也给予了细致的探讨。不过，形式动词仍存在较为广阔的研究空间，一些问题亟待解决，主要表现为：

第一，形式动词的范围问题。20 世纪 50—60 年代并没有提出形式动词的范围这一问题，当时的研究者注意到的主要是“进行、加以、给以、予以”这几个成员。吕叔湘（1980）、朱德熙（1985）等都认为形式动词“只有少数几个”。进入 21 世纪，研究者们对形式动词的范围讨论较多。因为只要是对形式动词做类的考察，范围问题是绕不开的。总的来说，大部分研究者对形式动词的成员可以说基本上取得了较为一致的意见，只是对个别词如“致以、从事”等存在争议，像“进行、加以、给以、给予、予以、作”这几个词是研究者们所给出的范围的交集。不过，分歧也是客观存在的。如尹世超（1980）指出形式动词“尽管不多，但不是少数几个”，他提到了 18 个动词与“进行”相似。齐沪扬（2012）指出形式动词包括“作、进行、借以、给以、予以、招致、博得、促使、加以”。王永娜（2016）提到了 50 个形式动词。不过，我们认为其中有些明显不属于形式动词，这说明对于形式动词学界仍存在不同认识，需要做进一步分析。

形式动词是个封闭类，但范围究竟多大，尚未明确。形式动词不是典型的动词，因为动作意味不强，主要意义需要由其宾语承担，从表意的角度来说起的是辅助性的作用。正因为如此，在 20 世纪 50 年代，一些研究者将其定性为助动词。显然，形式动词是很特殊的一类动词，这种特殊性决定了形式动词成员数目不多，属于封闭类。所谓封闭类，根据赵元任（1968）的看法，指能用列举成员这种方法来规定，而不需要对成员的共同属性进行说明。对于形式动词是封闭类，没有研究者持有不同意见，凡是涉及形式动词范围的研究者都给出了形式动词成员的清单。如果每个研究者给出的清单是一致的，确实如赵元任先生所说，不必再说明成员的共同性质。但当前的情况是，各家研究给出的清单只是大体一致，还有一些成员尚未达成共识，而且本书还找出了一些前人未曾提及的形式动词。另外，虽然形式动词是封闭类，但是语言是发展的系统，其中词类也不是静止不变的，这是客观的语言事实。形式动词的范畴同样也会逐渐扩展。另一方面，研究者对这一事实观察尚不够充分。这就导致了目前研究者对形式动词的范围较为一致的认识是形式动词主要包括“进行、加以、作、给以、给予、予以”这 6 个成员。这 6 个成员确实是使用频率较高的典型形式动词，但我们将证明仅靠这些形式动词是不能满足我们的表达需求的。

第二，与范围问题密切相关的另一个问题是分类问题。学界对形式动词的分类，通行做法是两分法，我们在上文中也已经作了介绍。但是如果范围是不全面的，在此基础上的分类也必然是片面的。只有将形式动词的范围谈清楚，形式动词的分类才是合理的。

第三，当前对形式动词重点研究的仍然只是“进行”和“加以”两个典型成员，对非典型形式动词不够重视。实际上，非典型形式动词在语言交际中的价值很大。因为不同的形式动词在使用层面是有所区别的，每个形式动词都有自己独特的表达功效。因此，形式动词范畴内部成员之间对立、互补的关系还需要进一步说明。这个问题对典型形式动词也同样有效。比如“给予、予以、给以”意义相近，它们之间的主要区别是什么?

第四，对形式动词的来源路径缺少探讨。龚千炎（1961）较早对形式动词“加以”的演变历程进行了分析。一部分形式动词经历了词汇化及语法化的历程，需要作细致的描写。还有一部分形式动词从普通实义动词虚化而来，在现代汉语中保留着普通实义动词和形式动词的双重身份，这一点李桂梅（2012）曾指出过。但是目前这方面的研究还嫌不够深入。另外，胡明扬（1993）指出形式动词是“首先在翻译文章中出现，然后逐步扩大开来”，但冯胜利（2010）对形式动词是欧化语法产物提出疑问，这确实是一个很值得研究的问题。

总之，对形式动词的研究视角和研究方法仍然可以进一步拓宽，还有很多现象值得深入挖掘。对于本书的研究来说，形式动词的原型范畴是重点解决的问题，也是突破口，然后在此基础上我们致力于对部分形式动词进行较为细致的描写、对比。

第二章 形式动词与相关范畴之间的关系

第一节 形式动词和准谓宾动词的关系

朱德熙（1982：59-60）认为，及物动词根据其宾语的性质可以划分为两类：一类是体宾动词，只能带体词性宾语，不能带谓词性宾语；另一类是谓宾动词，能带谓词性宾语。谓词性宾语又可以分为真谓宾动词和准谓宾动词，准谓宾动词的宾语只能是某些光杆动词或偏正结构，而且这种偏正结构里的修饰成分只能是体词或形容词。对于准谓宾动词，朱先生举了6个例子：有、作、加以、给以、予以、受到。其中的“作、加以、给以、予以”都是公认的形式动词，但是大多数研究者不认为“有”和“受到”是形式动词。

黄伯荣、廖序东主编的《现代汉语》（第一版）中没有提到形式动词，《现代汉语》（增订三版）也并没有把“形式动词”作为单独的一个动词次类，在“增订五版”中则增加了这一动词次类。在《现代汉语》（增订三版）“宾语的语义类别”部分，编者指出宾语是动词分类的主要依据。及物动词按照所带宾语的性质分为三类：名宾动词、谓宾动词和名谓宾动词。谓宾动词又可细分为三种：真谓宾动词、准谓宾动词和真准谓宾动词。其中“准谓宾动词是可以带以谓词为中心的定中短语”，比如“进行细致的分析”是对的，其中“细致”是充当定语而非状语。他们认为“给以、予以、加以、致以、进行等”是“准谓宾动词或形式动词”，而“得到、有、作”是名准谓宾动词。名准谓宾动词和准谓宾动词的区别是前者可以带名宾而后者不能。对于这一点，我们认为有值得商榷之处，因为教材中所说的准谓宾动词实际上也可以带名词作宾语。按照朱德熙（1985）所说，形式动词也可以带名词作宾语，比如“进行”可以带“战争、会议、手术”等名词作宾语，“致以”可以带

“歉意、谢意、谢忱”等名词作宾语。“准谓宾动词”和“名准谓宾动词”的区分存在实际困难。

对比朱德熙先生和黄伯荣、廖序东两位先生的观点，可以发现他们的分歧所在：黄伯荣、廖序东主编《现代汉语》中的准谓宾动词和形式动词是一致的，是同一个概念，而朱德熙（1982）所界定的准谓宾动词不只包括形式动词。且朱德熙（1985）明确使用“形式动词”而非“准谓宾动词”指称“进行、作、加以、给予、给以、予以”等词，“有”和“受到”则没有吸收进来，这一变化是值得注意的。

我们认为黄伯荣、廖序东两位先生对于动词的分类较为细致，但是实际上“作”也是公认的与“进行、加以、予以”都属于形式动词，在黄伯荣、廖序东两位先生主编的《现代汉语》（第五版）中“作”属于名准谓宾动词，与“进行、加以、予以”等不同类。这进一步说明准谓宾动词和名准谓宾动词不易区分。所以，可以将名准谓宾动词并入准谓宾动词，而准谓宾动词和形式动词看作两个不同的范畴，比如“给予”和“得到”，二者单纯从宾语的词类属性方面比较是没有差异的，因为它们都是既可以带体词性宾语还可以带动词性宾语，如“给予高位、给予提拔”和“得到高位、得到提拔”都是合格的结构，而“高位”和“提拔”分别是典型的体词和谓词。但是把“给予”和“得到”归为同一个动词次类显然是不可取的，虽然它们的宾语性质基本上一致。实际上，也有些研究者把“得到、受到”等归为形式动词，但是我们认为这是错误的，没有认清形式动词的性质。基于这个原因，我们认为准谓宾动词可以说是个更大的范围，包括大部分形式动词，也包括像“得到”这样的非形式动词。

实际上，对于形式动词，还有很多研究者没有认清它们的句法特征。在查阅形式动词相关文献的过程中，笔者发现一些研究者对形式动词的认识仍存在偏差，在研究过程中将一些非形式动词纳入形式动词的范围。比如王伟（2012）在讨论“V以”类形式动词时研究范围包括“加以、给以、予以、得以、借以”，前三个是典型的形式动词，但是“得以”和“借以”我们认为并非形式动词，虽然它们和形式动词有共性，如都可以带双音节及物动词为宾语。不过，这一带有偏差的认识并非个案。因此我们认为，厘清形式动词和准谓宾动词的关系是亟须解决的一个问题。

对于形式动词和准谓宾动词的关系，我们的观点是形式动词和准谓宾动词是交叉关系，而且后者的范围较大，成员数量更多。按照黄伯荣、廖序东主编的《现代汉语》的定义，准谓宾动词属于谓宾动词，充当其宾语的可以是以谓词为中心的定中短语，而不可以是谓词性短语。因此，“得到、受到、遭到、得以”等属于准谓宾动词但不属于形式动词。我们接下来将首先对形式动词和其他准谓宾动词的异同进行分析。

一、“给予”“给以”和“得到”“得以”的共性

为了更好地说明形式动词的语法属性，我们选取了一组准谓宾动词进行考察，包括“给予、得到、给以、得以”。“给予”“给以”和“得到”“得以”之间具有联想关系，有明显的可资比较的句法、语义特征。

一般来说，形式动词在句子中的语义贡献不大，在句中占据谓语核心词位置，宾语一般是双音节动词，可以携带体标记“了、着、过”等。“给予”和“给以”是语义虚化的形式动词，表义作用不明显，省略后往往不影响基本句意的完整性。比如：

(1) 要尊重群众的劳动，对群众的工作要给予支持。

(2) 凡是有利于发展社会主义科学事业的要求和创议，都应该给以支持。

上面两个句子中的“给予”和“给以”删略后仍然是一个合格的句子，而且不改变基本意思。如例 (2) 可以变换为 (2’)：

(2’) 凡是有利于发展社会主义科学事业的要求和创议，都应该支持。

但是实际上非形式动词如“得到”有些情况下也具有这些特征。例如：

(3) 这个问题在 1972 年还没有切实得到解决。

(4) 一些地区仍停留在“刀耕火种”的原始农业生产方式，部分地区铁制农具尚未得到使用，水利设施更是缺少。

(5) 1978 年，他的冤假错案得到彻底平反并恢复了工作。

(6) 为保证下游群众生产和生活用水，黄委会及时调度，超计划加大了刘家峡水库的泄量，在供水计划指标之内，各省用水基本得到了满足。

例 (3—6) 中的“得到”都可以删略，不影响基本的句义，如例 (3) (4) 可以变换为 (3’) (4’)。

（3’）这个问题在1972年还没有切实解决。

（4’）部分地区铁制农具尚未使用，水利设施更是缺少。

可见，虽然“得到”在语义上和“给予”是对立的，不过，在实际用法中却和形式动词“给予”有相似之处。“得到”在某些情况下和形式动词的表现相同：是句子的谓语核心，但不是语义层面的核心。若单纯从句子意思方面考虑，“NP得到VP”≈“NP＋VP”，“NP给予VP”≈“NP＋VP”，这个时候，“得到”和“给予”的对立好像中和了。这种现象在下面这个例子中得到很好的体现：

（7）它们关于改善对外贸易的条件应该给予满足，它们建立的各种原料输出国组织应该得到支持。

如果把这句话中的“给予”和“得到”双双去掉，得到的句子仍然是站得住的［即例（7’）］，只不过动作的施受关系有所模糊。

（7’）它们关于改善对外贸易的条件应该满足，它们建立的各种原料输出国组织应该支持。

与“给予、得到”的关系类似，“给以、得以”在句中也可以删略。

（8）现在他不再掩饰他内心的激动，不再掩饰他对这次相会是何等的重视，于是答应他的马车夫，如果得以成功，就给以重赏。

句中的画线部分可以删略“得以”和“给以”整合成一个句子，即：

（8’）……于是答应他的马车夫，如果成功，就重赏。

总之，“给予、得到、给以、得以”的共性在于都能以光杆双音节及物动词为宾语，而且在具体语境中可以删略，同时不会影响句子的完整性。例如：

（9）a. 中子星的存在要再过34年才得以确认。

b. 国务院赋予公司的各项业务应该尽快给以确认，确保各项业务不被肢解，并应有相应的政策支持。

（10）a. 只有在现代建立了新的逻辑学，这些悖论才得到解决。

b. 干部职工住房有困难，他们宁可自己不分房，也要优先给予解决。

例（9）和例（10）中的“得以、给以、得到、给予”都可以删略而不影响句子的基本意思。

可见，在一定的语境中，它们实际上都存在语义虚化的现象。不过，如果将例（9）和例（10）中“得到”和“给予”、“得以”和“给以”相互替换，则会导致句义的改变。以例（9）为例：

（9'）a. 中子星的存在要再过34年才给以确认。

b. 国务院赋予公司的各项业务应该尽快得以确认。

显然，替换之后语义发生了变化，甚至导致小句与整个句子的意思不太和谐。

“得以确认”和“给以确认”，“得到解决”和“给予解决”在语义上构成较为明显的“镜像”式的对立。这种对立可以概括为主动和被动的对立。“给予/给以＋VP”一般表示对某一对象的主动施为或者说处置，而“得到/得以＋VP”则表示某一结果的出现，主动义削弱，被动义增强。

“得到”与“给予”意义相对，“得以”与“给以”意义相对，既然意义相对，应该说形式动词并不是毫无词汇义，而且“给予”“给以”和“得到”“得以”的词汇义虚实程度应该是一致的。所以仅凭语义虚化这一标准无法证明“得到”“得以”不是形式动词。

二、“给予”“得到”和“给以”“得以”在语法层面的对立

如上所述，在特定语境中，“给予”和“得到”及“给以”和“得以”的对立被中和了。那么是在什么样的句法环境下导致这样的结果呢？我们自拟一组句子，即下面例（11），来分析这个问题。

（11）a. 这个问题应该得到/得以解决。

b. 这个问题应该给予/给以解决。

c. 这个问题应该解决。

例（11a）和（11b）所传递的基本信息是一致的，也都可以去掉各自的核心谓词变换为（11c）。但是例（11a）和（11b）仍然存在不同的构式义。可以说，两组句子刻画了同一个事件不同的语义侧面。同样是说“这个问题应该解决”，如果强调“解决”的施事应该施行“解决”的行为，则会选用形式动词“给予、给以”等；如果强调问题被解决这一结果，则会选用“得到”或者“得以”。两句话不同之处在于“主动”和“被动”这对语义范畴的对立，形式动词“给予、给以”只分布在主动句中，而“得到、得以”主要分布在表被动义的句子中。正因为如此，两个句子所凸显的语义角色是不同的，以形式动词为谓语中心的句子凸显的是施事，以“得到、得以”为谓语中心的句子凸显的是受事。

若用菲尔墨的透视域理论来审视，则是它们“透视”了一个整体场景的不同部分。在例（11）中，“给予、给以”与“得到、得以”后面的宾语动词是相同的。“给予、给以、得到、得以”由于不表示具体的动作行为，均不能指派语义角色，只能是由它们的宾语动词指派语义角色。所以例（11a）和（11b）两个例句中的语义角色是相同的，都由“解决”指派，分别是“解决”的施事和受事。当施事不在句中出现时，只有受事。受事都是被凸显成分，充当句子的主语，即例（11a）和（11b）两个句子所代表的情况。但当施事在句中以显性形式出现，“给予、给以”和“得到、得以”所构成的句子结构就会有所不同。因为“施事”这一论元角色在“得到、得以”作谓语核心的句子和“给予、给以”作谓语核心的句子中的地位是不同的。在“得到、得以”作为谓语核心构成的被动义的句子中，施事这一语义角色是不被凸显的，如果语境不强制要求，完全可以不出现。在“得到”构成的句子中，施事若要出现，只能是作为“得到”宾语中心语的修饰成分而出现。例如：

（12）这个问题得到了有关部门的解决。

“得以”作为谓语核心构成的句子中，施事成分一般不出现，因为“得以”所在的句子一般没有一个明确的施事。例如：

（13）70年代初资本主义制度在世界范围内得以确立。

例（13）中，“确立”的施事补不出来，因为实际上“确立资本主义制度”本身并没有一个具体的施事。所以，“得以”带宾语时充当前景的成分一般表示结果。

可见，“给予、给以”和“得到、得以”对立的消失只是在特定语境下产生的现象。这种特定语境就是当它们的宾语动词所指派的施事不出现的情况，而且一般施事不是指称人的。当施事出现时，“给予、给以”和“得到、得以”无法相互替换。例如：

（14）孙策作战骁勇，再加上他的军队纪律严明，得到百姓的支持。

例（14）中“支持”的施事以语词形式出现，其中的“得到”无法替换成“给予”，也不能省略。当然，由于句中“支持”的施事是指人名词，所以即使施事不出现，也较难用“给予”替换“得到”。

（15）秘军方二十八日发表公报说，二十七日厄军队用迫击炮和步枪射击秘军队，秘军立即给予反击，在交火过程中，秘鲁一名士兵死亡。

例（15）中的“给予”不能用“得到”替换。“得到”和“反击”无法实现意义上的组配，主要原因在于“反击”侧重表征一个过程，而非一个结果。可见，“给予”和“得到”在选择动词宾语方面也有不同的倾向。

从“给予、给以”和“得到、得以”所分布的句式来看，“给予、给以”分布在主动句中，施事论元是必选论元，一般充当整个句子的主语，是被凸显的成分。即使施事承语境而省略，没有在句子中以显性形式出现，我们仍可以根据上下文语境提供的信息将其补出来。“得到、得以”则分布在被动语态的句子中，受事是必选论元，一般充当整个句子的主语，施事则往往不出现，而且很多情况下不容易补出来。

正因为凸显的成分不同，“给予、给以”和“得到、得以”所在句子的配位方式也是不同的。“给予”和“给以”作为形式动词，取消了其后宾语的动态性，使原本可以携带论元成分的动词失去了赋格的能力，所以“给予”和“给以”的宾语动词之后不能再带宾语。例如“给予/给以解决问题”是不成立的。因为正常情况下可以携带宾语的“解决”失去了为宾语提供格位（case）的能力。但是“对当前的问题给予/给以解决”是合格的，介词“对”可以为“解决”的受事论元提供格位。我们认为，“得到”和“给予、给以”在这方面有相似之处。“得到”同样使它的宾语不能再携带论元，如“得到解决问题”是不合格的，“解决”在作了“得到”的宾语之后也无法再带宾语。所以，“得到”也使它的宾语失去了提供格位的能力。但是，“给予、给以”和“得到”虽然都有取消各自宾语赋格能力的功能，所导致的语法后果却是不同的。“给予”和“给以”的宾语的受事论元一般是由介词“对”引导置于“给予、给以”之前，如“对这个问题给予/给以解决”。而“得到”的宾语的受事论元是作为整个句子的主语出现的，占据的是主语位置。这一点和形式动词“给予、给以”的情况很不相同，“给予、给以”的宾语动词的受事论元是无法占据整个句子的主语位置的，因为在“给予”充当谓语核心的句子中主语位置一定是由施事占据的。“得以”则比较特殊，与“给予”“给以”“得到”不同，它的宾语动词仍然可以再带宾语。例如：

（16）根据最新的研究，我才得以形成自己关于各家哲学起源的理论。

例（16）中“得以”的宾语是个动宾结构。当然，这个例句也可以变换一下：

（17）我关于各家哲学起源的理论才得以形成。

这两种说法都是成立的。这种配位方式和形式动词有比较明显的差别。所以，“得以”之后动词是否再带宾语是自由的，根据表达的需求进行选择，不像形式动词强制要求动词的受事成分移到前面。

总之，“给予”和“得到”及“给以”和“得以”之间的对立或者说区别是客观存在的。“给予”和“得到”及“给以”和“得以”具有不同的句法功能，彼此具有不可替代性，它们之间的关系不像形式动词内部成员之间那样往往可以相互替换。这种对立说明“得到”和“得以”不属于形式动词这个集合。

三、“给予”“得到”和“给以”“得以”主动、被动的对立

我们在上文中指出“得到”和“得以”语义“漂白”的语境一般是受事作主语也就是表示被动意义的句子。当“得到”和“得以”分布在受事主语句时它为句子提供的往往不是具体的意义要素，而是在句子的高层次语义关系层面起作用。汉语的受事主语句可以没有被动标记，一般当受事占据主语的位置我们就能根据主谓成分之间的关系推出被动义。所以，当“得到、得以”在句子中用来标记被动义的时候，一般可以省略而不影响句意表达。

不过，虽然准谓宾动词“得到”和“得以”主要分布在具有被动义的句子中，但这不是绝对的，有些以“得到”为谓语核心的句子整体表示的是主动义。而且，只要宾语不是明显的体词性成分，分布在这些表示主动义句子中的“得到”“得以”也可以省略，省略后和省略前句意基本一致。例如：

（18）a. 许多大中城市的医院开展了为孤残儿童献爱心的活动，为他们实施脱残手术，使许多残疾孤儿得到了康复。

b. 这些科学家作为各学科的带头人，长年累月超负荷工作，很少得到休息。

（19）a. 除此之外，许多劳工经济学者主张，薪资的不稳定性代表风险转移至劳工——尤其是特定的领域如农业劳工的身上，而使资本的所有人得以躲避风险。

b. 1949 年 10 月 1 日中华人民共和国得以顺利诞生。

上面这些句子中的“得到”和“得以”都可以删略，不影响结构的合法性，但是会造成句义微妙的变化。如例（18b）中“很少得到休息”可以说成“很少休息”，但是意思不完全一致，“得到休息”暗含了“得到充分的休息”“休息好了”这样的意思。这说明“得到＋V”包含了大量义、完成义。例（19b）中“中华人民共和国得以顺利诞生”，“得以”若删去也可以，但是“得以”包含了成功达到目标的意思，这在例（19a）中表现得尤为明显，此例中“所有人得以躲避风险”可以说成“所有人躲避风险”，但意思的变化比较明显。

从结构形式上说，如例（18—19）所示，“得到”和“得以”的宾语动词可以是一价的，特别是“得以”，其后宾语往往是不及物成分，不能携带受事论元，只能指派“施事”这一语义角色，由施事充当整个句子的主语。而在“给予、给以”充当谓语核心的句子中，其宾语动词多是及物动词，及物动词的施事一般占据主语的位置，受事可以作宾语或话题成分。例如：

（20）a. 张老师对李四给予了严厉的批评。

b. 李四，张老师（对他）给予了严厉的批评。

c. 张老师给予了李四严厉的批评。

“得到”和“得以”虽然意义相近，但是实际上二者也有不同的句法表现。如例（18—19）中的“得到”和“得以”并不能相互替换，就说明它们存在较大区别。“得以”的宾语可以是动宾结构［如例（19a）］或者状中结构［如例（19b）］，“得到”不可以。“得到”可以带体标记“了”［如例（18a）］，“得以”不可以。从这个角度来说，“得到”与形式动词的表现更为接近。

总体来说，“得到、得以”的句法配位情况可以分为两种类型。一种情况是“得到、得以”所在的句子有施事和受事两个语义角色需要安排，这个时候，“得到、得以”的宾语的受事论元一定占据主语位置，施事论元则只能充当其他成分，比如作“得到”的宾语的修饰成分。第二种情况是，“得到、得以”的宾语只能指派施事论元，也就是说没有受事论元等待安排，在没有其他语义角色竞争的情况下，施事论元自然便得到了主语的位置。可见，“得到、得以”充当谓语核心的句子主要用来表示被动义，受事论元优先得到主语位置，同时也有可能表示主动义。与“得到、得以”相比，“给予、给以”只与主动范畴联系，表示主动施加的行为，其所在的句子的主语一定是施事。

通过上文的分析，我们认为，与“给予、给以”只与主动范畴联系不同，“得到”和“得以”充当谓语核心的句子可以表示从典型主动到典型被动的连续体。我们以“得到”为例来说明这个问题：

（21）a. 在公开场合，他们大唱和平高调，让刚刚作战完毕的侵略军得到休整，以麻痹英法放松警惕，暗中准备再次使用惯用的突然袭击。

b. 由于皇帝的支持，道教得到很大的发展。

c. 中国是联合国的创始国和安全理事会五个常任理事国之一。可是在中华人民共和国成立后，我国在联合国的席位却长期被剥夺，这个问题直到1971年才得到解决。

例（21a）画线小句的主语“侵略军”是有生命体，且动作行为“休整”正是其发出的，因此整个小句属于主动句。例（21c）主语“这个问题”是无生命体，而且是动词“解决”的对象，属于被动句。例（21b）究竟是表示主动还是表示被动则不太容易判断，应该说是一种介于主动和被动之间的情况。

四、从语篇分布情况看“给予”“给以”和“得到”“得以”的不同

不论是表示被动义还是主动义，“得到、得以”构成的句子一般都是一个事件的结果，这种结果可以是已经成为现实的，也可以是预先设定的，即假设的情况。“得到”和“得以”的这个相同之处是根据语篇的考察得来的。例如：

（22）经过几天紧张的打捞，专家的推测初步得到验证，潜水员在江底发现古船遗迹撑船杆杆转和装钱币的箱子残片等。

（23）如预计已经发生的劳务成本全部不能得到补偿，则不应确认收入，但应将已经发生的成本确认为当期费用。

在例（22—23）中，“得到＋V”表示被动意义，作为一个事件的结果。例（22）表示的是已成事实的结果，例（23）表示的是一种可能出现的结果。因此，“得到＋V”不论表示主动行为还是被动行为，都是作为某一事件的结果在句中出现。

“得到”和“得以”所在的句子往往是表示一个完整事件的结果，而“给予”和“给以”所在的句子就正好相反，它往往用于表示事件的原因或者说是过程。下面这些句子中，“给予”和“得到”以及“给以”

和“得以”是相对举的，“给予、给以”所在的句子在前，表示原因，“得到”或“得以”所在的句子在后，表示结果。正因为如此，“给予、给以”所在的句子和“得到、得以”所在的句子之间一般都会有“使、让”等表示致使关系的词。

（24）为维护国家税收，为维护广大消费者的合法权益，为维护法律的尊严，对水货手机必须给予坚决打击，使手机市场得到健康发展。

（25）应该把这方面的需求恰当地作出规定，以便对被开发的软件给予特殊的设计，使其在运行中得到必要的保护。

因此，一般来说，“给予、给以”和“得到、得以”之间的使用有较为明显的语序限制：“给予、给以”所在的句子在前，“得到、得以”所在的句子在后。这是语言对事件发生顺序的临摹——先有付出，后有所得，符合时间顺序原则。

Vendler（1967）根据所表情状类型的不同，把动词分为四类：状态动词（stative verb）、活动动词（activity verb）、完结动词（accomplishment verb）、实现动词（achievement verb）。其中活动动词有起始点和中间过程但没有自然结束点，完结动词则同时具有起始点、中间过程和自然终结点，实现动词只有起始点和自然终结点，没有中间过程。通过对语料的检索，我们认为，“给予”和“得到”动词宾语的情状类型差别不大，也就是说，一般能充当“给予”的宾语的成分同样可以充当“得到”的宾语，基本上是一种对称的情形。但是，当“给予＋VP”“得到＋VP”分布在同一个语段的时候就发生了变化。“给予”要求充当其宾语的VP的情状类型是“活动”，只表示一个事件的过程，没有自然结束点。但“得到”要求充当其宾语的VP的情状类型是“完结”，表示一个事件过程的终结，有自然结束点。这种区别正好与语篇中“给予”句和“得到”句分别对应事件的因和果联系起来，“得到”句的情状类型是有自然终结点的完结，适宜表示事件结果，“给予”句的情状类型是只有起始点和过程的活动，自然是表示事件过程。

五、小结

这一部分通过对比“给予、给以”和“得到、得以”的语义、语法特征，我们认为“给予、给以”是形式动词，“得到”是准谓宾动词，“得以”是谓宾动词，准谓宾动词和形式动词之间关系比较密切，我们认为应该是交叉关系，即准谓宾动词的范围和形式动词的外延存在交集，但不完全相同。“给予”和“给以”具有语义虚化的特点，“得到、得以”在受事主语句中也存在语义虚化的现象。但是两组词在语义上的对立是主要的，这决定了它们在句法表现上有所不同。“给予、给以”所在的句子表示主动施为的行为，在句法结构的安排上施事是必有论元，是被凸显成分，一般投射为句子的主语，成为句法结构的核心成分，受事则投射为句子的外围成分，不被凸显。“得到”作谓语核心构成的句子分两种情况：若同时存在施事和受事两个语义角色，受事论元优先投射为句子的主语；若只存在施事一个语义角色，则由施事占据句子的主语位置。“得以”作谓语核心的句子一般也不出现施事，受事是必有论元。这种差异导致“给予、给以”和“得到、得以”成为观察同一事件的两个不同的句法视角，或者说对同一场景所透视的部分有所不同，导致它们所在的句子关注的焦点不同，凸显的成分不同。形式动词“给予”所在的句法结构凸显施事这一语义角色，只分布在表主动义的句子中，主动句是无标记的句式，“得到”和“得以”作谓语核心的句子可以表示主动义，也可以表示被动义，而且主要用来表示被动义，所以主要分布在有标记的句式。另外，从语篇来看，“给予”和“给以”所在的句子一般表示一个完整事件的原因，“得到”和“得以”所在的句子一般表示一个完整事件的结果。如果纯粹从动词的情状类型来说，“给予”“给以”的宾语动词一般属于活动类，陈述的是一个事件的动态过程，“得到”和“得以”的宾语动词一般属于完结类情状类型，陈述的是一个事件的静态结果。若是相同的动词充当两组动词的宾语，比如“解决”，“给予”“给以”凸显其作为一个持续过程的义面，“得到”“得以”凸显其作为结果的义面。

我们之所以专门探讨准谓宾动词和形式动词的不同，主要原因在于为数不少的研究者将类似“得到、得以”的动词与类似“给予、给以”的动词混为一谈。杨虹（2009：9）对之前各家给出的形式动词的范围进行了总结，得出共计 31 个被认为是形式动词的成员。这 31 个动词中包含了一些准谓宾动词，如“受到、得到、引起、遭受、禁受、禁得起、禁不起”等等。可见，形式动词和准谓宾动词之间的区别是很值得讨论的。虽然它们都可以携带双音节及物动词作宾语，但是它们所分布句子的配位方式是很不相同的。杨虹（2009）认为只有第六类动词是形式动词，但是，第六类这 6 个形式动词与朱德熙（1985）提到的成员是基本一致的，这实际上只是形式动词这一范畴的一小部分，她所使用的三条标准仍嫌不够充分、细致。

我们在上文中讨论了“给予、给以”和“得到、得以”的不同，并且指出形式动词和准谓宾动词是交叉关系。大部分形式动词属于准谓宾动词，而且形式动词具备准谓宾动词所不具备的一些属性。

第二节　形式动词、代动词和泛义动词的关系

形式动词不只是和准谓宾动词关系密切，它和代动词、泛义动词的内涵和外延也存在纠缠之处。三类词最大的共性就是意义较为虚灵。目前对三个范畴之间关系的梳理还不够明确，缺少严格的定义，不同的研究者在使用时存在混淆现象。这反映了三者在语义、句法等方面具有共性，同时这也要求我们通过研究进一步明确三个概念的内涵和外延，加深对这三类动词的认识。

代动词的最大特点是有所指代，它指代意义具体的动作行为，究竟指代什么具体动作需要根据语境判断。而且代动词一般是单音节动词，入句后可以不携带宾语，比如“做、干、弄、搞、来”等。需要指出的是，我们曾在上文中介绍陈宁萍（1987）对代动词的研究，实际上这篇文章中的代动词包含了形式动词，和其他研究者所说的代动词并不是一回事，本部分所说的代动词指的并非形式动词，也自然不是陈宁萍（1987）所说的代动词。泛义动词是指意义空泛，所能携带的宾语意思多样，致使它无法表示某一具体的动作。泛义动词与代动词不同，不能指代具体动作行为，如“打、犯”等。同代动词一样，泛义动词一般也是单音节的。赵元任先生（1979：290）认为从范围上来说泛义动词包括代动词，“弄、搞”等都是泛义动词而非代动词。赵元任先生的说法影响比较大，现在很多研究者都把“做、干、弄、搞”等看作泛义动词。当然，赵元任先生的处理是有一定道理的，代动词确实在语义上有所泛化。但是词的类属的判断还是应该着眼于它们的语法特征，“打、犯”和“做、干、弄、搞”在语法功能上有所区别，“分”比“合”要合理。刘瑞明（1992）提到“打、作（做）、为”是最典型的泛义动词，还提到了“搞”。此文指出“泛义动词正因其指代性而有浮泛游移的特点，所指代的并不十分明确固定，可为此，也可为彼”。不过，我们认

为，“打”这类词即使认为有指代性，也与代动词的指代性不同。真正的指代应当是单独在句中出现就可以完成，如人称代词“他”，在语篇中能独立回指上文中提到的人。但是“打”的黏着性显然较强，指代性比“做、弄、搞”等要差。李丹芷（2013）认为代动词和泛义动词是不同的两个类，泛义动词着眼于词义泛化、扩大的角度，代动词则着眼于在语篇中起衔接代替作用的角度。我们赞成她的这一观点，而且我们认为对这三个概念需要进一步加以梳理和界定。

一、三类词在语义、句法上的共性和差异

形式动词、代动词和泛义动词自身都具有语义不实在的特点，但是具体来说，三者语义所指不明确的原因有所不同。

形式动词这个范畴内部成员的来源比较复杂。其中部分形式动词是句法结构词汇化的结果，比如“加以、给以、予以”等“V以”类多是“$V+O_1+以+O_2$”的句法框架词汇化的结果，词汇化过程中伴随着语法化过程，所以缺少具体的词汇义。还有部分形式动词如“进行、给予、作”等则本身是具有词汇义的，但当这些动词携带双音节动词形式作宾语的时候受所处句法结构的影响，均不再能表示实际的动作行为义。《现代汉语词典》（第7版）在对典型形式动词“加以”释义时是着眼于对其语法作用的分析，不是对“加以”词汇义的描写，这种做法充分反映了形式动词语义虚化的特点。对形式动词而言，更重要的是语法意义而不是词汇义。

朱德熙（1985）指出形式动词带双音节及物动词形式为宾语时，其作用是“标记前置受事”，形式动词确实主要是起语法标记的作用。例如：

（26）对这些特殊规律，我们将在本书有关章节中具体加以阐述。

例（26）中在形式动词“加以”的作用下，“阐述”不能再带宾语，其受事“这些特殊规律”由介词引导置于句首。由此可见，形式动词在句中的语义贡献主要不在于实在的词汇义，而在于赋予整个结构的构式义。

代动词的语义特点严格地说不能说是虚化，它们是有词汇义的，但是由于它们的意思高度概括，可以用来指代各种动作行为，其词汇义就不是具体的。代动词一般入句之后就获得了具体的意思，形式动词反倒

是入句之后更为虚化，意思更为空灵。在这一方面，代动词和代词的特点类似，本身所指对象不明确，但是在一定语境中意思就很具体了。比如《现代汉语八百词》在“来”词条下所给出的例句，我们转引其中一例如下：

(27) 你拿那个，这个我自己来。

在例(27)中，代动词“来”指代的是“拿”这一动作行为。不过，“来”的这种用法也可以解释为省略造成的，因为“来”之后是可以再补充出所省略的成分的。如例(27)中的“来”之后可以补出“拿”。但是，我们倾向于认为是省略用法的固化导致“来”自身就可以指代一种动作行为，有些情况“来”之后不易确定省略了什么。如“放着我来”中“来”之后可以是写、收拾、提、拿、搬、扔等不同的行为。所以，从篇章的角度讲，代动词的特点是具有回指功能，能够指代上文中已经出现的动作行为。有些语句中的“来”虽然没有上文，但是结合说话时的语境很容易就可以确定它代替了什么动词。

“做、干、弄、搞”被很多研究者看作泛义动词，但是结合它们在篇章中的作用，看作代动词更为合理。比如：

(28) 但今天命令企业“强强合并”，明天又给你出一个“好主意”，后天兴许还让你与一位外商合资。这样搞来搞去，结果正如吴敬琏先生所说的，“国有企业改革长时期没有取得突破”。

例(28)中的“搞”所指代的具体内容即句中画线的部分，这样的“搞”看作代动词是名实相符的。《现代汉语八百词》在“搞”词条下明确指出：“‘搞’可以代替各种不同的动词，常随不同的宾语而有不同的意义。”《现代汉语八百词》对代动词的特点概括得非常准确。把“做、干、弄、搞”视作泛义动词的研究者可能只注意到了这类词随宾语不同而获取不同意思的特点，而没有注意到其更为根本的“指代”功能。再以“弄”为例：

(29) 一次，一个学生还把人家车头的标志弄断了。

(30) 任何情况下不能用抹布拭干已洗净的器皿内部，这样就把它重新弄脏了。

(31) 我妈觉得自己很没面子，最后她托了关系，把我弄到一个补习班。这个补习班保证说，只要你把学生送进来了，我就能让他考上好的高中。

例(29)中的“弄”指代了某一个具体的动作行为，可能是折、碰或掰等，这要结合具体场景而定。例（30）中的“弄”指的是同句中其上文交代的“用抹布擦拭已洗净的容器内部”。例（31）中的“弄”指代的是下文的“送”。

可见，代动词只要进入句子这一级单位，其意思不再虚化，而是指称具体的动作行为。泛义动词和形式动词不能指代其他动作行为，也没有篇章回指功能。不同于代动词入句后意思变得明确，形式动词入句前后的语义并没有什么变化，仍然保持着语义虚化的特点。泛义动词由于语义空泛，单独看也不能确定意思，要结合宾语才可以进行判断，且往往仍不易说清楚到底是什么意思。比如“打电话、打哈欠、打杂儿、打秋千”中的“打”意义都很难明确，像是凑足音节的成分。《现代汉语词典》（第7版）对“打电话”中“打”的解释是“放射，发出”，对“打哈欠”中“打”的解释是“表示身体上的某些动作”，对“打杂儿”中“打”的解释是“做，从事”，对“打秋千”中“打”的解释是“做某种游戏”，虽然词典作出了解释，但是解释都比较模糊，并没具体说明是什么动作。就这一点来说，泛义动词和代动词是很不相同的，因为代动词只要语境明确意思是非常具体的。

泛义动词的宾语一般是名词。形式动词和代动词都可以带动词宾语构成动宾短语，二者在意义上的贡献都不大，主要由它们的宾语负责表意。形式动词和代动词有时候可以携带相同的宾语，所构成的动宾短语意思基本一致，比如“搞”和“进行”：

（32）搞研究——进行研究　　搞发展——进行发展　　搞检验——进行检验

搞虚假包装——进行虚假包装　搞改革——进行改革　　搞调查——进行调查

下面的例句更加充分地体现了形式动词和代动词之间用法上的交叉。

（33）要进行方言研究，一般少不了进行方言调查，搞方言调查，需要亲自到方言区去口问、耳听、手记，做静态的分析描写工作，这同样需要具备音韵学知识。

（34）李岚清阐述了中方的立场，指出中方一直主张在相互尊重的基础上进行对话，不搞对抗。

（35）日本首相村山富市近日就世界反法西斯战争胜利50周年发表谈话，再次承认日本曾对亚洲进行侵略和搞殖民统治。

例（33）中“进行方言调查”和“搞方言调查”的意思基本一致，交替使用可以避免语词的重复。例（34）和（35）中都是“进行”和“搞”连续使用的情况，而且都是以双音节动词为宾语，反映了二者的相似性。龚千炎、胡治农（1979）把“搞”的语义归纳为两类，其中一类是用“进行、实行”来表示，这反映了代动词和形式动词意义上的交叉。刁晏斌（2004）将“搞”以及“做”“干”“弄”等动词都纳入形式动词的范围，显然也是考虑到了它们与“进行”的相似之处。不过，除了“做”，“干”“弄”“搞”在语体色彩以及配位方式上与典型形式动词存在显著的区别，因此我们不认为它们是形式动词。

另外，代动词“来”有时也可以分布在形式动词的位置，比如例（36）中“来”的用法。

（36）此外，将现有产品来一番改造、完善，是不是也可以做出大文章呢？

例（36）中的“来”体现了标记前置受事的用法，可以用“进行、加以”等典型形式动词替换。句中“来”的宾语“改造、完善”是双音节及物动词，“改造、完善”的受事则前置充当介词“将”的宾语。而且，例（36）中的“来”并未指代某种动作行为，不同于其代动词用法。“来”的这种用法表达效果比较特殊，典型形式动词会使整个句子显得正式而庄重，书面语体色彩明显，而“来”口语色彩浓，比较俏皮，所以当“来”出现在典型形式动词一般占据的位置，会使整个句子显得轻松活泼。

“做”也是既有形式动词用法，又有代动词用法。当“做”起标记前置受事的作用时，它是形式动词，当它指代某一动作的时候是代动词。例如：

（37）公司职员无论是否新进，都应对自己所接洽的客户随时做调查。

（38）咨询者：你说你要<u>打电话给她</u>，可到现在为止，你并没有这样做。

例（37）和例（38）中的“做”分别是形式动词和代动词。例（37）中的“做”标记前置受事，可以用“进行”“加以”“予以”等替换。例（38）中的“做”回指该句中的画线部分所表示的动作行为，没有标记前置受事。可见，虽然同一个词形可能同属代动词和形式动词，但是它们在句中的作用不同。

和形式动词、代动词相比，泛义动词的特点在于义项最为复杂。比如“打”在《现代汉语词典》(第7版) 中共有24个义项。其中一些义项是围绕“击打”义引申出来的，具有这类意思的“打”表示的是具体的动作行为；有些义项和“击打”的语义关系不大，比如“打酒、打水、打柴”等中的“打”，分别表示的是“买、舀取、砍”等动作行为；还有些义项很难说清“打”代表了什么动作行为，比如“打游击、打杂儿、打嗝儿”中的“打”。从“打”的词典释义可以看出，泛义动词语义十分空泛，能搭配的宾语从具体事物到抽象事物都有，既有名词也有动词，特别是在携带表示抽象事物的词为宾语时所构成的动宾结构已经词汇化。这一点和形式动词、代动词不同，它们携带宾语构成的动宾结构一般是短语。有些词同时属于代动词和泛义动词两个范畴。比如“搞”，我们在上文中已经指出它与“做、干”等都是代动词的典型成员，具有指代功能。但是“搞笑、搞砸了”中的“搞”究竟表征什么动作行为很难说清楚，语义虚化程度很高，即使在句中也不能获得具体意思，整体成词倾向明显。这种情况下的“搞”是泛义动词，是在其代动词用法基础上的延伸。

和泛义动词相比，形式动词和代动词义项比较少。比如代动词“搞”，在《现代汉语词典》(第7版) 中只有两个义项，义项①是“做；干；从事”，义项②是“设法获得；弄”，这两个义项之间存在引申关系，义项之间的联系较为清楚。这和泛义动词义项复杂且义项间联系模糊的情况很不相同。当然，上文中也提到，“搞”也可以作泛义动词，不过这不是它主要的用法。

有些时候，泛义动词可以带动词作宾语，这个时候泛义动词基本不表意。例如：

(39) 消费者心理准犯嘀咕：王婆卖瓜，哪会不说自己的好呢?

例 (39) 中的“犯”省略之后句子的基本意思不发生变化。

泛义动词和形式动词，二者有时候也可以携带相同的宾语。例如：

(40) 警方得到消息后，立即采取行动对该团伙进行埋伏围捕。

(41) 有些人说他很可能和某些匪徒有联系，怀疑他一到傍晚便在一些树丛里打埋伏。

例 (40) 和例 (41) 中的画线部分虽然基本意思一致，而且例 (40) 中的形式动词“进行”和例 (41) 中的代动词“打”都可以省略，省略之后句义仍然能保持完整。但是，“进行”和“打”却不能任意相互替换。例（40）和例（41）中的“进行”和“打”相互替换后得到的句子可接受程度大大降低。这其中有句法因素的限制作用。形式动词的典型分布框架是“施事＋介词＋受事＋形式动词＋双音节动词”，形式动词在句中起着标记前置受事的作用。这种句法作用是代动词和泛义动词都不具备的。因为形式动词具备这样的句法功能，形式动词句在篇章衔接上发挥了重要的作用。形式动词句中的受事成分在篇章中往往是已知信息，而汉语在安排新旧信息时是将新信息置于句子末尾，因此受事不能出现在宾语一般出现的动词之后的位置，如果后置则会破坏形式动词句与上文衔接的连贯性。而且泛义动词和其宾语的组合凝固性强，已经词汇化，如“打埋伏”在《现代汉语词典》（第5版）已经收录。可见，泛义动词句法上功能比较弱，主要是用来构成短语词。另外，形式动词之后允许多个宾语动词并列，如“进行埋伏、围捕”，“打”这样的泛义动词搭配较为固定，也不允许多个动词并列做宾语，“打埋伏”可以成立，“打围捕”不可以。因此，虽然形式动词和泛义动词语义都已虚化，但是二者不属同一范畴，所适用的句法环境不同，产生的表达效果也有明显差异。

二、小结

总之，形式动词、代动词和泛义动词之间确实存在共性，主要表现在：语义虚灵，一般不具有词汇义。有些动词存在跨类现象，比如“做”，有形式动词的用法（如“做调查”），也有代动词的用法（如“他可以跳槽，你不能这么做”）和泛义动词的用法（如“做买卖”）。这反映了三类动词具有交集。三者间的差异是我们重点研究的对象，我们通过对三类动词的本质特点进行讨论得出以下一些认识：形式动词本质的特点是它的句法功能——标记前置受事，形式动词句一般可以删略形式动词还原成SVO语序的句子；代动词最为根本的特点是可以指代其他动词，在篇章中具有回指功能；而泛义动词最重要的特点是所构成的VO结构凝固程度高，组配比较固定，不少已经词汇化。

形式动词、代动词和泛义动词三个概念从内涵到外延都不是相同的，我们认为在具体的研究中不应混用。虽然三类动词内部的成员还需要进一步明确，但是三类之间的界限是分明的。

第三节　本章结论

在本章我们梳理了形式动词和其他相关范畴的关系。通过分析，我们认为，形式动词与准谓宾动词是交叉关系，大部分形式动词同时属于准谓宾动词，像“加以”“予以”不能带名词宾语，只能带谓词宾语，不属于准谓宾动词。准谓宾动词范围较大，还包括像“得到、受到、遭到”等非形式动词。形式动词和准谓宾动词具有共性，都可以带以动词为中心成分的定中结构做宾语。但是，形式动词和其他准谓宾动词在配位方式上有所不同，凸显的语义角色不同。这说明，形式动词和准谓宾动词具有不同的句法功能，形式动词可以标记前置受事，可以分布在“介＋NP＋____＋VP”的结构槽中，而准谓宾动词不能。从语义的角度来说，形式动词具有“主动施为”的语义特征，而其他准谓宾动词则具有“被动遭遇”的意味。

我们还分析了形式动词、代动词、泛义动词的不同。代动词在语篇中具有指代的作用，可以回指上文语境中的某一动词，可以不依赖宾语而单独使用，一般用于口语语体。泛义动词意义空泛，义项数目较多，义项之间的联系也较为复杂，须与宾语组合才能使用，而且泛义动词与宾语有凝固成词的倾向，一般用于口语语体。形式动词也须与宾语组合使用，但是义项数目少，义项间的联系较为清晰，在语篇中不具有指代作用，一般用于书面语语体。形式动词最重要的特征是促发其宾语动词的受事前置。

第三章　形式动词的理想认知模型

Lakoff（1987：68）指出人类对知识的组织主要是借助于理想认知模型这样一种结构，像范畴结构（category structure）和原型效应（prototype effects）都是理想认知模型的“副产品”。每一个理想认知模型都是一个复杂的结构体，一个“完形”（gestalt）。比如 bachelor 这一概念的理想认知模型是在一个一夫一妻制的社会中，适婚年龄的男子未婚。理想认知模型与现实情况并不总是完全吻合的，而是会出现高度一致、很一致、不太一致、很不一致等不同情况，从而会出现范畴化的原型效应。就 bachelor 这一概念来说，它在对现实世界的对象进行指称时并不总是完美契合的，还会存在只是部分条件匹配的情况，比如离异的年轻男子以及身份特殊的未婚男子（像教皇），它们属于 bachelor 原型范畴中的边缘成员。若干认知模型还可以形成一个复杂的集束模型（cluster model）。比如“母亲”的认知模型就是一个由生育模型（birth model）、基因模型（genetic model）、养育模型（nurturance model）、谱系模型（genealogical model）等构成的集束模型。不同的词典编纂者在给“mother”一词释义时存在分歧，有的根据生育模型释义，有的释义则以养育模型为主，可见不同研究者对集束模型中的各个模型的重要性有不同的认识。

我们认为，研究者们对于形式动词的认识实际上也是基于形式动词的理想认知模型，即从形式动词的一些典型特征入手来判定形式动词的成员。但是，正如对概念 mother 的认识可以基于不同认知模型，形式动词的理想认知模型也是集束模型，而不同研究者所依据的往往是其中的某一模型，这必然导致对形式动词的范围及用法存在分歧。部分学者对形式动词的认识基于宾语性质模型，即形式动词的宾语限于动词特别是双音节及物动词，符合这一标准的都纳入形式动词范畴，以致将“值得、企图、试图、遭遇”等一些动词视作形式动词。部分学者则主要是基于语义虚化模型来判定形式动词。大部分学者则是综合运用多种模型建立对形式动词的认识。

形式动词的理想认知模型是可以描述的，而且只有将其描述清楚才能更好地分析形式动词范畴的原型效应。形式动词的集束模型表现为语义特征、语法特征、语体特征、语篇特征等方面的各个分支模型。所以，本章我们主要讨论形式动词各方面的特征，刻画其理想认知模型。

袁毓林（2010a：271-273）指出了形式动词的 10 项分布特征。不过这 10 项特征中大部分都是说形式动词不具有何种属性，这样的“排除”式的界定方式不够充分。对于判定形式动词来说，明确它们的特征主要还是应该明确它们具有何种属性。

第一节　《现代汉语八百词》对形式动词的界定和描写

这一部分我们以分析《现代汉语八百词》中关涉形式动词的部分为主要内容，但是不限于此，我们还将对比朱德熙（1982、1985）的研究成果及其他学者的相关研究内容，通过对比加深讨论。

研究者们在判定形式动词时一般依据三个方面的标准：第一，形式动词有虚化倾向，意义不够实在，往往是形式动词的宾语在承担表意作用；第二，形式动词所带宾语的核心成分一般是双音节及物动词，这是成为形式动词的必要条件；第三，语体方面，形式动词一般只用于书面语体，能使所在句子整体上具有庄重的特点。但是我们认为这三个标准较为笼统，还不足以准确认定形式动词。首先，语义方面的标准可操作性不强，只能凭借研究者的语感来进行，就容易造成判断上的主观性。其次，以双音节及物动词为宾语的动词并不限于形式动词，我们在上文中讨论准谓宾动词和形式动词关系的时候已经指出了这一点。书面语语体色彩倒是一个相对而言较易操作的标准，但是显然它也不是形式动词的专有属性，只能作为辅助标准。因此，即使综合运用上述三个标准，仍然难以清楚界定形式动词范围。有意思的是，目前来看学界对形式动词的判定标准存在分歧，可以说是较为笼统而模糊的，从理论上来说，根据笼统模糊的标准得到的成员就应该在数量上是较大的，即内涵越少，外延越大。而实际上大部分研究者给出的范围仍然集中在几个典型成员，数量较少。这种矛盾反映了研究者不同程度上存在先入为主的问题，研究重点仍然放在了典型形式动词，没有涉及非典型形式动词，得出的范围就比较保守。

《现代汉语八百词》最早使用“形式动词”这一名称。由于它是一部辞书性质的著作，以词条为纲说明词的用法，因此未对形式动词进行详细讨论，没有具体说明形式动词的定义和范围。虽然如此，《现代汉语八百词》中与形式动词相关的部分既是对已有研究成果的总结，同时又不乏创新之处，对我们的研究亦有很大启发。因此，从这部经典辞书入手，可以更好地探讨形式动词各方面的问题。虽然形式动词属于实词，但是由于意义虚化、用法复杂，有其不同于普通动词的特殊句法、语义特征，《现代汉语八百词》也予以了收录和解释。《现代汉语八百词》与形式动词相关的内容主要包括两部分：一部分是“现代汉语语法要点”中对“动词作宾语句”的讨论，探讨了形式动词的语法特征这一重要问题；另一部分是“正文”中收录的形式动词词条下的用法介绍，体现了编者对形式动词的认识。需要说明的是，《现代汉语八百词》第1版和增订版两个版本关于形式动词的内容基本没有差异。

一、形式动词和普通动词的区别

《现代汉语八百词》在“现代汉语语法要点”的“动词谓语句式”中的“动词作宾语句”部分探讨了形式动词和普通动词的区别，并以表格的形式作了说明。《现代汉语八百词》明确指出，A类动词既可以带动词宾语，也可以带名词宾语，而B类动词只能带动词宾语，作宾语的动词不能再带宾语。A类动词是普通动词，B类动词是形式动词。所以，根据《现代汉语八百词》的说法，形式动词和普通动词的区别主要在于宾语的性质。问题是形式动词是否如《现代汉语八百词》所说确实不能以名词为宾语？另外，作形式动词宾语的动词是否已经名词化了，还是仍保留着动词的性质？这两个问题都比较有争议，我们认为是认识形式动词属性的关键。

形式动词能否带名词作宾语？《现代汉语八百词》的观点是不能。不过朱德熙（1985）曾经明确指出一些地地道道的名词也可以充当形式动词的宾语，如“进行战争”。应该说，朱德熙先生也同意形式动词带动词作宾语为常，不过并不排斥以少数名词为宾语。对于这少数的名词，朱先生没有给出较为明确的说明或者限制条件。显然，能够作形式动词宾语的名词并不是没有限制条件的。以“进行”为例，像“桌子、苹果、电脑”等表征实物的名词显然不能作“进行”的宾语，能充当

“进行”宾语的名词如“战争、会议、仪式、庆典活动、实验”等编码的对象是一个相对复杂的场景，场景中包含着各个次事件，这些次事件正是一些动作行为。以“战争”为例，它所编码的对象是一个时间跨度较长，参与人数众多，社会影响极大的人类活动，其中包含着若干大大小小的战役、战斗等。因此，朱德熙先生所说的“地地道道的”名词并不是指称物体的，而是编码场景、包蕴事件的，虽然它们毫无疑问是名词，但也可以说是较为特殊的名词。再如“会议”，《现代汉语词典》的释义是：有组织有领导地商议事情的集会。“商议事情”是动作行为，所以“会议”也包含着事件信息。反过来说，不包含事件信息的名词不能作“进行”的宾语。

还有一个问题，“战争”这类名词虽能充当“进行”的宾语，却不能作“加以、予以”等其他形式动词的宾语。这一问题该如何解释？一种方案是把这个问题归结为“进行”与其他形式动词的区别，是“进行”的个性。我们认为形式动词仍然存在一定的词汇义，并影响其对宾语的选择及其他语法表现。“进行”表示持续之义，事件名词中包蕴的事件本身也是可以持续的，所以可以作“进行”的宾语。“加以”表示施加，“予以”表示给予，而事件名词中包蕴的事件不能“施加”或“给予”。因此，这种方案是可行的。就这种方案而言，需要承认形式动词可以带名词作宾语。但是这也会带来一些问题，那就是形式动词的语法特征会比较模糊，不利于认识形式动词的属性。“给予”也可以带名词作宾语，而且“给予”的宾语可以是如“武器、时间、假期、权力、机会”这样的不包含事件义的名词，但是以这种名词为宾语的“给予”应该是普通动词而非形式动词。形式动词“给予”是在其普通动词用法基础上的扩展。基于此，我们认为不把“进行战争”中的“进行”看作形式动词也是一种可行方案，这样处理会避免不必要的麻烦。理由有以下三点：

首先，《现代汉语八百词》实际上认为形式动词不能以名词为宾语。而从“进行”的语法表现来看，它确实明显具有普通动词的属性。

《现代汉语八百词》在“现代汉语语法要点”中指出“进行”只能带动词宾语，在“正文”部分对“进行”词条的描写中说“可带动词宾语”，表述基本一致，但是说法上也略有调整。《现代汉语八百词》还指出“进行”和“举行”语义相近，并在“举行”词条下将“进行”和“举行”作了对比，指出“举行”后面可带名词宾语，而“进行”不能。

可见，《现代汉语八百词》认为形式动词不能带名词作宾语。《现代汉语八百词》给出的“举行”带名词宾语①的例句之一转录如下：

（1）展览会在中山公园举行。

实际上，“进行”也可以分布于同构句式中。如国家语委现代汉语语料库中的用例：

（2）宴会是在热烈、亲切的气氛中进行的。

“进行”带名词为宾语的用例并不少见，又如：

（3）第一次国内革命战争失败以后，中国共产党领导工人阶级、农民阶级及小资产阶级群众进行第二次国内革命战争，建立红色政权。

那么，是不是《现代汉语八百词》关于形式动词宾语性质的说法不全面，对语言事实有所遗漏呢？我们认为并非如此，《现代汉语八百词》以描写细腻而又精练著称，作为主编的吕叔湘先生对语言现象的观察更是细致入微，《现代汉语八百词》不应忽视像“进行战争/会议/手术/下一步/成人仪式”这样明显的事实。所以，可以推断，《现代汉语八百词》可能并没有把“进行战争”中的“进行”判定为形式动词。换句话说，当所谓“形式动词”的宾语是地道的名词的时候，它实际上表现的是普通动词的性质。而“进行”就是既有形式动词用法，又可以作普通动词。

相比于“加以、予以、作”等形式动词，“进行”用法更复杂，在实际使用过程中表现出了一些上述形式动词不具备的特征，主要有以下几个方面：

第一，“进行”可以带时量补语，例如：

（4）这次会谈共进行了两个半小时。

第二，“进行”可以带趋向补语构成动趋式，例如：

（5）在特定的时间，你应该在，如果这种默契被打破了，那么公司与你的交往就无法进行下去。

（6）生产发展了，效益提高了，职工收入增加了，干部、职工心情舒畅，改革进行起来就比较顺利，效果也比较好。

---

① 例（1）是《现代汉语八百词》中的原句。在例（1）中，按照现在对主语、宾语的一般看法，“展览会”充当整句话的主语，“八百词”所说的“宾语”可能包括意念宾语，即受事。例（1）可以变换为“在中山公园举行展览会”。

第三，“进行”可以带状态补语或可能补语，例如：

（7）这些问题十分复杂，所以谈判从一开始就进行得非常缓慢，经常中断，没有人有把握能谈出什么结果来。

（8）美国人知道，如果不是中国作为东道主，六方会谈可能就进行不了。

第四，“进行”可以作谓宾动词的宾语，例如：

（9）必须设法将地下回采工作面的温度降至27摄氏度左右，金矿采掘工作才能得以进行。

以上这些用法都是其他典型形式动词所没有的。我们认为，这说明“进行”不只是形式动词，它还是个普通动词，应该把这两种用法区分清楚。如果把以上这些特殊用法都统一归在形式动词之下，只会造成对形式动词属性的认识模糊。周刚（1987）把“进行”和“作”归为一类。“作/做”和“进行”在这一方面也相似，也有普通动词的用法，它们都可以带一些编码动作行为的名词作宾语，例如“作/做——凭证/礼拜/简报/结论/开场白/手势/广告”。

（10）如果做审计不去了解企业的经营情况那就做得太无趣了。

（11）这样的实验做了几十年之后，最新研究成果却显示这种实验方法是错误的！

例（10）和（11）中“做”带了补语。另外，“给予”也有较为明显的普通动词的用法。例如：

（12）一个人的社会价值，唯有靠以创造价值为实质的给予，靠贡献来体现，给予得越多，他的社会价值就越大。

（13）此外，对这一千多户汉民，又分别给予牛、马、衣服、被褥等。其他食物，尽量给予满足。

例（12）中第一个“给予”充当定中结构的中心语，第二个“给予”带了补语，两个“给予”都不是形式动词，而是普通动词。例（13）中的第一个“给予”带名词宾语，是普通动词，第二个“给予”是形式动词。

我们认为，普通动词和形式动词的主要区别在于：形式动词的句法活动能力较弱，不能单独充当谓语，对宾语有极强的依附性，所以一般来说形式动词只能带宾语而不能再充当其他动词的宾语；而普通动词则自由一些，活动能力较强，可以单独充当谓语，或者带补语。形式动词之所以对其宾语有依附性，主要原因在于形式动词需要从宾语那里取得谓语核心的句法地位。由于形式动词本身语义虚化，它又需要依靠宾语来表达意思。所以，形式动词和它的宾语合作才可以构成一个兼具形式和意义的整体。

其次，典型的形式动词除了“进行、给予、做/作”，其他成员如“加以、予以、给以”后面不能带名词为宾语，不管是事件名词或非事件名词。我们在国家语委现代汉语语料库中未找到这种用例，而一般认为“加以、予以”是虚化程度最高的形式动词，可见典型的形式动词和名词之间是相互排斥的，不能组合。这说明“进行”带名词宾语不属于形式动词的共性。

最后，朱德熙（1985）认为，“‘WV＋NVt’里的虚化动词有标记前置受事的作用”。朱先生的总结是很准确的，对形式动词的入句表现有很强的概括性，可以作为判定形式动词的一个必要条件：当 NVt 处于动词 V 宾语的位置，而且 NVt 意念上的受事前置，则 V 一般是形式动词。形式动词处在双音节及物动词之前是它的典型分布位置，充分体现了形式动词的语法功能。地道的名词如“战争”不能指派受事的题元角色，违背了朱先生所总结的规律，破坏了形式动词入句表现的整齐性。所以，不把名词作为形式动词的宾语可以使我们避免把形式动词和普通动词混为一谈，能更好地观察形式动词的语法特征。需要指出的是，一些形式动词的宾语也可以是不及物动词，这种情况下的形式动词自然就没有标记前置受事的作用。比如下面例句中的画线部分：

（14）a. 石达开曾在石柱同敌人小有接触，在涪州、綦江同敌人进行战斗。

b. 这种技术首先是将收集起来的城市垃圾加以分类，然后用微生物对垃圾进行分解。

例（14a）中“进行”的宾语动词“战斗”虽然是不及物动词，不能标记前置受事，但它具有“协同”义，需要两个参与者，一个是施事，一个是与事。因此，（14a）中的“进行”不能标记前置受事，却可以标记前置与事，因此可以看作形式动词。（14b）中“加以”的宾语动词“分类”同样是不及物动词，单独看不能带受事，不过句中“收集起来的城市垃圾”正是“分类”的对象，“分类”所表征的动作也正是施加于其上。因此，“标记前置受事”中的“受事”若作广义的理解，指的是动作所关涉的对象，那么例（14）中的形式动词“进行”和“加以”均可以看作起到了标记前置受事的作用。

总之，我们认为名词不能充当形式动词的宾语，当形式动词带名词作宾语的时候，它表现的是普通动词的性质，把“进行战争”中的“进行”看作普通动词是较为合理的。

二、形式动词宾语的性质

形式动词的宾语不能是名词，那么是不是就是动词？这一问题很值得探讨。

《现代汉语八百词》在“现代汉语语法要点”中明确指出，形式动词只能带动词宾语。这一观点在“正文”中的词条部分也得到体现。如在“加以”词条的解释中，也明确指出：必带双音节动词宾语，并举例：对各项工作加以认真的讨论。不过，在“给以”词条的解释中，《现代汉语八百词》的表述有所变化：必带双音节动名词作宾语，并举了例（15）这样的例子。

（15）对于工作上作出成绩的同志，要给以适当的鼓励。

《现代汉语词典》（第7版）明确指出“鼓励”只是动词，未标注名词词性，所以实际上“鼓励”并不是动名词。而且，《现代汉语八百词》对“动名词”的概念也缺少严格的界定。我们认为，虽然动词作形式动词的宾语时部分语法特征“隐而未发”，不过并未改变其词类属性。

朱德熙（1985）指出，位于形式动词宾语位置的双音节词兼有动词和名词的双重性质，可以称为名动词，即兼有名词性质的动词。同时，朱先生认为，名动词处在形式动词宾语位置之时表现的是它名词性的一面。这种说法是有合理之处的，可以说是一种语义组配强组合性的观点，即词项进入句法格式之后为了配合整个构式的意义而作出了调整。但是我们认为这种调整只在语义层面进行，不改变其词类属性。

汉语因为是孤立语，缺少形态变化，所以判定词类属性往往是个棘手的问题，容易产生争议。在英语中，动词如果充当宾语一般会变换成名词形式。比如：

（16）a. Though they made an investigation into the matter, they didn't hold out any proofs.

b. 尽管他们对此事进行了调查，但没有提供任何证据。

在例（16）中，汉语例句是对英语例句的翻译，“make”和“进行”的作用很相似，而“make”后的宾语是由动词派生出的名词，名词形式有形态标志。不过，即使在英语中，动词没有任何形态变化而成为名词也是存在的。Jespersen（1924）专门讨论了这一问题，他称之为“substantives from verbs without change”（动词未经词形变化派生的名词）。叶氏列举了大量例句，转引两例如下：

（17）a. I have a good cry.

b. I want a rest and a read.

因此，英语中也存在动词形式的宾语，而且 Jespersen 称之为 substantives——体词性成分。从这个角度来说，朱德熙先生的观点是很有道理的，我们可以把形式动词的宾语看作由动词未经形态变化而直接转化成的名词，这体现了汉语“动名互转的无标记性”。但是，这种观点也存在一定问题，主要是与权威工具书的解释相龃龉。比如“调查、改编、更新、训练、巡视”等词都可以充当形式动词的宾语，但是它们在《现代汉语词典》（第 7 版）中都被明确标注为动词，未标注名词词性。所以如果把形式动词后面的宾语一律看作名词会引起动词和名词之间界限的模糊不清，使动名词的数量变得庞大，也与我们在上文中的结论冲突。我们认为动词充当形式动词宾语时部分语法特征的确被“抑制”了，比如不能再带体标记，不能再带宾语，可以受形容词修饰构成体词性短语等等。但是，不能因此说它们不再是动词。这一点《现代汉语词典》的处理是正确的。所以我们认为，形式动词的宾语由动词充当，名词则不行。

三、《现代汉语八百词》所讨论的形式动词的范围

《现代汉语八百词》在“现代汉语语法要点”部分指出 B 类动词（即形式动词）只有“进行、从事、给以、予以、给予、装作”少数几个。不过“现代汉语语法要点”中提到的形式动词在“正文”部分只收录了“进行、给以、装作”三个，除此之外，还有未在“现代汉语语法要点”中提到的“加以”，加起来只有四个。而且“装作”很明显不是形式动词，虽然它必须带宾语才能使用，但是正如《现代汉语八百词》所指出的，它的宾语可以是地道的名词，如“装作哑巴”“装作放羊的”；还可以是动宾结构，如“装作找东西”；也可以是否定式，如“装作不知道”；甚至是复杂的“把”字结构，如“装作把酒喝下去”。所以，“装作”应该排除在形式动词之外。

形式动词是个封闭类，成员数量不多。但是究竟哪些个体词属于形式动词，这并不是个容易回答的问题。

例如“表示”这个词，《现代汉语八百词》第1版未收这一词条，增订版则予以了收录。这从一个侧面反映出了“表示”有虚化的倾向。《现代汉语八百词》在“现代汉语语法要点”部分对形式动词和普通动词进行对比的时候，把“表示”归为普通动词，给出的例句如下：

(18) 大家一致表示拥护。

在例（18）中，“拥护”是动词，其宾语还可以补充出来，比如：

(19) 大家一致表示拥护党的政策。

我们在上文中指出，“进行”是普通动词和形式动词的同形词，形式动词是在普通动词基础上的虚化派生用法。“表示”也是如此。“表示”的宾语是从小句到谓词短语再过渡到谓词的连续统。例如：

(20) 他投机加入强学会，表示拥护维新变法，但他又是荣禄的亲信将领之一。

(21) 我代表党校全体教职工向新学员表示热烈的欢迎！

(22) 他代表筹建委员会向大家表示衷心的感谢。

在例（20）中，“表示”带动宾结构作为宾语，所以此例中的“表示”不是形式动词。但是例（21—22）中的“表示”具备标记前置受事的作用，而且“表示”后面的动词属性被抑制，所以“表示”也具备形式动词的属性。据我们对CCL语料库中语料的粗略统计，“表示”带动词作宾语的比例达到了45%左右，这说明它具有形式动词的用法。对于这一问题，我们将在后面的章节中继续展开讨论。实际上，形式动词的一个重要来源就是普通动词用法上的扩展、延伸，这也是造成形式动词成员不易确定的一个重要原因。

四、小结

我们对《现代汉语八百词》中关涉形式动词的部分进行了探讨，主要讨论了三个问题。第一个问题是形式动词宾语的性质。这个问题分为两个方面，第一个方面是：形式动词的宾语能否是名词？朱德熙先生认为形式动词的宾语可以是地地道道的名词，《现代汉语八百词》指出形式动词的宾语只能是动词，在正文中也提到了动名词，但是不能是名词。我们同意《现代汉语八百词》的看法，形式动词不能以地地道道的名词为宾语。第二个方面是：形式动词的宾语是什么性质？朱德熙先生指出是名动词，即动词在形式动词宾语的位置表现的是名词的性质，《现代汉语八百词》在“现代汉语语法要点”部分指出是动词，但也提到了形式动词以动名词为宾语。我们认为，当形式动词的宾语是动词时，最能体现形式动词的特征，而且宾语动词的动性越强，形式动词越典型。第二个问题是形式动词和普通动词的本质区别。我们认为形式动词是黏着成分，必须依附于宾语才能构成表述单位，而普通动词一般可以单独构成表述单位，是自由成分。第三个问题是形式动词的范围。《现代汉语八百词》在“现代汉语语法要点”中列举了 6 个形式动词，其中“装作”应排除在外，加上在正文中补充的“加以”，一共有 6 个动词被明确为形式动词。我们认为，形式动词成员数量少，是封闭类。但是一些普通动词逐渐虚化，具备了形式动词的用法，这些形式动词被自身的普通动词的身份所掩盖，还没有受到研究者的注意。所以形式动词的范围还需要进一步研究。总之，《现代汉语八百词》对形式动词的研究是很有代表性的，通过对其中关涉形式动词的内容进行梳理加深了我们对这类特殊动词的认识。

第二节　形式动词与宾语的互动关系

一、形式动词对宾语的作用

上文中我们明确了形式动词宾语的性质，形式动词的宾语是动词。一部分形式动词还具有普通动词的用法。

朱德熙（1985）提出“形式动词能够使名词性成分转成谓词性成分”，意即形式动词的宾语不能作谓语，只有与形式动词组合才能充当谓语。刁晏斌（2004）认为形式动词的功能是多方面的，提出了 6 种功能，其中在句法功能方面，刁晏斌指出形式动词可以“变指称为陈述”，使句子由不合格变为合格，还有其他方面的功能。这和朱德熙先生的观点实际上是一致的。这种观点也是很有代表性的。我们认为，如果以上述观点为基础从逻辑上可以推出这样一个结论：形式动词的宾语是典型的名词的时候最能体现形式动词的特点。因为名词指称性强，陈述性弱，这个情况下形式动词使名词性成分转化成谓词性成分的作用体现得最为明显。以“进行战斗”和“进行战争”两个结构为例，按照朱德熙（1985）和刁晏斌（2004）的观点，后者中的“进行”是更典型的形式动词用法。但这个观点与形式动词主要带双音节动词为宾语的特点抵牾，特别是典型形式动词“加以”是完全不能携带名词性成分作宾语的。而且，我们在本章第一节已经论证，一些动词既是普通动词，也是形式动词。当这样的动词带名词性成分为宾语的时候，反映的是它们普通动词的属性。所以，上述观点认为形式动词帮助名词性成分转化成谓词性成分，我们认为难以成立。因为形式动词最为典型的宾语是双音节及物动词，它们本身就属于谓词性成分强的成分。沈家煊、张姜知（2013）指出形式动词的功能是增强谓语的陈述性并同时增强宾语的指称性，这是很有道理的。不过，这篇文章指出了刁晏斌（2004）及姜自霞、丁崇明（2011）存在论述上的矛盾。文章反对“充当形式动词宾语的动词丧失了部分动词特点”这一看法。对这种观点，我们持保留态度。我们在上文中已经指出，形式动词的宾语应是动词，它们处在形式动词宾语位置上确实表现出了一些名词所具有的语法表现。另外，文中指出了一些现象值得注意，一些副词能够出现在形式动词的宾语之前，一些副词不能，这种现象张斌先生（2010）也指出过，对于探讨形式动词的句法性质很有价值。下面是沈家煊、张姜知（2013）文中的一部分例句：

(23) 马上进行评估——*进行马上评估

重新进行评估——进行重新评估

一再加以攻击——*加以一再攻击

公然加以愚弄——加以公然愚弄

他们认为“名动分立”是传统的语法观念，汉语的“实际情形”应该是：动词也是名词，它们之间的差别是名性强弱有所不同，形式动词是动性最强的动词。“名动包含”和“名动分立”是两种不同的语法观，二者都有合理之处，本书不展开讨论。不过，沈家煊、张姜知（2013）提出的这种现象值得思考。需要指出的是，在CCL语料库中并未发现“公然加以愚弄”和“加以公然愚弄”这样的用例，仅发现1例“公然加以处罚”。不过其他用例确实是客观的语言事实，在语料库中也得到了印证。朱德熙（1982：59-60）曾指出，准谓宾动词的宾语只能是某些双音节动词或偏正结构。而且朱先生明确指出“偏正结构里的修饰语只能是体词或形容词，不能是副词”。但是例（23）中的合格用例说明形式动词的宾语可以是“副词＋动词”的偏正结构，副词只能作状语，那么“肆意攻击、重新评估”这类结构只能是状中结构，但是它们却可以充当“进行”的宾语。我们在语料库中进行检索，“进行肆意＋V”有10例，“肆意进行＋V”有6例，“进行重新＋V”有565例，“重新进行+V”有571例。“肆意、重新”在形式动词之前和之后的用例数基本是持平的。这证明，副词确实可以修饰形式动词的宾语动词。不过，正如沈家煊、张姜知两位先生所指出的，不是所有的状中结构都可以充当形式动词的宾语，如“进行马上研究”“加以一再攻击”这样的用例显然不恰当。这种现象反映的主要问题是什么呢？“马上”是个口语词，而形式动词一般只分布在书面语语体中，所以“进行马上研究”不能成立和“马上”的口语语体特征有无联系？“马上”和“立即”意义相近，《现代汉语八百词》（增订本）明确指出“‘立即’多用于书面语”。我们利用CCL语料库对“立即”分布在典型形式动词之后的情况进行了检索，发现形式动词的宾语动词可以受“立即”的修饰，例如：

（24）a. 一方面支持修改有关规定来推动行政验票，但必须在48小时内进行立即、公开、全面的集中验票；另一方面也要求以立即、公平、公开、集中的原则，进行“司法”验票。

b. 对这样的病人通过改善仍然控制不了，可以选择药物治疗，对于高危的病人，同时有很大功能器官的损害，这样的病人我们常常给他进行立即的药物治疗。

c. 对下岗职工，给予立即求职登记，立即提供信息，立即介绍职业。

d. 县人大常委会要求对粮食部门的错误做法予以立即制止。

从例（24）可以看出，几个典型的形式动词都能够带“立即+动词”的偏正结构做宾语。而且例（24c）中“给予”的宾语是动宾结构。“马上”不可以修饰形式动词的宾语动词，但意义相近的“立即”却可以，可见，能够分布在形式动词和它的宾语动词之间的副词应该是书面语语体色彩较为明显的。不过，在CCL语料库中，“予以+立即VP”只有2例，“立即+予以VP”有170例左右，“进行+立即VP”有2例，“立即+进行VP”则有400多条，这种数量上的悬殊说明副词在“形式动词+VP”之前是优势语序，副词在形式动词和VP之间则是一种特异语序。这说明，一般情况下，副词确实不能修饰形式动词的宾语动词。但是还有一点需要解释：“进行肆意+V”和“肆意进行+V”用例数量差不多，“进行重新评估”的用例数更是多达500多条，显然不能仅仅看作特例。

张谊生（2000：30-32）较早注意到了副词分布在形式动词和宾语

动词之间这一现象。他指出："一些动词作虚化动词的宾语，由陈述变为指称时，就不再受限制性副词修饰了，但可以受描摹性副词的修饰。"例（25）是张谊生（2000）中的例句：

(25) 省市各级领导业已组织有关部门正在进行全力抢救。

根据张谊生（2000：18-20）的看法，"全力"是描摹性副词，它可以修饰形式动词的宾语动词。"正在"属于限制性副词中的时间副词。"正在"和"全力"都能够修饰"抢救"，但是只有"全力"既可以修饰陈述义的"抢救"，也可以修饰指称义的"抢救"。所以，根据张谊生的观点，副词能否分布在形式动词及其宾语动词之间，取决于是否描摹性副词。不过，这一规则存在例外，比如"重新"实际上是限制性副词，张谊生（2000：22）把"重新"定性为限制性副词中的"重复副词"。但是正如沈家煊、张姜知（2013）所指出的，"重新"显然可以分布在形式动词和宾语动词之间，例如：

(26) a. 要摆脱危机，就必须对原有的自然观进行重新的审视。

b. 他们可以按照比较优势的原则，对生产力的各种要素进行重新的布置。

这说明部分限制性副词也可以分布在形式动词和宾语动词之间。像"全力、公然"这样的描摹性副词和"重新"这样的限制性副词都能分布在形式动词之后修饰动词，说明张谊生（2000）的说法失之偏颇。这反映了"全力、公然"和"重新"存在共性：不管是限制性副词还是描摹性副词，当它们分布在形式动词和宾语动词之间时，都可以对所修饰的动词构成"分类"或者说"区别"的作用。不过根据我们对张谊生（2000）所提出的限制性副词的观察，大部分限制性副词确实不能处在形式动词之后修饰宾语动词，只有个别限制性副词可以。而且，即使像"重新"这样的能够分布在形式动词之后修饰宾语动词的限制性副词，也较少分布在形式动词和宾语动词之间，如"加以重新＋V"有 28 例，"重新加以＋V"有 102 例，可见限制性副词更倾向于分布在形式动词之前。

形式动词的宾语要么是词，要么是偏正结构的短语，而且一般是定中结构的短语。所以朱德熙（1982）的观点基本是正确的。沈家煊、张姜知（2013）指出的形式动词的宾语是状中结构这一现象值得重视。表面看起来，沈家煊、张姜知（2013）和朱德熙（1982）对形式动词的宾语有不同意见。不过，实际上两种意见都是对语言事实的反映，是相互补充的关系。如果按照我们在上文中所指出的“副词＋动词”作形式动词的宾语时整体实现了“指称化”，副词虽然原则上只能作状语，但位于形式动词宾语位置的“副＋动”却可以视作一种特殊的定中结构。张谊生（2000：18-20）指出的描摹性副词作动词的“准定语”，实际上也是说充当形式动词宾语的偏正结构不论偏语的词性是什么，都是对宾语中心语的一种修饰，整体上实现了指称化，背后的认知机制则是总括扫描。关于形式动词宾语指称化的机制，我们在下一节讨论。

语言使用者在使用某特定语言项目时，可能会呈现新的用法。姚双云（2011）指出浮现语法的核心思想是“语法的语言结构是交际浮现的结果而不是交际的前提”。形式动词的宾语出现状中结构这种较为特殊的情况也体现了浮现语法“用法先于语法”的思想。《现代汉语词典》（第7版）将“公然”标注为副词，不过在实际的使用过程中“公然”并不是只能作状语。在例（27a）中“公然”所充当的句法功能可以判定为状语，（27b）则介于定语和状语之间，（27c）中“公然”修饰的是典型的名词，显然不是充当状语，应该判定为定语。

（27）a. 辩论中，卡塔尔代表在发言中代表阿拉伯国家谴责以色列公然侵犯乌干达的主权和领土完整。

b. 在陕西，曾出现过一个录像店拒不接受检查，甚至扣押有关职能部门负责人证件的事情。当然，这种公然的对抗是不多见的。

c. 单是在这本书中，我们就能找到极明显的、公然的矛盾之处。

d. 声明还呼吁国际社会所有关注中东地区实现和平、安全和稳定的成员肩负起责任，反对以色列对邻国进行公然侵犯。

例（27a）中“公然”的词性在句法功能方面倾向于充当状语，（27b）中“公然”的功能介于定语和状语之间，而（27c）中的“公然”修饰的是典型的名词，显然不是充当状语，而是充当定语。可见，副词“公然”在使用过程中获得了充当定语的功能，这是一个“浮现”的过程。之所以如“公然”这样的副词能够充当准定语，主要是因为形式动词的宾语动词实现了指称化。

沈家煊、张姜知（2013）提出了“名动共变”规律。在一个动宾结构中，动词的动性越强，其宾语的名性则越强。形式动词是动性最强的。形式动词的统一功能是增强谓语的陈述性，也就是增强后边宾语的指称性。之所以能说“进行重新评估”而不能说“进行马上评估”，按照沈家煊、张姜知（2013）的观点，“重新评估”比“马上评估”紧实，“重新评估”的指称对象比“马上评估”名性或指称性也强。我们同意这一观点。“重新”可以对“评估”进行定性，以此将“评估”划分为次类，“马上”则不能。“重新进行评估”和“进行重新评估”的整体意义也有所不同。前一个“重新”是地道的状语，后一个“重新”则有定语化的趋势。副词确实只能作状语，但是把“重新的评估”识解为定中结构更符合我们的语感，而且也与宾语动词的指称化倾向相吻合。另外，我们还在BCC语料库中发现1例“重新”修饰名词的句子：

（28）这些士兵还是比较老实善良的，也会做出这种令人不齿的兽行。因此对他们有重新的看法。

所以，“重新”显然和副词属性更为稳定的“马上、赶紧”等有所不同，在一定语境下具备了定语的功能，这是它能充当形式动词宾语动词修饰成分的重要原因。

总之，我们认为虽然沈家煊先生所提出的现代汉语“名包含动”还可以进一步讨论，但是形式动词确实能增强宾语的指称性以及整个动宾结构的陈述性。

最后，我们认为另一个需要说明的问题是，形式动词的宾语若是偏正结构，大部分情况都会使用定中结构的标记“的”，但也有使用状语标记“地”的情况。例如：

（29）我国的民族学工作者对少数民族的分布情况，进行了广泛地调查研究。

（30）语言和思维的关系是一个复杂的问题，对其进行具体准确地阐述十分困难。

（31）对潜入密林深山中的土匪，各清剿部队进行有重点地搜山清剿。

形式动词的宾语动词常受修饰语的修饰，修饰语之后以“的”为常，但是也不乏带“地”的用例。在汉语书面语中，“的”是体词性偏正结构（定中结构）的标记，“地”是谓词性偏正结构（状中结构）的标记。我们认为，这种在书写形式上的选择差异反映了汉语母语者在使用形式动词时对充当其宾语的偏正结构的性质有不同的看法。

二、形式动词宾语“指称化”的机制

李桂梅（2012）认为形式动词具有扩展事件信息的功能。我们同意这个观点。不过形式动词如何扩展事件信息？具体运作机制是什么？我们想进一步展开讨论。我们认为充当形式动词宾语的动词指称化了，也可以说是“有界”化了，因此能够从不同的方面进行限定。形式动词使得原本可以用 SVO 语序来陈述的结构变换为“S＋P（介词）＋O＋V”，同时因为 V 指称化了，所以可以对 V 添加大量修饰成分，从而增加了句子传递的信息量。汉语中的名词可以受数量结构的修饰，构成数量名结构，而指称化动词也可以构成数量动结构。

Langacker（1987：144-145）指出：“对一个复杂场景的概念化涉及两种认知加工方式：‘次第扫描’和‘总括扫描’，二者的主要区别在于后者是对场景的各个次事件同时进行观察，前者则是按照一定顺序对各个次事件依次进行观察。”Langacker（1987：146）还认为，总括扫描是动词“名词化”的一个重要因素。例如：

（32）a. He fell.

b. He took a fall.

（33）a. The ball curved.

b. He threw a curve.

动词刻画的是一个过程或者说场景，对过程或者场景的观察，既可以是总括式的，即对整个过程的整体感知，也可以是扫描式的，即过程的各个阶段之间存在变化。当动词充当宾语的时候，对动词所刻画的过程的观察方式就是总括式的。正因为这种总括式的扫描方式，原本“无界”的动词变得“有界”。

一般来说，动词是用来对事件进行陈述的，刻画的是一个过程，名词则是用来指称事物的，对应于实体。动词能够指称化，名词则很难陈述化，这是动词和名词在相互转化方面的一种不对称。动词有不同的情状类型，瞬间完成的动词很难指称化，只有双音节的持续动词才可以指称化，例如“调查、研究”，所陈述的事件是可以一直持续的。当调查研究这类动词作谓语核心词的时候，如果要对其进行限定，使其“有界”，一般是通过添加补语，而且主要是表示时间的。比如“调查了一年”，因为补语“一年”的出现，“调查”具备了过程的起始点和终结点。宾语也可以帮助普通动词从无界转为有界。又如：

(34) a. 佛山市卫生防疫站逐户调查了 109 个家庭食具的消毒卫生，总合格率只有 37.5%。

b. 我们带着这个问题调查了沧州市的一些企业，并同市领导进行了座谈。

(34a) 和 (34b) 中“调查”通过携带宾语，明确了“调查”的范围和对象，“调查”过程有了时间和空间上的起始点和终结点，从无界转为有界。

双音节持续动词指称化之后，就可以从很多方面进行限定，从而使其有界，不再只是从时间方面进行限定，这样自然就会起到扩展事件信息的作用。例如：

(35) 在调查了解城镇居民身体健康状况的基础上，有关部门对全省 1640 户城镇居民去年因病休息情况进行了四次定期跟踪调查。

(36) 1872—1876 年，英皇家学会组织并主持“挑战者”号在大西洋、太平洋和印度洋进行了历时三年半的环球调查。

(37) 中国民族学十六个社会历史调查组深入到少数民族地区进行全面的社会历史调查。

如以上例句 (35) 到 (37) 所示，“调查”指称化之后可以向名词性成分那样进行分类，比如从调查范围方面限定的“环球调查”，从调查内容方面限定的“社会历史调查”，从调查形式方面限定的“书面调查、网上调查”等，还可以从数量方面进行限定，比如“进行了一次调查”“进行了历时三年半的调查”等。

我们在上面指出形式动词的宾语动词指称化，可以从很多方面添加修饰语进行限定，以此来扩展事件信息。不过即使不添加修饰性成分，形式动词的宾语是光杆动词，这种情况下“DV＋V”整体上仍然具有扩展事件信息的意味。

(38) 1962 年，联合国科教文组织邀请世界各国专家对各国继续教育工程的情况进行调查、分析、研讨和论证。

例 (38) 中形式动词“进行”和其后的宾语动词“调查、分析、研讨、论证”之间并没有修饰性成分，但是汉语母语者在对这种结构解读的时候一般仍然会补充上诸如“认真、大量”等信息。换句话说，“进行调查”不可能是不认真的调查，贬抑性否定成分是无法与“DV＋V”兼容的。这也可以说是形式动词带宾的构式义。

形式动词的宾语以动词为中心，但是实现了“指称化”。不只形式动词的宾语是这样的，代动词、泛义动词等当携带动词作宾语时也存在宾语动词指称化的现象，例如“来一番改造”“得到表扬”等。所以，这里所讨论的形式动词宾语实现指称化的机制实际上也适用于其他动词性成分指称化的情况。例如：

（39）a. 他喜欢看书。

b. 他正在教室看书。

例（39）两个句子中的“看书”都是动词性成分，但是一个作谓宾动词“喜欢”的宾语，表示一种事件类型，并没有真正在进行，是指称性质的，一个受副词修饰作谓语，表示正在进行的事件，是陈述性质的。

第三节　形式动词的分布情况及其典型位置

实际上，对于形式动词的句法功能，还有一些问题需要解决：形式动词为什么能够增强谓语的陈述性和宾语的指称性？以形式动词为谓语核心构成的句子深层结构是怎样的？形式动词和宾语之间存在什么样的句法、语义关系？

由于“加以”是最为典型的形式动词，其使用情况最能代表形式动词的特点，所以本节打算对形式动词“加以”的分布情况作一归纳，观察“加以”的入句表现，在此基础上提取出能覆盖所有形式动词的典型分布框架。因为只有得出典型分布框架才能更好地分析形式动词的句法功能。我们还将尝试借鉴生成语法理论的技术对形式动词在构句过程中发挥的作用进行分析。

一、形式动词“加以”的分布情况

我们在国家语委现代汉语语料库中对“加以”所分布的句子类型进行了统计分析。“加以”共计出现 1620 次，作形式动词的共 1558 例，占用例总数的 96%，非形式动词用法有两种情况。第一种是“加以”作连词，共 38 例，如例（40）。第二种情况是古代汉语用法的遗留，“加”是动词，“以”是介词，共计 24 个用例，如例（41）。

（40）最近因为受沪战的影响，仅祁门一处茶号停办的有三十余家，加以今年伦敦市场，异常萧条，销售前途，实难乐观。

(41) 还有人物的面容上，敷着胡粉而加以淡红色，特别引人入胜。

通过对语料进行归纳，可以发现：形式动词“加以”分布的主要句子结构类型有如下五种情况：

A. “把”字句

在这类句子中，“加以”的宾语的受事由介词“把”或“将”引导前置。如：

(42) 在这次回忆运动中，我才把这种思想加以好好地检查，找出了它的根源。

在“把”字句中，“加以”的宾语的受事在句法形式上投射为介词“把”的宾语，整个句子可以变换为SVO语序的句子，基本意义不发生变化。如例(42)可以表达为：

(42’) 在这次回忆运动中，我才好好地检查这种思想。

B. “对于”句

“加以”的宾语的受事由介词“对于”或“关于”提到句首，如下例：

(43) 对于这些错误思想，需要认真加以分析和澄清。

(44) 关于七次下“西洋”的年月、地名，本书另有专章加以考证。

“对于句”也可以变换为SVO语序，如例(44)可以变换为：

(44’) 需要认真分析和澄清这些错误思想。

C. “对”字句

“加以”的宾语的受事由介词“对”或“就”提到前面，如：

(45) 原来曾对举办营业性舞会(厅)加以限制，为什么现在可以举办呢？

这一类也可以变换为SVO语序，如例(45)可以变换为：

(45’) 原来曾限制举办营业性舞会(厅)，为什么现在可以举办呢？

D. “在”字句

即“加以”的宾语的受事由介词“在”引导前置作状语，如：

(46) 对青少年有较大影响的各类文学作品、音像制品等应当规定专门的出版社，并在发行数量、范围、对象上加以限制。

(47) 晋国铸了个刑鼎，实际上只在施行刑律的方法上加以小小的改动，他却认为不可容忍，斥之为“晋其亡乎，失其度矣”。

这类句子也可以变换为SVO的序列形式，如例（47）可以变换为：

（47’）晋国铸了个刑鼎，实际上只改动了施行刑律的方法。

E. 无标记句

A—E五种类型的句子都有介词作为标记，E类无标记句即形式动词之前并没有“把”“对”“对于”“在”“从”等介词引导形式动词宾语的受事，如：

（48）毛泽东同志曾经在他的文章中指出：文字必须在一定条件下加以改革。

（49）他的著作提到技术发现与发明对经济循环的影响，并且用了许多例子加以说明。

在这类无标记句中，形式动词“加以”的宾语的受事成分的句法位置一般有两种情况：一种是充当所在句子的主语，如例（48）；另一种是隐藏在句子内部，如例（49），“说明”的受事在第一个小句中居于宾语的位置。E类句子对于我们理解形式动词的用法有启发性，虽然E类像前几类一样也能变换成SVO的结构，但是会破坏所在篇章的整体性：不管是保留宾语还是省略，都使分句之间的衔接不够自然。这说明形式动词在篇章的构成方面也发挥了一定作用，以上五种类型统计情况如表3-1所示：

表3-1 “加以”在国家语委现代汉语语料库中分布的5类句型统计情况

	类型				
	A.“把”字句	B.“对于”句	C.“对”字句	D.“在”字句	E. 无标记句
用例数	226	87	270	15	950
占比	14.5%	5.6%	17.3%	1%	61%

根据我们的统计，“加以”主要分布在无受事标记的句子中，对篇章衔接起一定作用，另外两种主要句式是分别以介词“对”和“把”为标记的。

需要指出的是，“加以”作为形式动词虚化程度最高，典型性最强，相对而言是更为纯粹的形式动词，所以其他形式动词如“进行、作、予以、给予”等的入句表现可以“加以”为参照。换句话说，“加以”的典型分布框架可以视作所有形式动词的典型分布框架。

二、形式动词的典型分布框架

我们认为，形式动词的典型分布框架是“介词（把、对、对于……）＋受事＋形式动词＋双音节及物动词”，这是对大量语料归纳概括的结果。以形式动词为核心组织句子时往往需要把它宾语的受事成分“挤压”到形式动词之前，并由介词引导构成介宾短语而作为整个句子的状语（即上文A—E类）。除了这种情况以外，还存在受事成分不受介词支配的情况，即上文F类所描写的内容。所以，从表层结构上看，这里所提出的典型分布框架是对A—E类五种情况的综合，并不能涵盖E类这种情况，但实际上并非如此。

正如在上文中所交代的，E类所描写的实际上还可以细分为两种不同的情况，上文中例（48—49）分别体现了这两种情况，在这里我们用Ⅰ、Ⅱ分别予以说明。

Ⅰ. 受事成分充当句子的主语

这类情况大部分都可以通过把受事成分置于介词之后变换为“介词（把、对、向、对于）＋受事＋形式动词＋双音节动词”的形式，例如：

（50）清代档案，数量极为庞大，不是一般从事清史研究工作的人都能加以充分利用的。

“清代档案”是“利用”的受事，如果不考虑整个复句的结构，此句可以变换为典型分布框架的形式，即：

（50’）一般从事清史研究工作的人都能对清代档案加以充分利用。

有些句子中的受事成分要在上下文中寻找，如：

（51）梁先生参加工作后，才加以整顿，面目一新。

例（51）中“整顿”的受事是什么，只有通过语境才能确定，并且完全可以变换为典型分布框架的结构。

Ⅱ. 受事充当非主语成分

E类中，受事除了可以充当主语，也可以在其他句子中充当宾语，如：

（52）如张君劢就翻译了《魏玛宪法》，并接连写了不少文章加以评论。

这类句子也都可以变换为典型分布框架的形式，如例（52）可以变换为：

（52’）如张君劢就翻译了《魏玛宪法》，并接连写了不少文章对它（《魏玛宪法》）加以评论。

可见，虽然E类句式表层并无介词作为受事成分的标记，但是完全可以通过添加、替代等手段变换为“介词＋受事＋形式动词＋双音节及物动词”的形式，这证明这一线性序列能够涵盖形式动词大部分分布情况，具有概括性，是形式动词的典型分布框架。

典型分布框架中形式动词是核心成分，它将分布在其前后的成分整合成了一个整体，这样的整体性突出表现在“介词＋受事”与“形式动词＋双音节及物动词”两组成分之间一般是不允许有停顿的。这和结构松散的介词结构作状语有很大差别。上文所分析的“加以”所分布的五种句子中只有C类“对”字句与形式动词的典型分布框架基本一致，而“对”字句也存在不同的变体形式，例如“对”及其宾语置于句首的情况：

（53）对这些特殊规律，我们将在本书有关章节中具体加以阐述。

从线性形式来说，例（53）中介词“对”和它的宾语与“加以”及其宾语两个语块并非直接组合，这种情况下的“对＋宾语”可以说是一个话题，而典型分布框架中的“对”及其宾语与“形式动词＋O”是直接组合的，中间没有其他成分的间隔，句法关系更为密切。

需要着重指出的是，典型分布框架不只是“介词＋受事＋形式动词＋双音节及物动词”这样一个线性形式。比如下面我们自拟的一个句子：

（54）敌人对我军阵地开始进攻。

从线性形式来说，例句中画线部分好像也符合我们所说的形式动词的典型分布框架，但是“开始”显然不是形式动词，这是否意味着我们的典型分布框架有问题？其实这只是表面现象。因为形式动词和普通动词的最大区别在于它和宾语之间的互动关系，形式动词会使其动词宾语失去携带宾语的能力，迫使受事前移。这一点至关重要，像“开始”这样的动词完全不具备剥夺动词携带宾语能力的属性。比如上述例句可以表达为：

（54’）敌人开始进攻我军阵地。

“进攻”之后仍然可以携带宾语。这和形式动词的表现有很大不同。正因为形式动词和宾语动词之间存在这种句法层面的相互作用，二者的组合较为紧密，结构上的整体性突出。像“开始进攻”这样的结构中间还可以插入形式动词，构成“开始加以进攻”，这也说明“开始”并非形式动词。再如：

（55）老师对学生们强调了一下复习。

此例中的“强调”也和形式动词的句法表现相去甚远，它不能标记前置受事，“复习学生们”是不成立的，而且“复习”的后面可以添加宾语，比如可以说：

（55'）老师对学生们强调了一下复习生词。

不止如此，例（55）中的介词“对”标记的不是受事成分，画线部分的结构是松散的，中间可以插入其他成分，比如可以添加副词“又”。

（55"）老师对学生们又强调了一下复习。

此外，“强调”的意思非常具体，和形式动词是很容易区分清楚的。

所以，形式动词的典型分布框架是一个结构较为凝固的整体，当“P＋NP”和“DV＋V”被其他修饰成分间隔开来的时候，“P＋NP”话题化了，例如：

（56）对于船舶违章污染，其所属国家应设法立即进行调查并在合适情况下提起诉讼。

“船舶违章污染”是“调查”的受事，由“对于”引导前置于句首，充当整个句子的话题。在例句中句尾的“提起诉讼”的对象正是话题所指。特别是在介词之后的名词性成分较为复杂的情况下，“介＋NP”可以提取出来与“DV＋V”分离，例如：

（57）信访部门耐心对待上访的群众，对上访群众提出的各种问题，均认真负责地进行调查研究。

“介＋NP”和“DV＋V”分离的情况是为满足语言表达需要而出现的形式，我们指出的形式动词的典型分布框架则是一个理想的模型，其中的介词专门用作前置受事的标记，不能引导宾语充当句首的话题。

总之，典型分布框架的线性形式是显性的，而形式动词和其宾语之间的互动关系则是隐性的，不能只把形式动词的典型分布框架理解为一条线性序列。

三、形式动词句的深层结构

句子的构成往往是动词和名词在句法、语义层面相互作用的结果。Chomsky 提出的“最简方案”理论体系中的题元理论、格理论都是对动词、名词之间句法、语义关系的研究成果。根据生成语法理论的投射原则（projection principle），词汇信息决定句子的基本结构。因为句子的核心成分一般是动词，动词会规定论元的数量，这是动词的论元结构，同时，动词要给论元分派论旨角色（或题元角色），所以生成语法理论认为以动词为核心构成句子要遵循题元准则：每个论元都必须充当一个论旨角色，每一个论旨角色都必须分派给一个论元。动词与论元的语义关系叫作题元关系。另外，管辖与约束理论中的格理论（case theory）规定：句中的每一个名词性短语都必须被赋格，句子在输出阶段要接受格检验。而具有赋格能力的一般是动词或介词，所谓“赋格”实际上是说名词性成分要接受动词或介词的管辖。

形式动词因为语义虚化，并不能指派论旨角色，而充当形式动词宾语的双音节动词词汇义强，能够指派论旨角色。在上文中我们提出的形式动词的典型分布框架“介词＋受事＋形式动词＋双音节及物动词”其实还不够完整，还应该补充施事，所以典型分布框架的完整形式是：施事＋介词＋受事＋形式动词＋双音节及物动词。在这个结构中，“施事”和“受事”这两个论旨角色是由形式动词的宾语指派的，而非形式动词。所以，从语义层面来说，形式动词对其宾语有依赖性，需要和宾语构成整体共同表意，携带宾语是强制性要求。形式动词的宾语虽然能提供论旨角色，但是因为已经指称化了，不能提供“格”，所以受事成分能从双音节动词那里得到论旨角色，但是不能得到“格”。根据格理论，通不过格检验，句子是无法成立的。而介词有赋格能力，所以典型分布框架中的介词就是为受事提供“格”而存在的。基于此，形式动词和宾语之间的“博弈”可以描述为：形式动词“剥夺”了动词名词化之前的赋格能力，所以动词不能再带宾语，但是仍然保持了指派语义角色的能力。

我们以例句（58）为例，来解释以形式动词为谓语核心构成的句子从深层结构到表层结构的变化过程。

（58）我们对这件事加以调查。

例（58）的深层结构树形图如图 3-1 所示。我们认为，形式动词句的深层结构应该是形式动词作用于整个事件，起到了标记事件类型的作用。如例（58）的深层结构是“［v 加以［VP 我们调查这件事］］”。这就可以解释为什么施事和受事这两个论旨角色都是由“调查”指派的。形式动词语义虚化，但是句法能力很强，充当了谓语核心，可以吸附具有词汇义的动词组合。形式动词的这一特点和 Radford（1997）对英语轻动词的分析基本一致。区别在于轻动词没有语音形式，其作用主要是使其管辖的实义动词移位。形式动词因为有语音形式，相比于英语轻动词与实义动词的结合多了一个程序，就是迫使移位的实义动词只能占据宾语的位置，并实现了体词化。比如例（58）中的“调查”在深层结构中具有赋格能力，但移位后被“加以”剥夺，转化成了体词性成分，可以受定语的修饰即为证据。所以“调查”失去了为其他名词性成分“赋格”的能力，介词“对”就是为“这件事”提供“格”而出现的。

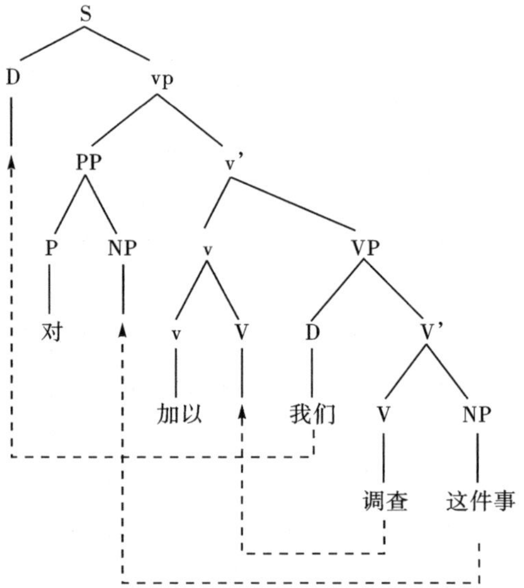

图 3-1　例（58）的深层结构图示

在形式动词充当谓语核心的句子中，形式动词是结构层面的核心，而其宾语核心成分（即双音节动词）则是语义层面的核心，两者各有所需，通过组合关系实现形式和意义的完整性。形式动词的句法作用，就是取消宾语核心动词的赋格能力，即增强宾语的指称性，使宾语部分实现由动态向静态的转化。因此，当形式动词和动词性强的成分发生组合关系时，最能凸显形式动词的句法功能。因为在这种情况下，形式动词取消动词赋格能力的句法作用体现得最为充分。我们在上文中提到，朱德熙先生认为“进行战争”中的“进行”是形式动词，而且按照朱先生的逻辑，“进行战争”中的“进行”要比“进行战斗”中的“进行”更为典型。对于这一点，我们有不同的看法。还是以“进行”为例来说明：

(59) a. 后来奴隶主的国家为了获取大量的财富，和新的奴隶的补充，不断进行战争。

b. 他们和敌人进行战斗，不怕流血牺牲，是为了谁呢?

c. 此外，太守刘瓆、成瑨和翟超等，对宦官集团也进行打击。

例（59a）中的“进行”是不能删略的，句法地位非常牢固，而例（59b）和（59c）中的“进行”可以删略，删略后不会直接导致句子不成立，只是接受程度下降。例（59b）中“进行”的宾语是不及物动词，例（59c）中“进行”的宾语是及物动词。按照朱德熙（1985）的说法，例（59c）中的“进行”起到了标记前置受事的作用。我们借鉴朱先生的表述，例（59b）中的“进行”可以看作标记前置与事，“战斗”的与事在“进行”的作用下由介词“和”引导前置。可见，例（59b）和（59c）中的“进行”在句法作用上基本一致，都能导致其宾语指派的题元角色发生移位，它们都是形式动词。例（59a）中的“进行”则看作普通动词为宜，这样可以区分普通动词和形式动词的用法，避免二者的混淆。

另外，形式动词一般用于主动句，即形式动词很难实现“被动化”，比如下例：

(60) a. 有关部门正在对此事加以调查。

? b. 此事正在被有关部门加以调查。

我们认为原因在于形式动词在深层结构中作用于一个事件，这个事件本身就是主动结构的，所以形式动词只能标记主动类型的事件。

第四节　形式动词的语言特征模型和言语特征模型

形式动词理想认知模型包括语言特征模型和言语特征模型。语言特征模型主要是指其语法特征模型和语义特征模型，言语特征模型主要是指体现在运用层面的特征，主要包括语体特征模型和语篇特征模型。

一、形式动词的语言特征模型

形式动词是动词的特殊次类，其动性最强，名性最弱，因此形式动词本身不能指称化。部分形式动词兼有普通动词的用法。

（一）形式动词的语义特征模型

形式动词语义虚化，不指具体的动作行为，因而不能构成“的”字短语转指。普通动词意义实在，一般可以添加“的”转指与动作相关的语义角色，例如“写的”和“写这本书”的可以转指施事或受事，但是“进行的、加以的”不能转指其他成分。正因为形式动词语义虚化，因此必须携带表具体事件的成分作宾语才能完句。胡裕树、范晓（1995：176、183）根据动词后是否带宾语把动词分为粘宾动词（必须带宾语）、无宾动词（不能带宾语）、自由动词（可带可不带宾语）三类。他们认为形式动词是粘宾动词。粘宾动词的语法特征包括：句法上必须带宾语，不能带补语，一般不和动态助词结合，动作性很弱，属于非动作动词。

形式动词虽然语义虚化，但并不是完全没有词汇义，只不过由于形式动词的宾语是动词性成分，因而词汇义的作用不明显。形式动词在语义上的贡献主要体现在对宾语动词的作用，形式动词的不同成员特别是不同次类在携带相同宾语而生成不同构式义的情况最能说明这个问题。形式动词的不同成员在虚化程度方面是有所不同的，越典型的形式动词虚化程度越高，因而词汇义越弱。以“进行”和“加以”为例，它们语义虚化程度高，因而当二者的宾语相同时，所构成的动宾结构在意义上差别不大，例如“进行调查”和“加以调查”，意义基本上是一致的。但是，即使是虚化程度最高的成员，也并不是完全没有词汇义。

（61）他考察了中国若干省市，在几个大城市间进行着比较。

例（61）中的“进行”不能用“加以”替换。“进行”作为普通动词有持续义，因而可以带体标记“着”，“加以”在词汇化之前是跨层结构，其中动词“加”的持续义不明显，因而“加以”不能带“着”。这说明形式动词本身或其构成部分的语义仍然是有影响的。

（二）形式动词的宾语性质模型

对于形式动词宾语的性质，大致有两种观点：一是认为形式动词既可以带名词为宾语，也可以带动词为宾语；另一种观点是主张形式动词只能带动词为宾语。因为研究者们对动词作形式动词的宾语没有异议，所以分歧的焦点在于形式动词是否可以带名词作宾语。首先，朱德熙（1985）认为，形式动词可以带地道的名词为宾语，如“进行战争”。

"战争"虽是名词，却是对事件的编码，而且相比于动词"战斗、激战"，"战争"编码的是规模更大、更为复杂的事件。所以，姑且不谈形式动词的宾语可不可以是名词，形式动词的宾语一定是对事件的编码。其次，"加以、予以"这两个形式动词一般被看作最为典型、虚化程度最高的形式动词，但是这两个形式动词都不能带名词宾语。最重要的，形式动词在以光杆双音节及物动词为宾语时最能体现其语法属性，试比较：

(62) 警方连夜沿着黑影逃跑的方向进行了搜寻。

(63) 在前往拉萨的途中，噶玛巴活佛到刚竣工的噶玛巴夏宫进行了佛事活动。

例(62)中的"进行"宾语是光杆双音节及物动词，可以连同体标记"了"删略，不影响整个句子的基本意思，体现了形式动词语义虚化的特点。例(63)中"进行"的宾语是名词性成分"佛事活动"，"进行"在句中是必有成分，相对于例(62)中的"进行"来说，意义实在一些。可见，"进行"以名词为宾语时所表现的不是形式动词的属性。所以，我们认为形式动词不能带名词宾语。有些形式动词实际上还有普通动词的用法，所谓的形式动词携带名词宾语是一种表面现象，动词才是所有形式动词宾语范围的交集。如果认为形式动词可以带名词宾语，不利于明确形式动词的本质属性。

不过，形式动词的动词宾语却不再保留所有动词的语法特征，是一种指称性质的动词，因而可以受修饰语修饰。如果形式动词的宾语是偏正结构，"偏、正"之间一般是用"的"联系，相对而言，只有少数用"地"的情况。虽然"的"或"地"并不能够完全决定偏正结构的性质，但是至少反映了汉语母语者的一种潜在倾向意识：形式动词的偏正结构的宾语整体上相当于一种名词性成分。

形式动词的宾语性质模型还包括这样一层含义：形式动词的宾语动词一般是表示动作行为的。这是很重要的一点，也是长期以来多数研究者所持有的一种"先入之见"。我们在下文中将会指出实际上表示情感态度的以及一些表示心理活动的非动作动词也可以作形式动词的宾语，以实现指称化。

(三) 形式动词的分布位置模型

朱德熙(1985)指出形式动词的一个重要作用是标记前置受事，这正是对形式动词分布位置的一个经典概括。我们对大量语料的观察和归纳也证明了这一点，“对＋$NP_{受}$＋［　］＋$V_{双/及}$”中的结构槽是形式动词的典型分布位置。这是“对”字句的一种，与“把”字句类似，将普通动词的受事提前，整体也具有处置意味，但是相对而言是一种“弱处置”。

二、形式动词的言语特征模型

（一）形式动词的语体特征模型

形式动词所在的句子一般用于较为严肃、正式的书面语体中，常见于新闻报道、科技说明、公开演讲、政府公文、正式会谈等方面，在口语体中使用较少。

（二）形式动词的语篇特征模型

形式动词在语篇中往往不是单个出现，而是多个形式动词交互出现，这样可以避免语词的重复，同时不同的形式动词虽然句法功能一致，但是词义仍有不同，选用不同的形式动词可以增加表达的准确性。

（64）在对元器件进行详细设计时，须对产品的制造工艺予以考虑。改进设计的生产成本应在设计完毕前进行比较。……在工程工业，虽然对原型生产给予重点关注，但问题经常发生在组装阶段。

将例（64）中的形式动词删略，并且在语序上进行调整，可以发现，形式动词的有无并不影响句子的基本意思。当然，表达效果会发生一定变化。

第五节　本章结论

形式动词的理想认知模型是由多个认知模型构成的集束模型。在这样一个集束模型中，不同研究者的侧重有所不同，导致对形式动词的认识存在差异，得出的范围自然不完全相同。多数研究者侧重于语义特征模型和宾语性质模型，对于语体特征模型也有所倚重，对于句法位置模型则有所忽视，而语篇特征模型则较少受到重视。理想的情况是集束模型的不同认知模型共同界定一个概念，而不是有所分歧。比如 mother

这一概念的外延如果是同时与它的四个认知模型相匹配，即一个母亲既是生育者，也是养育者、提供基因者，还是丈夫的合法妻子，这是最为典型的情况。同理，若一个动词同时符合其若干认知模型，必然是典型的形式动词，而若只是符合部分认知模型，则是非典型形式动词。比如“表示、造成”等动词，因为同时具有普通动词的用法，其语义虚化程度不高，因此大部分研究者都忽视了它们的形式动词属性。即使是一种认知模型内部，也存在不同的情况，比如就宾语性质模型来说，研究者们一般认为，充当形式动词宾语的动词是表征动作行为的，要比表征情感态度或言语行为的更为典型。总的来说，理想认知模型是把双刃剑，一方面方便我们认识事物，有利于知识的组织和记忆；另一方面，若只依赖理想认知模型去按图索骥，就可能会导致认识上的偏差。

第四章　形式动词的范围和三个次类

本章首先介绍学界对形式动词的分类，并指出这种分类方法的局限性。然后介绍我们所判定的形式动词以及对形式动词的划分。

第一节　传统的二分法

绝大多数形式动词的研究者都将形式动词分为两类，较具代表性的如周刚（1987）、刁晏斌（2004）。其中周刚（1987）的分类方法为大多数研究者肯定和借鉴。周刚（1987）将形式动词分为 DV_a 和 DV_b 两类，“加以、给以、予以、给予”是一类（DV_a），“进行”和“作”是另一类（DV_b），周刚先生指出了两类形式动词在语义特征和语法特征上的联系和区别。

周刚（1987）认为：“DV_a 类在语义上表示‘施加’或‘授予’之义，在时间特征方面表现为短时完成、非持续、无过程，在空间特征方面表现为要求受事。DV_b 类在语义上表示‘从事’或‘举行’之义，在时间特征上表现为非短时完成、可持续、有过程，在空间特征上有时要求受事，有时不要求受事。在语法特征上，DV_a 不可带动态助词，前边不可受‘正、在、正在’等副词的修饰，而 DV_b 可以。另外，充当 DV_a 宾语核心的动词的扩展形式是受到限制的。比如动词能作 DV_b 宾语的定语，不能作 DV_a 宾语的定语。另外数量短语、主谓短语、述宾短语、介词短语可以作 DV_b 的宾语动词的定语，但不可以作 DV_a 的宾语动词的定语。”

周刚先生的分类较有代表性，DV_a 和 DV_b 确实存在区别。特别是两类形式动词在能否添加体标记方面的区别说明了形式动词的语义特征影响了它们的语法表现。不过，有些问题还值得进一步商榷。

第一，“加以、给以、予以、给予”等形式动词并非完全不能添加体标记。“加以”在北京大学 CCL 语料库中带动态助词“了”的情况为

11例，不过确实没有带“着”和“过”的用例。

(1) 他们认真采录广大中学生的心声，并请有关专家对学生的观点加以了点评和引导。

“予以”带体标记“了”出现了119次，如例(2)，没有带“过、着”的用例。“给以”带体标记“了”在语料库中出现了13次，如例(3)，没有带“过、着”的用例。“给予”带“了”的用例数量很多，带“着”的情况有3例，带“过”的情况有22例，如例(4)。

(2) 杨云、凌洁等运动员对自己昨日的表现也十分不满，纷纷表示在接下来的比赛中奋力一搏。对此举动，代表团予以了制止。

(3) 总裁对违纪的部门的相关领导给以了惩处。

(4) a. 人们对教育中存在的不合理的惩罚给予了越来越多的批评。

b. 作为一个老师，他始终对自己的学生给予着肯定与鼓励。

c. 在此期间，三菱汽车公司积极地配合中国的汽车生产，1978年对中国的工厂改造项目提出过建议并给予过援助。

从使用情况来看，“给予”在DV_a类形式动词中比较特别，它能带动态助词“了、着、过”(虽然带“着”和“过”的情况比较少)，这和“加以、予以、给以”的表现是不同的。这一方面说明DV_a类形式动词内部成员也存在区别，另一方面说明“给予”还具有普通动词的属性。换句话说，“给予”既有普通动词的用法，又有形式动词的用法。

从添加体标记的情况来说，“加以”类形式动词确实不如“进行”类形式动词自由，而能够添加体标记是大部分普通动词的语法特征。由此，我们认为“加以”类形式动词特别是“加以、予以、给以”是虚化程度更高，或者说是更纯粹的形式动词。周刚先生在文章中还提到“进行”类形式动词可以带补语，并且可以单独充当谓语，“加以”类形式动词则不可以。我们认为这也证明了“进行”类形式动词同时还具有普通动词的属性，而典型的形式动词是不能带补语的。所以，能否带体标记、能否带补语，以及能否单独作谓语并不是判定形式动词的必要条件。

第二，周刚先生指出了“进行”类形式动词具有“可持续、有过程”的语义特征，“加以”类形式动词恰恰相反，不具有上述语义特征。在对宾语的选择限制方面，“进行”和“加以”的确存在一些区别。例如：

（5）a. 对于资产阶级的思想也绝不能不分青红皂白地全部加以抛弃。

b. 但是德国在和苏联进行的交易中，却乐于把它们加以放弃。

c. 不管在感情上多么难舍难分，只要不符合“真”“善”的标准，他都义无反顾地加以舍弃。

语料库中没有“进行抛弃/放弃/舍弃”的用例。原因在于“进行＋VP”表示动作的持续，“抛弃”“放弃”“舍弃”侧重于强调动作行为的结果，而不侧重过程的持续，因此和“进行＋VP”的构式义不很匹配。“进行”和“加以”的这种差异反映了其语义特征的影响。但是另一个不容忽视的事实是：“加以”类（即 DV_a）和“进行”类（即 DV_b）在携带宾语的范围方面是有很大的交集的，也就是说大部分可以充当“加以”类形式动词的宾语也可以充当“进行”类形式动词的宾语，“进行”和“加以”很多情况下可以相互替换而不改变基本意思。特别是虽然“加以”类形式动词本身是非可持续的，但是它们的宾语动词可以是表示持续动作的，而且还可以添加表示持续时间较长的定语。例如：

（6）日伪转而对我阜宁东、西以及射阳河以东地区进行分区清剿，企图予以长期控制。

（7）今年以来，北京市各级公安机关对盗抢机动车犯罪活动予以持续不断的严厉打击，取得了阶段性成效。

例（6—7）说明“加以”类形式动词不仅能携带可持续的动作行为动词，也可以携带非可持续的动作行为动词作宾语。从这个角度来说，“进行”类形式动词和“加以”类形式动词的语义特征提供了一种选择上的倾向，它们和宾语动词之间在语义层面的匹配上是可以调节的。比如“剔除”一词，从词义的角度来说也是侧重于结果的，与“加以”类形式动词的搭配更自然，在北大 CCL 语料库中，“加以剔除”有 4 例，如例（8），“予以剔除”有 7 例，如例（9），“进行剔除”有 2 例，即例（10）。从数量上来说，“加以”类形式动词和“剔除”的搭配更多。

（8）维护封建等级制度，是这些关系中的糟粕，应当加以剔除。

（9）企业新设分支机构后，其基本状况显然发生了变化，在对比时有必要对变化中的因素予以剔除。

（10）a. 对企业违纪造成的挂账，进行了剔除；对企业超亏的挂账，要求企业用自有资金和以后年度实现的利润弥补。

b. 对于前者的封建礼教等封建性糟粕，对于后者哲学本体论上的虚无，作者都进行了剔除和扬弃。

虽然“进行”和“剔除”组合使用的情况不多，但是可以接受的结构。“加以剔除”凸显“剔除”的结果，而“进行剔除”则凸显“剔除”的过程。“剔除”既有作为结果的义面，也有作为过程的义面。使用不同的形式动词正是凸显了同一个动词的不同义面。

第三，“加以”类形式动词的宾语动词也可以受动词的修饰，并不像周刚先生所说不可以。例如：

(11) a. 目前最突出的问题是什么，把读者来信加以综合研究，常常就能看出来。

b. 因此，在市场经济与道德关系的讨论中，有必要结合道德科学的建设，对一些基础理论加以拓深研究。

c. 我国解放后在语言上做了许多统一规范化的工作。推广普通话，取得很大成绩。在教外国人学中文方面也积累了许多经验。我认为应当把这些经验加以总结研究。

下面例句中“加以”的宾语动词“考试、分工”这两个是不及物的，也能受“一种、一番、一个”等数量结构的修饰。

(12) a. 所以他可能是认为，对于天文学家的普遍意见加以一种不必要的反对，从而加重他计算的负担，乃是一桩不智之举。

b. 汉代是乡举里选之后，而再由中央加以一番考试的。

c. 于是他提出了他著名的戏曲分工论，他主张按照各个剧种的老化程度和表演特点、适应范围的不同特点，各自予以一个大致的分工。

可见，周刚先生的二分法注意到了形式动词内部仍然存在值得探讨的区别，并从语义和语法两个层面进行了区分，这是难能可贵的。但是两类是有纠缠之处的，而且在没有认清形式动词范围的情况下所作的划分必然是片面的，或者说局部的。若要分类，则必须首先划定范围。因此，明确形式动词的范围是解决问题的前提。对于形式动词的范围，研究者是存在一定分歧的。大部分研究者划定的范围都比较小，如朱德熙(1982、1985)、周刚(1987)。有的学者划定范围较大，如尹世超(1980)指出：“这类动词尽管不那么多，却也不是‘少数几个’。”尹世超先生认为“加以、受到、引起、展开、开展、作出、致以、得到、寄予(与)、致力、遭受、遭到、接受、促进、经受、禁不起、禁得起、有”等动词也都具备“进行”类动词的主要特点。尹世超先生的观点存在合理之处，以“进行”作为参照，观察其他动词是否有类似的句法表现，可以作为一个判定形式动词范围的方法，而且他所提到的一些动词我们也纳入了形式动词的范围。不过，尹先生提出的范围实际上是杂糅的，里面有很多词不是形式动词，需要排除。另外，周刚先生所说的 DV_a 类形式动词既有施加义的也有授予义的，我们认为这应该划分为同级的两类。

我们根据在第三章所提出的形式动词的特征，结合对语料的观察及笔者的语感，明确提出了形式动词的范围，并且将形式动词的全部成员依据它们的语义和语法特征作了划分。

第二节　形式动词的三个次类

一、30 个形式动词及其分类

形式动词是一个封闭类，其成员数目有限，但是当前的研究成果尚未穷尽列举其成员。除了“进行、给予、加以、作、给予、予以、给以”等典型的形式动词，形式动词具体的范围还是一个需要深入研究的问题。在前人研究的基础上，我们提出了 30 个形式动词。这些词都具备形式动词的句法功能，而且同类形式动词之间往往可以相互替换而基本不改变句义。当然，这些形式动词之间在典型性方面是存在差别的，有的是较为纯粹的形式动词，例如“予以”，只有形式动词这一种属性。但是大部分形式动词都是既可以作普通动词，又可以作形式动词的，如“进行、给予、做/作”等。“做/作”还具有代动词的用法。一般来说，越不典型的形式动词其普通动词的用法越显著。由于形式动词的成员在虚化程度、携带宾语的类型和范围、使用频率等方面存在差异，它们有的是典型形式动词，有的是非典型形式动词。

沈家煊（2003）指出语言概念系统中包括行域、知域和言域三个不同的概念域。这种对概念系统的划分对我们研究形式动词有很大的启发。充当形式动词宾语的一般是表示人类行为的动词性成分，而动作行为（所做）、言语行为（所说）、认知行为（所思）基本上能够覆盖所有人类行为。这启发我们可以从这个角度入手探索形式动词的全部成员。我们根据形式动词及其宾语“DV＋VP”整体的表达功能，把 30 个形式动词分为动作类、表态类和存现类三类：

动作类：进行（行）、展开、作/做、作/做出、实行、施行、实施、从事、发起、发动、来、加以（加）、给予、予以（予）、给以、提供、施以、施加。

表态类：表示（表）、提出、发出、致以（致）、给出、感到（感）。

存现类：有、存在、产生、构成、造成、形成。

这三种类型既是对形式动词的划分，同时也是对形式动词宾语的划分，因为不同的形式动词在选择宾语动词时有不同的选择限制条件，在对形式动词进行分类的时候也需要将这种选择限制条件反映出来。当然，三类形式动词存在相互替换的情况，三类形式动词的宾语也存在交叉，并不是说动作类形式动词的宾语只能是表示动作行为的成分，表态类形式动词的宾语只能是表示情感态度的成分，存现类形式动词的宾语只能是表示感知行为的成分。但是，作为一种总体的倾向，将形式动词分为这三类是完全合乎语言事实的。同类形式动词在相互替换方面较为容易（不过典型程度最高的几个形式动词“予以、加以、进行”等相互之间也并不是无条件地可以相互替换的），不同类形式动词替换起来则较有难度，或者说替换之后往往带来意义的改变。

我们举例说明一下存现类形式动词和表态类形式动词。

（13）虽然有的干部对直选存在忧虑，但水月庵村民以行动证明了这份担心是多余的。

（14）埃及外长穆萨13日对索局势的发展表示忧虑。

例（13）中“干部对直选存在忧虑”是说话人对这一事件的一种判断，“存在”凸显的是“忧虑”作为持续状态的义面，例（14）中“埃及外长穆萨对索局势的发展表示忧虑”则是埃及外长实施的一种言语行为，表明了一种态度，“表示”凸显的是“忧虑”作为情感态度的义面。同一个动词，作不同类形式动词的宾语，孳生的意义是有所不同的。

在语言生活中，对事实的判断、表态行为和动作行为是存在一定联系的，体现在语篇上，就是三类形式动词是可以连续使用的。例如：

（15）克林顿政府计划向波黑派遣2.5万人的军队。美国会对此计划一直存在着争论。克林顿表示，他将继续就此事同国会进行磋商。

“存在争论”是报道者基于已有事实作出的判断，对于所存在情况的一种描述，“进行磋商”是一种动作行为，它们之间存在因果或者事理上的先后关系。

下面两例分别是动作类形式动词和存现类形式动词、表态类形式动词配合使用的情况：

（16）武警官兵一致表示，要对恐怖组织势力加以有力打击，以防其对地区稳定构成威胁。

（17）美国对格鲁吉亚南奥塞梯地区的冲突表示关注，并为此与格鲁吉亚和俄罗斯方面进行了接触。

我们在语料库中还发现三类形式动词连续使用的情况：

（18）小渊首相回顾了本世纪的日韩关系，对于日本在过去一段时期进行殖民统治给韩国国民造成极大损害和痛苦的历史表示谦虚地接受，并对此进行痛切的反省和由衷的道歉。

在例（18）中，首先是用存现类形式动词作出判断——以“造成”为谓语核心的小句，然后是表态行为——以“表示”为谓语核心的小句，继而是动作行为——以“进行”为谓语核心的小句。“造成、表示、进行”分别是存现类、表态类和动作类形式动词，这证明形式动词三分是符合语言事实的。

学界在形式动词分类方面较为一致地分为两类，实际上都是动作行为类，但是仅仅依靠动作行为类是无法满足我们的表达需求的。三类形式动词在携带宾语方面有不同的选择限制条件，动作行为类形式动词携带宾语的能力是有限的。我们在上文中曾指出，形式动词也并非完全没有任何词汇义。如果形式动词虚化到只是一种纯粹的语法标记，那么可能它对宾语动词的选择是没有词义方面的条件限制的。但是实际上形式动词仍然有其词汇义，因此不同类的形式动词标记了不同的事件类型，同类形式动词意义相近，用法相似，但又存在细微差异，这丰富了我们的表达手段。因此，即使我们所判定的形式动词的具体成员有值得商榷之处，但是形式动词的三个次类却是较为合理的一种划分。这种划分可以帮助我们认识清楚形式动词的范围。

二、动作类形式动词

动作类形式动词数量最多，其宾语一般是表示［＋自主］、［＋可控］的动作行为的，［－自主］、［－可控］的动作行为动词不能进入形式动词宾语的位置。比如“进行丢失/发烧/晕倒”等都无法成立。动作类形式动词相互之间在选择宾语方面限制条件的差异很值得研究。我们在前文中说过，形式动词虽然语义虚化，但是并非完全没有词汇义。动作类形式动词根据词义及对宾语的选择情况，可以分为 4 个小类。

（一）“进行”类

“进行、展开、实行、施行、实施、从事、发起、发动”意义相近，是同一小类，可以称为“进行”类，只有“进行”是典型形式动词，其他成员较为特殊。《现代汉语词典》对它们的解释也说明了它们在词义上的密切联系。例如对“展开”的解释是“大规模地进行”，只是在“进行”的基础上添加了修饰限定成分。“展开”在句法层面和“进行”也有相似的表现。例如：

（19）第一战斗群在复杂条件下进行攻击，第二战斗群对潜艇展开搜索。

在例（19）中，“进行”和“展开”的用法是相似的，都在句中起到了标记前置受事的作用。两个词交换位置不会改变句子的基本意思。

“施行、实行、实施”这几个词意义相近，这可以从词典释义得到证明。《现代汉语词典》（第 7 版）对“施行”的解释是：“按照某种方式或办法去做，实行”，对“实施”的解释是：“实行（法令、政策等）”。它们均可以携带双音节及物动词作宾语，例如：

（20）a. 政府应减少对经济施行的干预，只对货币实行控制。

b. 国家对私营经济实行引导、监督和管理。

（21）a. 有人扬言如果判决不公，将对白人施行报复。

b. 赫尔姆斯法案要对同古巴进行贸易的国家施行惩罚。

（22）a. 企业可以对被投资单位实施控制。

b. 国务院设立了专门机构对保险业实施监督管理。

在以上例句中，“实行、施行、实施”三个词的宾语都是双音节及物动词，这些双音节及物动词的受事都由介词“对”引导前置。这说明这三个词都具备了形式动词的用法。

“从事”可以带双音节及物动词作宾语，例如：

（23）a. 换句话说，订货型企业不能根据自己的意愿来制造产品，只有接到对方订单以后，方可开始从事生产。

b. 有学者认为，一个很重要的创新因素是有闲暇时间从事探索。

有些情况下“从事”可以删略，不影响整个句子意思的表达。“从事”在语义上要求其宾语是表示活动的动词或名词性成分。如果不是表示活动的名词，就要借助“类型强迫”实现组配。宋作艳（2011：22-26）指出生成词库论区分了三类动名语义组配的情况，其中一类是“类型强迫”，这种情况的动名组配看似不恰当，但是动词可以对名词性成分的语义类型进行强制性转换，以满足语义组配的条件。例如：

（24）很多数学家的家长在他们小时候不支持，甚至坚决反对他们从事数学。

实际上，例（24）中的“从事数学”应该理解为“从事数学研究”。可见，虽然“从事”确实可以带名词作宾语，但是“从事＋NP”却产生了从事 VP 的意义，这说明“从事”与“进行”等典型形式动词有共性。

在《现代汉语词典》（第 7 版）中，“进行”有两个义项，其中一个是“从事（某种活动）”，所举例子为“进行讨论、进行工作、进行教育和批评”和“会议正在进行”，还有一个义项是“前进”。显然第一个义项的“进行”是形式动词，词典用“从事”解释“进行”，反映了“从事”和“进行”的相似性。但我们认为二者有所不同，“会议正在进行”中的“进行”和“从事”有较大的区别，因为此句中的“进行”是对无生命体“会议”进行陈述，表示“会议”过程所处的阶段，而“从事”一般只能对有生命体进行陈述，不表示某活动过程所处的阶段。

我们认为“从事”是最不典型的形式动词，原因如下：第一，“从事”携带双音节及物动词作宾语的能力有限，数量很少，使用频率低。第二，其宾语以名词性成分为常，有些带动词宾语的用例也可以添加上名词中心语。例如：

（25）明朝时期，中国的商船远赴世界各地，从事贸易。

例（25）中“从事”的宾语“贸易”之后可以添加“活动”这样的名词性成分。根据我们对语料的观察，“从事”在句中起到标记前置受事的用例较少。例如：

（26）a. 不得为民事诉讼目的对船舶从事执行或加以逮捕。

b. 自一六八九年成就了“光荣革命”以后，他们就确立起他们的支配权，对于国有地以及信用机关等，从事掠夺和僭有。

《现代汉语词典》（第 7 版）收录了“发起”和“发动”，对“发起”的解释是“发动（战役、进攻）等”，可见两个词意义相近，用法类似。例（27）是“发起”用作形式动词的例句：

（27）a. 从 8 月 19 日起，日军对旅顺发起多次强攻，俄军依靠牢固的防御阵地奋力抵御。

b. 在西方，特别是在美国和日本，新生代对传统消费观念发起了猛烈的冲击。

c. 一旦查证伊朗参与，美国将立即对伊朗发起强大的军事打击。

d. 有记者问张健如果横渡失败，他会不会另择时机，再次对长白山天池发起挑战。

可见，“发起”可以在句中起到标记前置受事的作用，具备了形式动词的用法。“发起”具有起始义，凸显了宾语动词所表示的动作已经开始或即将开始。

在下面例（28）中，“发动”以双音节及物动词为宾语，并且双音节及物动词的受事由介词引导前置，这与典型形式动词的表现相似。

（28）a. 甚至在2003年未经联合国安理会许可，直接对伊拉克发动了进攻。

b. 甘青剿匪指挥部在西南军区的配合下，对残匪发动围剿。

c. 1938年秋天，骄横跋扈的日军又对武汉发动了攻击。

“发动”和“发起”都有开始之义，但是我们在第三章曾明确指出“开始”不是形式动词，所依据的主要是它们的句法表现。“开始”可以带动宾结构作宾语，比如“开始围剿残匪”，但是“发动、发起”若带双音节及物动词作宾语，双音节及物动词的受事必须前置，如“发动围剿残匪”就是不合格的。

相比于“发起”，“发动”作为形式动词的典型性更差。“发动”的动词宾语一般限于表示战争的几个动词，如“进攻、袭击、攻击”等，类型比较单一，而“发起”除了以表示攻击的动作动词为宾语，还可以“批评、挑战、冲击”等不同类型的动词为宾语。“发动”的意思也比较具体，同样具有起始义。

（二）“作”类

“作/做、作/做出、来”是一类，可以称为“作”类。“作”和“做”，“做出”和“作出”的区别并不是一个容易说清楚的问题。特别是当它们用作形式动词的时候，区别不大，因而我们把“作”和“做”以及“做出”和“作出”看作一个形式动词。例如：

（29）a. 彭教授就这个问题从理论上做了新的阐述。

b. 1985年5月中共中央《关于教育体制改革的决定》，对教育目的作了新的阐述。

与“作/做”相比，“作/做出”多了一个成分“出”，因此有的学者认为“做出”（作出）是短语而不是词。但是，实际上“作/做出”在作形式动词的时候已经凝固成词了，中间不能再插入其他成分。

（30）a. 管理人员不能只根据结果对有关人员做出惩罚，而应该结合过程做出处罚。

b. 对于贪污腐败的领导干部，必须依法对他们作出惩罚。

在CCL语料库中，“作出”和“惩罚”的组合用例为14例，“做出”和“惩罚”的组合只有1例。

动作类形式动词中“来”是很特别的一个，它兼具代动词和形式动词两种用法。《现代汉语八百词》（增订本）较为细致地介绍了“来”的多种用法，不过不包括形式动词的用法。而实际上“来”确实具备形式动词的用法。例如：

（31）a. 因此，必须对以往的扶贫方式来一番检讨。

b. 国有商业企业要抓住股份制改革的契机，使企业经营机制来一番脱胎换骨的改造。

c. 日本政府原本应当对历史认识来一番彻底的清理，可是他们交出的答卷却十分令人失望。

d. 国防部是国家军机要地，万一被这伙红卫兵冲击进去，来一番打、砸、抢，后果将不堪设想。

例（31）中的“来”都可以用“进行”替换而不改变句义或者导致句子不成立。一般来说，形式动词都具有明显的书面语体色彩，但是“来”则显得轻松活泼，所以形式动词“来”的产生可能和说话人为了追求一定的表达效果有关。“来”是单音节的，具有一定的口语语体特征，和“进行”“加以”相比正式程度要差一些。“来”的宾语还可以是单音节动词，如（31d），这与形式动词一般和双音节动词搭配也是不同的。另外，“来”和宾语动词之间必须有“一番”“一次”这样的数量结构，否则很难成立。这和典型形式动词的表现也是不同的。可以说，“来”是一个很特别的非典型形式动词。

（三）“加以”类

“加以、施以、施加”同样是意义相近的一组。“加以”是典型的形式动词，“施以”和“施加”也具有形式动词的用法。例如：

（32）美国动辄对不合自己胃口的国家施加制裁，进行孤立和扼杀。

（33）当时的学院长暨稀世罕见的大魔法师拉尔卡斯断然对他施以严厉的处置。

（34）因为茶馆具有复杂性，所以各个政治和社会集团也试图对其施加影响和加以利用。

“加以”是非常典型的形式动词，使用频率很高。“施以”和“施加”使用频率低很多，而且都能带名词性成分为宾语，是非典型形式动词。

（四）“给予”类

“给予、给以、予以、提供”是一组，其中前三个都是典型的形式动词，只有“提供”是非典型的，其形式动词的用法尚未受到注意。《现代汉语词典》（第 7 版）对“提供”的解释是“供给（意见、资料、物资、条件等）”，但是所供给的可以是动作行为，比如词典给出的用例“提供援助”，带动词宾语的环境为“提供”的虚化准备了条件。

（35）近半数美国人称自己加入了某个小团体，并乐意向团体中其他成员提供援助或关心。

（36）近日，有英国媒体称英美为利比亚打击“伊斯兰国”提供支持。

以上例句中的“提供”都可以替换为“给予”。“给予”和“提供”意义相近，用法相似，因而在语段中可以先后使用，以丰富表达手段。例如：

（37）a. 社区工作者对孤残老人提供了帮助，给予了方便，使他们感受到社会的温暖。

b. 柬埔寨领导人感谢中国一直以来对柬埔寨给予大力支持，而且对柬重建也提供了无私援助。

例（37）表明“提供”具有和“给予”相似的句法功能，具备形式动词的用法。不过，相比于“给予”，“提供”的词义更为具体实在，当它以名词为宾语的时候，具有主动给予，为某一对象服务的意味。例如：

（38）苏联朋友对阎宝航同志提供的情报给予了高度评价。

例（38）中的“提供”和“给予”显然不能相互替换。在这个例句中，“提供”不是形式动词，是普通动词。

三、表态类形式动词

“表态类”形式动词主要包括“表示、提出、致以、发出、感到”这5个。这5个词都属于形式动词的范畴，而且其表达功能与典型形式动词存在互补之处。因为这5个词都和言语行为及情感态度有密切的关系，与“加以”“进行”等主要携带动作行为类动词作宾语不同，所以我们称它们为“表态类”形式动词。

除了“提出”，其他4个成员都被《现代汉语词典》（第7版）收录了。从词典释义可以看出，“表示、提出、致以、发出”这4个词的意义相近。《现代汉语词典》（第7版）中对“致以”的释义是“向对方表示礼节、情意等”。“表示”的释义是“用言语行为显出某种思想、感情、态度等”，列举的例子是：表示关怀，大家鼓掌表示欢迎。“发出”一词在《现代汉语词典》（第7版）中包括三个义项，分别是：发生（声音、气味等）；发布（命令、指示）；送出（货物、信件等），开出（车辆等）。其中的第2个义项和“表示”“致以”的联系较为密切，这一义项存在进一步虚化的空间，比如在“发出邀请”这一短语中的“发出”实际上也是在“表示礼节、情意”。虽然“提出”未被《现代汉语词典》（第7版）收录，但这只是说明它尚且处在词汇化的进程之中，当它占据典型形式动词的分布位置时，结构凝结程度高，可以视为句法词。这四个词在意义上密切相关，都可以携带表示言语行为的动词作宾语，而且从“表示”和“致以”的释义可以看出，存在相互解释的现象。

表态类形式动词中“感到”比较特殊，由于“感到＋VP”主要是表述言者的内心感受及情感态度，而“表示/提出/致以/发出＋VP”主要用来表示言者对他人的情感态度，所以我们将表态类形式动词分为外向表态类和内向表态类两个小类，其中内向表态类仅有“感到”一个。

（一）外向表态类

外向“表态类”形式动词中“致以”是曾被一些研究者视作形式动词成员的，不过存在争议，还有一些研究者如刁晏斌（2004）明确地将“致以”排除在形式动词范围之外。我们认为“致以”是形式动词，不过是比较特殊的形式动词。

“致以”可以分布在形式动词所占据的句法位置，即能够以双音节及物动词为宾语或宾语中心语，双音节及物动词的受事论元则必须前置于“致以”。比如：

（39）a. 中央统战部副部长万绍芬代表统战部向统促会成立五周年致以祝贺。

b. 全场观众起立向深陷战火的波黑地区人民致以慰问。

c. 江总书记还代表党中央向航天战线科技人员致以问候。

d. 所有为我提供过指导和帮助的人，我对他们都致以真诚的感谢。

例句（39）中的“致以”分别携带“祝贺、慰问、问候、感谢”等双音节及物动词作宾语，这些双音节及物动词的受事成分则由介词“向”引导置于“致以”之前，这和典型形式动词“加以”的句法功能是完全一致的。

由于“致以”语义虚化，删略之后一般不影响整句话的表达。比如例（39a）删略“致以”和介词“向”并调整语序之后可以变换为：

（39a'）中央统战部副部长万绍芬代表统战部祝贺统促会成立五周年。

虽然例句（39）中的“致以”不能被“加以”替换，但是这不能证明二者在句法功能上是对立的，而是说明“加以”和“致以”在携带双音节动词宾语方面存在不同的选择限制，二者在表达功效上是互补的。“致以”是凭借“言语行为”来表达态度、感情等，所以“致以”的宾语一般是表示感情类的名词或动词，这和“加以”不同，“加以”的宾语主要是表示动作行为的动词。

实际上，“加以”和“致以”的宾语并不是完全没有重合之处，虽然数量比较少，但是在语料库中确实存在二者携带相同的表示感情的双音节及物动词作宾语的情况。比如它们都可以“慰问”为宾语。

（40）对于被误伤的老同志，他常常不避嫌疑加以慰问。

例（40）中的“加以”可以换作“致以”。不过用“加以”和“致以”会产生不同的表达效果，“致以”显得极为庄重、正式，例如：

（41）我们全体编写人员在此致以衷心的感谢！

而且，动作的施事往往是在特定场合相对而言具有较高社会地位的代表人物。例如：

（42）我谨代表中共中央向你们致以最热烈的祝贺。

例（42）是邓小平同志1957年在中国新民主主义青年团第三次全国代表大会上的祝词，主语是第一人称，由说话人直接表达，整个句子具有较强的正式性和仪式感，如果换用“加以”则会失去这样的效果。

在历时层面，“加以”和“致以”都经历了由动介结构词汇化的历程。“加以”和“致以”最初是“$V+O_1+以+O_2$”形式的短语。

（43）子路率尔而对曰：“千乘之国，摄乎大国之间，加之以师旅，因之以饥馑；由也为之，比及三年，可使有勇，且知方也。”

（44）上宾、上介致之以束帛，群介则牵羊焉。

可见，不管是在共时层面还是历时层面，“加以”和“致以”都有极强的相似性，把“致以”视作形式动词没有问题。关于“加以”和“致以”词汇化的问题，我们还会在其他章节讨论。

和“加以”相比，“致以”的非典型之处在于它所携带的宾语种类较少，集中在“感谢、慰问、祝贺”等。而作“加以”宾语的动词数量比较多。而且，“致以”的宾语可以是典型的名词，比如例（45），“加以”不能带名词作宾语。

（45）借这个机会，我谨向支持这部书的所有人致以最诚挚的谢意。

“致以”和“加以”相比，作为形式动词的典型性较低，但是至少有研究者已经指出了它具备形式动词的属性。而“表示、提出、发出、感到”等的典型性就更低了，几乎没有研究者注意到它们作为形式动词的用法。我们在上文中论证了“致以”是非典型形式动词，“表示”在“表态”类形式动词中实际上是最有代表性的，使用频率也比较高，例如：

（46）省委领导同志向全体消防官兵表示亲切慰问，同时向在火灾中牺牲的同志表示深切哀悼，并向英雄的家属致以慰问。

“表示”现在有一种较强的向典型形式动词靠拢的倾向。它能携带的双音节及物动词范围较大，数量较多。

（47）a. 朱成日对中国在社会主义现代化建设中所取得的成就表示赞扬。

b. 有学者对项羽焚烧秦陵地宫也表示怀疑，但秦陵地宫被焚烧过，古籍上确有记载。

c. 她常常走近学生，认真听取他们的想法，对一些大胆的思想她总是表示理解和支持。

例（47）中的“表示”都在句中起到了标记前置受事的作用，语义虚化，删略后仍然可以构成结构上合格的句子。比如例（47a）可以变换为：

（47a'）朱成日赞扬中国在社会主义现代化建设中所取得的成就。

当然，这样变换之后句子的整体意义特别是语用价值发生了变化。和典型形式动词一样，“表示”在句中标记前置受事时能使句子显得庄重、严肃，仪式感强，书面语体色彩浓厚，适用于正式场合。

“提出、发出”也都可以分布在典型形式动词的句法位置，我们各举2例。

（48）a. 新结构经济学的框架对经济学研究提出了挑战。

b. 上个世纪中叶，又有一些经济学家对“弹性悲观”说提出了质疑。

（49）a. 布洛赫曾对历史学家们发出了这样的忠告：“我们要警惕，不要让历史学失去诗意。”

b. 收到好几封住“伙单”的读者来信，一致对我发出谴责，结论是：你去住住看！

和“表示”相同，“提出、发出”能够标记前置受事，语义虚化，主要的意思由其宾语传达，而且它们的宾语或宾语中心语如“批评、挑战、质疑、忠告、警告、谴责”等都是通过言语行为来实施的动作行为，主要目的是表明态度。它们都属于“表态类”形式动词。“发出、提出”作为形式动词的典型性确实比较低，但是它们向典型形式动词靠拢的趋势是客观存在的语言事实。特别是“提出”，尚处在词汇化的历程之中，《现代汉语词典》尚未收录。关于“发出”“提出”的词汇化问题，我们将在下一章展开论述。

表态类形式动词的存在也是必要的，能够丰富汉语的表达手法。“进行”“加以”等典型形式动词虽然语义高度虚化，能够和数量较多的双音节及物动词搭配，但是它们的宾语主要是表示动作行为的，而一般不能是表示言语行为的。当然，有些情况下，“进行、加以”也可以带表示言语行为的动词作宾语。比如：

（50）a. 一些历史学者以此对她加以谴责。

b. 香港新闻同业也纷纷发表评论，对制造假新闻的行为进行谴责。

c. 联合国安理会对中非武装夺权行为表示谴责。

d. 据报道，士兵戈登·金特尔的家人19日向英国政府递交请愿书，要求撤回驻伊英军，并对首相布莱尔提出谴责。

“加以、进行、表示、提出”都可以带“谴责”作宾语，“谴责”是言语行为，虚化程度较高的典型形式动词“加以”和“进行”等也可以带表示言语行为的动词为宾语，但是不同的形式动词所凸显的“谴责”的义面却有所不同。“加以谴责”凸显了“谴责”的整体性，“进行谴责”凸显了“谴责”作为过程的持续性，“表示谴责”凸显了“谴责”是一种正式的态度，“提出谴责”凸显了“谴责”的始发状态。

表态类形式动词之间在携带宾语方面也有区别。“表示”和“致以”相近，不过并不完全一致，例如：

(51) 以总理对屠杀事件表示谴责，并致电阿拉法特表示道歉。

例（51）中的“表示”都不能替换为“致以”。显然，“表示”和“致以”在意义和用法方面也并不完全相同。我们认为，“表示”的宾语范围更大，既可以是对受事有利的（如“道歉”），也可以是对受事不利的（如“谴责”）。而“致以”的宾语则一般来说不能是贬抑性质的。

另外，“致以”的宾语范围很小，我们在语料库中没有发现“致以感谢”这样的用例，“表示感谢”的数量则比较多。实际上并不是说“致以”绝对不能和“感谢”搭配，只不过“感谢”在充当“致以”的宾语的时候必须要受修饰语的修饰。

(52) 姚明说：“任何一支对我曾经表现出兴趣的球队，我对他们都致以真诚的感谢。”

（二）内向表态类

“感到”的特殊性，吴怀成（2013）已有所涉及。“感到”的宾语位置可以由双音节动词占据，在句中“感到”可以标记前置受事，“感到+V”一般用来表达主语的主观情感态度。

(53) a. 江泽民主席强调，中国对这些年来中葡关系的发展感到满意。

b. 书画界人士对文化艺术品市场混乱感到担忧，同时也看到了光明。

c. 比如，我们在看到一些不道德行为的时候，就会突然感到厌恶。

例（53）中“感到”的宾语“满意、担忧、厌恶”等动词都是用来表示句中主语的主观情感态度的。这一点和“表示、致以、提出、发出”是相对立的。故而我们将“感到”称为内向表态类。

不过“感到”也是不太典型的形式动词，它可以比较自由地携带状中结构和动宾结构作宾语，例如：

（54）a. 几年前，人们对送礼送除了吃穿以外的东西感到很不理解，现在则已经习惯了。

b. 对于“三独”原则，私立校的校长们感到难以接受。

四、存现类形式动词

存现类形式动词主要包括“有、存在、产生、构成、造成、形成”这几个，它们动作意味很弱，是三类形式动词中最不典型的一类。根据存现类形式动词入句时带体标记的倾向性，我们把它们分为存在类和出现类两个小类。“有”和“存在”在句中倾向于带“着”，表示一种持续的状态，属于存在类形式动词。“产生、构成、造成”和“形成”在句中倾向于带“了”，表示一种结果，属于出现类形式动词。例如：

（55）a. 德意志人是文化素养极高的民族，对世界文化有着重要影响。

b. 犯罪预备对社会存在着实际威胁，具有社会危害性，具有可罚性。

（56）a. 家无过夜之粮的困境，让他对“自有颜如玉”的书本产生了怀疑和厌倦。

b. 这些化学原料对当地的生态环境造成了严重破坏，对当地人的身体健康也构成了威胁。

如例句（55—56）所示，形式动词“有”和“存在”倾向于添加体标记“着”，而一般不能带“了”，形式动词“产生、造成、构成、形成”则正好相反，倾向于添加体标记“了”，而一般不带“着”。从它们词义的角度来说，“有”和“存在”意义相近，都是表示静止的状态，“产生、造成、构成、形成”则表示一种结果。所以，我们把“有”和“存在”称为存在类形式动词，把“产生、造成、构成、形成”称为出现类形式动词。

（一）存在类形式动词

“有”是一个非典型形式动词。“有”具备形式动词的属性，这一点很少有学者指出来。沈威（2012）认为："有"是一个相当特殊的动词，在"有＋形宾"结构中，其意义空灵，基本上是个形式动词。我们同意把"有"看作形式动词，不过不是在"有＋形宾"的结构中，而是在"有＋动宾"的结构中。需要指出的是，学界讨论较多的"有＋VP"指的是受南方方言或港台影视剧的影响而在90年代后流行开来的一种新兴结构，比如"我有看过这本书"，管娟娟（2006）讨论了这种"有"的历时演变问题。显然，这种"有"并不是形式动词。朱德熙（1982）指出"有"是准谓宾动词，认为"有"一般只能带如"计划""影响"等名动词作宾语。朱德熙先生的观察非常敏锐。但是，朱德熙（1985）没有提到"有"是形式动词。这可能反映了朱先生对形式动词的看法有所变化。我们赞成把"有"看作形式动词，不过这个"有"只有当携带双音节及物动词，并且及物动词的宾语可以前置于"有"的情况下才是形式动词。例如：

(57) a. 从不同视角对人类语言进行观察才能有更深入的了解。

b. 只有这样，教师才能对学生的学习情况有正确的了解、客观的分析。

c. 虽然，这件事并非事关重大，但对我们如何改进管理却有重要的启迪。

d. 法律上对惩罚的种类有严格的界定，如罚款、监禁、处死，等等。

例（57）中的"有"都是形式动词，可以通过删略"有、对"及一些调整变换为常规的"主-动-宾"（SVO）结构。以（57d）为例，可以变换为：

(57d') 法律上严格的界定惩罚的种类，如罚款、监禁、处死，等等。

值得注意的是，"有"带及物动词作宾语并不总是标记前置受事，有的"有＋$V_{双/及}$"的组合孳生了整体意义，有构式化的倾向。比如"有准备、有计划"，"准备"和"计划"虽然是及物动词，但是"对＋NP＋有＋准备/计划"中的"有"并不标记前置受事，因而不是形式动词。例如：

(58) a. 变革过程是复杂的，充满了曲折和挑战，因此，对变革难点要有足够准备。

b. 心态应保持乐观，积极向上，对学习中的困难要有充分的准备和估计。

c. 另一场比赛中，上海队开场摆出守势，对小将为主的川军进攻已有准备。

以（58c）为例，画线部分不能通过删略“有”、介词“对”并作适当调整变换为SVO语序的句子。如下面句子中画线部分是无法成立的。

（58c'）* 另一场比赛中，上海国际队开场摆出防守阵形，准备小将为主的川军进攻。

因此，例（58）中的“有”都不是形式动词。

部分“有＋VP”结构中的“有”既有形式动词的用法，又有非形式动词的用法，如“有影响”。

（59）收入弹性可能对广告宣传与其他推销活动有影响。

例（59）中“有”起到了标记前置受事的作用，“影响”的受事由介词“对”引导前置，整个句子可以通过删略“有”，调整语序变换为：

（59'）收入弹性可能影响广告宣传与其他推销活动。

“有影响”中的“有”在有些情况下也不是形式动词。如下面例（60）中的“有”并没有起到标记前置受事的作用，“影响”的受事不需要用语言形式表现出来，也可以说句中的“有影响”是自足的，不需要引入其他成分，表意就是完整的。这种情况的“有”不是形式动词。

（60）二十世纪七十年代以后，批判理论的精神在新一代理论家的著作中以新的形式得以延续，最有影响的是哈贝马斯。

这说明“有影响”有两种不同的用法。

部分“有＋VP”中的“有”只有形式动词一种情况，如“有分析、有了解”。“有分析、有了解”单独是站不住的，不自足的，只有在句中引入“分析、了解”的受事成分才能成立。这和“有准备、有计划”是不同的。“有”是单音节的，其宾语如果是双音节的，则“有”往往要受单音节状语的修饰。例如：

（61）a. 可是李翱，显然感到他自己对道统颇有了解。

b. 交通管理部门不乏见多识广的专家，对这种潮流想必早有了解。

例（61）中的两个例句画线部分都可以通过一些句法操作变换为SVO语序的小句，变换后为：

（61'）a. 可是李翱，显然感到他自己颇了解道统。

b. 国内一些大城市的交通管理部门不乏见多识广的专家，想必早了解这种潮流。

“存在”和“有”意义相近，“存在”可以带双音节动词为宾语或者宾语核心。例如：

（62）a. 犯意表示不具有对社会的现实危害性，因此不罚；而犯罪预备对社会存在着实际威胁，具有社会危害性，具有可罚性。

b. 据调查，部分用人单位在招聘过程中对女性存在歧视。

c. 目前香港部分公务员对香港回归后的去留存在担心。

“存在”在以上几个句子中都是形式动词，删略“存在”和介词“对”并调整语序后可以变换为SVO语序的句子，而且基本句义不发生变化。

“存在”和典型形式动词在携带宾语的范围方面有交集。例如：

（63）a. 但警方对被捕的2名印度人的真实身份存在怀疑。

b. 对于道听途说的事情，他差不多一概加以怀疑。

（64）a. 尽管如此，事实上，关于对待知识分子问题一直存在争论。

b. 近期，很多韩日网民也纷纷在网上就独岛问题进行争论。

通过对比，可以看出，“存在＋VP”表示的是一种持续的静态的行为，比如“存在争论”是指“争论”的状态在持续，并不是“争论”的行为正在进行。例（63）和（64）中的“存在”可以用“有”替换，“存在”和“有”带动词宾语所表示的都是一种静态的行为，而典型形式动词带宾语动词表示的是一种动态的行为，如“进行争论”和“加以争论”一般都指“争论”的行为正在进行。这反映了不同类型的形式动词以相同的动词作宾语整体意思略有不同，往往凸显了同一个动作的不同义面。

（二）出现类形式动词

除了“有”和“存在”，存现类形式动词还包括“产生、构成、造成、形成”，它们也可以在句中标记前置受事，具备了形式动词的语法属性。例如：

（65）五十年代以后，一部分社会学家开始对帕森斯理论的精确性产生怀疑。

（66）沿海国在行使自己权利的过程中不可以对其他国家合法

权利构成侵害或造成不当干扰。

(67) 近期发生的恐怖分子的暴力袭击事件给边疆人民的生命财产造成严重损害，对中国领土主权构成严重威胁。

(68) a. 美国的金融危机席卷全球，对世界经济形成严重冲击。

b. 总体上资金投放过多，但资金供应量越增，资金需求就越紧张，对国民经济健康发展形成威胁。

可见，“产生、构成、造成、形成”都可以双音节及物动词为宾语，及物动词的受事都由介词引导前置，它们具备了形式动词的用法。

“产生/构成/造成/形成＋VP”往往表示 VP 是一种结果，因而在存现类形式动词中又属于出现类，出现类形式动词可以较为自由地添加动态助词“了”。

五、形式动词典型性的差异

我们在上文中依次介绍了动作类、表态类和存现类这三类形式动词，如表 4-1 所示。

表 4-1　形式动词的三个次类及 8 个小类

动作类形式动词				表态类形式动词		存现类形式动词	
“进行”类	“加以”类	“给予”类	“作”类	外向表态类	内向表态类	存在类	出现类
进行(行)、展开、实行、施行、实施、从事、发起、发动	加以(加)、施以、施加	给予、予以（予）、给以、提供	作/做、作/做出、来	表示、提出、发出、致以(致)、给出	感到	有、存在	产生、构成、造成、形成

三类动词在对宾语的选择及表达功能上存在对立和互补之处。动作类形式动词主要携带表示动作行为的宾语，表态类形式动词主要以表示情感态度的成分作宾语，存现类形式动词主要以表示感知认识的成分作宾语。可以说，这三类形式动词的宾语从动作行为到言语行为，再到感知行为，动作性越来越弱。动作类形式动词的宾语一般具有［＋自主］、［＋可控］的语义特征。表态类和存现类形式动词的宾语则比较特殊，

既有［＋自主］、［＋可控］的动词，也有［－自主］、［－可控］的动词。例如：

（69）a. 有的干部对直选存在忧虑，不能积极投入工作。

b. 挪威政府对俄议会选举结果表示忧虑。

“忧虑”是［－自主］、［－可控］的动词，“进行、加以、予以”等都不能与之搭配。也有些及物动词是能与三类形式动词组合的，但是整体意义有所不同。例如：

（70）a. 哈拉齐表示，国际社会没有理由对伊朗的核计划进行怀疑。

b. 有些经济学家对克林顿的节支计划能否成功表示怀疑。

c. 警方对2名被捕的印度人的真实身份存在怀疑。

同样是“怀疑”作宾语，“进行怀疑”凸显“怀疑”动作行为的一面，“表示怀疑”凸显“怀疑”作为态度的一面，“存在怀疑”凸显“怀疑”持续状态的一面。选用不同的形式动词，表达功能有所不同，如（70a）中用“进行”是比较合适的，用“表示”和“存在”都不理想。因为“国际社会”怀疑伊朗制造核武器而采取了一系列行动，所以表达为“进行怀疑”是准确得体的。而（70b）中“经济学家”怀疑“克林顿的节支计划”能否实行，主要是一种态度，而不是动作行为，所以选用“表示”是最合适的。

我们根据形式动词的集束模型，对形式动词成员的典型性进行了区分。三类形式动词的典型性由高到低依次为：动作类＞表态类＞存现类。其他研究者对形式动词的研究仅限于动作类的部分成员。动作类形式动词的典型性由高到低依次为：“加以”类＞“进行”类＞“给予”类＞“作”类。表态类形式动词的典型性由高到低依次为：外向表态类＞内向表态类。存现类形式动词的典型性由高到低依次为：出现类＞存在类。不过，这是从小类的角度进行划分的结果，如果对具体成员进行划分则存在较大的困难。特别是动作类形式动词成员之间典型性的差异不易区分。虽然我们指出“给予”类不如“进行”类典型，但是“给予”类中的“予以”“给以”均属于典型性很高的形式动词。如何制定有效的标准以区分成员的典型性也是我们今后需要进一步探索的地方。

第三节　形式动词的单音节变体形式

一些双音节动词存在对应的单音节形式。“加以”可以简缩为“加”，“进行”可以简缩为“行”，“予以”可以简缩为“予”，“致以”可以简缩为“致”，“施以”“实施”可以简缩为“施”，“表示”可以简缩为“表”，“感到”可以简缩为“感”，以下用例是我们利用BCC语料库检索得到的。这些单音节变体形式在携带双音节动词宾语的时候前边一般要受单音节状语成分的修饰，往往形成一个四字格式。

(71) a. 时人皆疑宝符为同秀所作，而玄宗却大加赞赏。

b. 媒体听说这件事后大加炒作，影响迅速超过我们的预期。

(72) a. 神话中雅典王潘狄翁之女，普罗尼之妹，被其姐丈色雷斯国王提琉斯奸污后，割去舌头，严行关闭，禁其告发。

b. 钱曾转过身来：“侄孙杂务缠身，既然列位老辈尚需仔细参详，侄孙便去先行处置便了！”

(73) a. 今天如愿以偿，真该对重印工作深致感谢。

b. 在此，我代表本书的编委向社会各界的关心谨致感谢。

(74) a. 告密有功者给以封赏，不实者，也不予追究。

b. “这个么，皇上宽仁，对其家眷却未予追究。”“不施惩处，何能以儆效尤！”

(75) a. 虽然克利斯朵夫对法国音乐深有好感，但法国音乐界对他却绝对不表同情。

b. 最后，在受难者的额上戴上用硫黄浸透的树叶以表嘲弄。

(76) a. 大家对他倍感尊敬、仰慕与爱戴。

b. 这些粗陋的家具残破不堪、痛苦无奈，对于一次次从肮脏的楼梯上摔下，或者从顶楼丢进地下室已经倍感厌倦！

单音节形式动词的入句表现和对应的双音节形式动词相比，有一个重要的区别：如果其宾语动词是及物的，其受事一般是前置的，但是出现了受事置于动词之后的情况。例如：

(77) 去年全省有两百名县处级以上干部因职务犯罪被免职，并予追究刑事责任。

(78) 萧皇后责成李处温加紧城防，严行盘查进出人等。

(79) 他们大加赞扬沃勒尔军团创造了德国队第七次打进最后

决赛的骄人战绩。

这和双音节形式动词的表现是不同的，双音节形式动词的宾语动词的受事必须前置。我们认为，这说明单音节形式动词及其前面的单音节修饰成分有整体充当状语的倾向。

另外，单音节形式动词前面的单音节成分往往是表示程度的，常见的有“大、颇、倍、备、略、愈、稍”，或者表方式的“暗、特、时、严”，表情状的“不、曾”。受这些成分修饰之后，单音节形式动词的宾语动词一般不再受其他成分修饰。

第四节　本章结论

我们提出了形式动词的30个成员，多数都是非典型成员，而且有些成员目前没有研究者指出它们是形式动词。所以，我们的研究无疑扩大了形式动词的范围，但这是有根据的，根据的是这些动词具备了典型形式动词的句法功能，而且语义虚化，在构成句义的层面没有贡献具体的词汇义，句法和语义这两方面的标准缺一不可。否则，就会犯滥贴标签的主观错误。比如下面这个例句：

(80) 书评是对各类书籍发表议论、提出批评和建议的一种议论文。

例(80)中的“发表”从形式上看以双音节及物动词“议论”为宾语，好像也处于典型形式动词的句法位置，能够标记前置受事，但是从语义上看，“发表”的词汇义是具体的，并未虚化，不能把它归到形式动词范畴之内。而“提出”语义虚化程度则要比“发表”高，基本上没有词汇义，主要的意思由它的宾语来表达，所以例(80)中的“提出”是形式动词。

(81) 毛泽东曾就汉代农民起义中的张鲁发出议论。

“发出”属于表态类形式动词。“发表议论”规定了“议论”的内容一定刊发在某种媒介物上，其中“发表”的意思较为具体、实在，而“发出议论”则集中在“议论”动作行为本身，其中的“发出”并无实际意义。

“表达”和“表示”意思很接近，《现代汉语词典》(第7版)对“表达”的解释是“表示(思想、感情)”，“表达”可以带双音节及物动词为宾语，例如：

(82) a. 包括欧盟、澳大利亚、加拿大、新西兰等在内的世贸组织成员对美国的做法表达了不满和抗议。

b. 集会者说："越南人对伊拉克人民表达极大的同情和支持。"

c. 奥运健儿们对香港同胞的关心和支持表达了衷心的感谢。

例（82）中的"表达"都可以用"表示"替换，"表示"是形式动词，"表达"是不是也是形式动词呢？我们不把"表达"看作形式动词。一些双音节及物动词可以充当"表示"的宾语，但不能作"表达"的宾语，例如"反对、肯定、钦佩"等，一些双音节及物动词虽然能作"表达"的宾语，但是必须添加修饰成分，而不能以光杆形式直接充当"表达"的宾语，例如"欢迎、关注、怀疑、钦佩"。从使用情况来看，"表达"带双音节及物动词的情况较少，例如"表达祝贺"在CCL语料库中仅有1例，但是"表示祝贺"在语料库中有近3000条结果。这说明"表达"带双音节及物动词作宾语的情况较少。"表示＋VP"中的"表示"表意作用不明显，色彩也较为中性和客观，"表达"有较强的主观性，例如：

(83) 僧人们敲响了沉沉的暮鼓，送上了清淡的斋饭，对远道而来的他们表达了诚挚欢迎。

(84) 王总经理双手紧紧握住总书记的手说，我代表全公司万名职工对总书记视察表示热烈欢迎。

例（83）属于文学作品，若将"表达"换成"表示"则显得过于程式化，例（84）属于新闻报道，且语境为陕飞公司的总经理王文峰在欢迎总书记时讲的话，用"表示"显得庄重，若用"表达"则不够得体。可见"表示"和"表达"实际上有不同的表达功能。

总之，在判定形式动词的时候，我们综合考虑句法、语义、语体、语用等各方面的特征，不遗漏典型程度不高的形式动词，也不添加似是而非的非形式动词。

另外，我们将30个形式动词分为三个次类。传统的分类是二分法，作为划分的一种类型，何向东（2010：31）指出二分法应该是"把母项分为两个具有矛盾关系的子项"。所以，通过二分法得到的两个子项应该是矛盾关系，即非此即彼的关系。但是把形式动词分为"进行"类和"加以"类并不能证明它们是矛盾关系，而是有很多纠缠之处。这说明形式动词的传统划分方法是有局限性的。我们认为形式动词是一个原型范畴，将形式动词分为动作类、表态类和存现类主要是基于它们的表达功效及对宾语的选择限制条件，它们有共性，可以带相同的动词作宾语。同时，动作类、表态类和存现类三类形式动词动作义由强到弱，倾向于分别选择表示动作行为、言语行为、感知判断行为的动词作宾语，若是同一动词作三类形式动词的宾语，则三类形式动词会分别凸显同一动词作为动作行为、情感态度或状态的义面。三类形式动词并不是彼此割裂的，而是既对立又相互补充。

第五章　非典型形式动词的论证

我们在第四章已经对非典型形式动词进行了初步分析，但仍然需要进一步论证。有些形式动词和普通动词之间存在密切联系，例如“展开”和“开展”，“感到”和“觉得”，它们在语义、语法特征等方面存在较多相似之处，因此很多研究者把它们都排除在形式动词范围之外。但我们认为仔细分析它们的入句表现，可以提取出不同的句法功能，我们可以证明“展开”和“感到”属于形式动词，而“开展”和“觉得”则应该划入普通动词的范畴。根据原型范畴理论，一个范畴和邻近范畴之间的边界是模糊的，两个范畴的边缘成员是不容易明确其归属的。需要强调的是，兼有形式动词和普通动词两种用法并不意味着必然是范畴的边缘成员。比如，虽然同样是兼有形式动词和普通动词两种用法，而且意义也接近，但是“进行”和“展开”在范畴中的地位是不同的。“进行”是形式动词典型成员，处于范畴的中心，而“展开”则是非典型成员，处于范畴的边缘。这是因为，“进行”的两种用法都是比较明确的，我们在第三章进行了区分，特别是“进行”作为形式动词，使用频率很高，而“展开”作为形式动词的用法不够突出。在形式动词的三个次类中，存现类形式动词是最不典型的，我们也将在本章进行论证。

第一节　“展开”和“开展”的对比

一、“展开”和“开展”的共性

动词“展开”和“开展”是一对同素逆序词，两者在形式、意义、语法特征上都比较接近，在语段中为避免用词重复常可以替换使用。例如：

(1) 如有不同意见，可以展开争论，开展批评与自我批评，以使统一认识，防止一切决议的偶然性和片面性的成分。

(2) 他们经常去探索马克思、恩格斯、列宁、斯大林等关于某一真理的简明的表达，并从这些简明的表达出发来展开自己的理解，……他们总是始终在马列主义的无产阶级的阶级路线上开展自己的理解。

(3) 在党的领导下，公安机关积极开展了侦查工作，同暗藏的敌人展开了惊心动魄的斗争。

(4) 十年来的经验证明，要确立党对教育工作的领导，就必须深入开展教育革命；同时，也只有加强党的领导，教育革命才能顺利展开。

其中例（2）和例（4）中“展开”和“开展”的受事是相同的。例（2）出自国家语委语料库，发表时间为1950年，年代较早，因此“开展自己的理解”现在看来有些不自然。留学生在习得“展开”和“开展”的过程中也容易将两者相混淆，比如下面北京语言大学HSK动态作文语料库中的两个错误用法：

(5) a. 但是，一通过这个阶段，前面开展新的世界。

b. 男女分班制在中学时代展开，我认为是不恰当的。

例（5）中两个例句的“开展”和“展开”用得不妥当，(5a）中的“开展”应换成“展开”，(5b）中的“展开”应换为“开展”。

除了辞书释义，目前未见对动词“展开”和“开展”的意义和用法进行全面比较的研究文献。本节拟对两者的动词用法进行现代汉语共时层面的比较研究。

在《现代汉语词典》（第7版）中，“展开”有两个义项，都属于动词：义项①是“张开；铺开”，义项②是“大规模地进行”。“开展”是个同形词，词典为其设立了两个词条，条目2义为“展览会开始展出”，不在本节讨论范围之内，条目1包含3个义项：义项①为“使从小向大发展；使展开”。义项②为“从小向大发展”。这两个义项都是动词，语义联系密切，区别主要在于是否具有致使义、可不可以带宾语。义项③是形容词，义为“开朗；开豁”，也不属于本节的讨论范围。单从词典释义看，动词“展开”既可以表示具体动作行为（义项①），也可以表示相对抽象的行为活动（义项②），“开展”则主要表示抽象行为活动（义项①和②），如果不区分义项而立足于词的角度，“展开”的搭配范围更大一些①。

一些以同义词为研究对象的辞书多从两个方面对“开展”和“展开”进行辨析：一是比较两个词的词汇意义，二是比较二者所支配对象的异同。如浙江师范学院中文系编写（1976：409）指出“展开”和“开展”都可指“运动、斗争、讨论、工作、批评、辩论”等，但意思有所不同，“展开”是叙述其开始或进展，“开展”含有发动的意思。又如朱景松主编（2009：509-510）认为“‘开展’表示大规模地、持续地进行（某项活动）；‘展开’表示逐步推进，扩大范围地进行（某项活动）”，同时指出“‘开展’的对象多为讨论、学习、竞赛、调查等活动，‘展开’的对象多为进攻、调查等在一定范围内的活动”。不论是《现代汉语词典》，还是两部同义词辞书，它们的释义和辨析都有道理，但是不够具体、清楚，“展开”和“开展”的语义关涉对象究竟有何不同？当“展开”和“开展”以相同的动词作宾语，整体意义有什么区别？这些问题还需要进一步的探索。下文中，我们将首先对“展开”入句后与其他成分的搭配规律进行梳理归纳，然后以“展开”为参照与“开展”进行比较。

二、“展开”的入句表现

（一）“展开”的5种语义关涉对象

动词“展开”所能搭配的成分存在不同的语义类型，我们将这些成分称作“展开”的语义关涉对象，它们在句中既可以实现为主语，也可以实现为宾语。“展开”的语义关涉对象经历了从具体到抽象的扩展过程，这一扩展过程既反映了“展开”语法功能的扩展，也与其词义引申密切相关。

“展开”的基本意思是“张开，铺开”，一般用来描述具体事物的状态从收缩到伸展的变化。比如：

（6）奶奶让爷爷把二奶奶抱起来，抽掉被单子，揉成团，扔在炕下；展开一条干净褥子，铺好。

（7）火从古树的根部展开，沿树干向上蔓延，秋季的大风推助

① 由于动词“展开”和“开展”各义项语义联系较为密切，具有明显的引申关系，且其义项所体现搭配能力的不平衡性是两者的主要差别之一，本节对两者的讨论都以词为单位。

火势，刮起呼啦啦的吼声。

例（6）和例（7）中“展开”所关涉的都是可视有形物体，其外形都可以实现从收缩到铺开的变化。

“展开”的关涉对象也可以是非可视、没有具体外形的事物，比如：

（8）正当我们贪图这小小的团聚时，暗影终于悄悄地袭来了，它迅速地展开。

（9）我不敢想象，一幅如此悲惨的景象展开在我眼前。

以上两例中“展开”的关涉对象并不具有固定的外形：“暗影”指阴影，没有边界和可以感知的具体外形，“悲惨的景象”指的是内心想象出来的事物，属于心理活动，它们都是不具有可视外形的事物。但从人的认知角度来讲，这些事物也有类似于实物展开的从收缩到伸展的动态变化。

人类的社会活动一般也会有由小到大（比如规模、声势、影响等方面）的变化，这种变化和物体铺张开的状态变化是相似的。由此，“展开”语义关涉对象的范围进一步扩大。比如：

（10）接着，上海、广州、济南等地学生也都先后下乡展开宣传活动。

（11）一九五二年初，为彻底粉碎敌人的细菌战，全国展开了空前规模的爱国卫生运动。

上述例句中的“宣传活动、爱国卫生运动”等社会活动在规模上存在由小到大的变化。这些社会活动持续时间一般较长，具有稳定性，属于“复杂事件”，编码这些活动的词往往是事件名词。如果是持续时间比较短的动作行为①，由小到大的变化不容易观察，一般是由动词编码的②。由于类推的作用，这些动词也可以与“展开”搭配。

（12）在争夺冠军赛中，庄则栋同别尔切克展开了激战。

---

① 本节所说的动作行为的“持续时间”需要结合现实情况来理解，不是指动作行为本身可以持续的时间长短。以“搏斗”为例，它本身是可持续动词，可以持续很长时间，但现实世界中一般持续时间较短。

② 关于这一点，陆丙甫（2012：2-3）曾进行过讨论：“越是复杂的事件，越容易编码为具有名词性的兼类动词甚至专职的事件名词，或者说，表达越是复杂的事件的词，其名词性也越强。”该文以四个意义相近的词为例证明了这个问题：打仗（动词）；战斗（动词、名词）；战役、战争（名词）。陆丙甫指出，在这组词中，从历时长短和规模来说，“战争”最为复杂，“战役”次之，“战斗”又次之，“打仗”相对而言最为简单。

（13）十六岁的安成香，为了保卫公社食堂的粮食，赤手空拳与手持凶器的地主展开了英勇的搏斗。

例句（12—13）中，“展开”的宾语“激战”和“搏斗”都是持续时间相对短暂的动作行为，二者都是不及物动词。从以“活动”“运动”等名词为宾语到以动词为宾语，宾语的词性发生了变化。

当“展开”的宾语是双音节及物动词，而且该及物动词的受事成分由介词引导前置于“展开”时，“展开”具备了朱德熙（1985：5）所说的标记前置受事的作用，具备了形式动词的属性。比如：

（14）八路军、新四军在国民党军队溃败的同时，向日寇的新占领区展开进攻。

（15）对这些问题展开讨论，对于弄清楚人性问题和人道主义问题……无疑是有益的。

例句（14—15）中，“展开”分布在形式动词的句法位置，起标记前置受事的作用，语义虚化，可以用“进行”替换。

以上是“展开”的5种用法，“展开”语义关涉对象的范围通过隐喻实现扩张的链条可以描述如下：①表示可视有形物体的名词（如“被褥”）→②表示非可视无形物体的名词（如“暗影”）→③表示持续时间长的复杂事件的名词（如“爱国卫生运动”）→④表示持续时间较短的动作行为的动词（如“搏斗”）→⑤表示持续时间较短的动作行为的及物动词，标记前置受事（如“进攻”）。第⑤种情况实际上是第④种情况的特例，但是为了更细致地观察“展开”分布情况的变化，我们单独列出第⑤类以更好地显示“展开”语义关涉对象的引申情况。我们检索了国家语委现代汉语语料库，其中包含“展开”的例句共639条，经人工逐句甄别，有效例句数为632例。“展开”的5种语义关涉对象使用频率情况如表5-1所示：

表5-1　“展开”不同语义关涉对象使用频率统计（共632个用例）

<table>
<tr><td>类型</td><td>①</td><td>②</td><td>③</td><td colspan="2">④</td></tr>
<tr><td rowspan="3">数量</td><td rowspan="3">72</td><td rowspan="3">172</td><td rowspan="3">112</td><td colspan="2">276</td></tr>
<tr><td>其他</td><td>⑤</td></tr>
<tr><td>251</td><td>25</td></tr>
<tr><td rowspan="2">所占比例</td><td rowspan="2">11.39%</td><td rowspan="2">27.22%</td><td rowspan="2">17.72%</td><td>39.72%</td><td>3.95%</td></tr>
<tr><td colspan="2">43.67%</td></tr>
</table>

由上表可见，“展开”带动词宾语数量较多，频率较高，基本上与带名词宾语的情况持平。

《现代汉语词典》（第 7 版）中“展开”的义项①“张开，铺开”，给出的例子是“～画卷”，是指称具体实物的名词，对应上述语义关涉对象①；义项②“大规模地进行”，给出的两个例子是“～竞赛，～辩论”，都是动词，且一个是不及物动词，一个是及物动词，大致可以对应上述语义关涉对象④和⑤。语义关涉对象②和③反映了两个义项典型用法之间的过渡状态，虽然在《现代汉语词典》（第 7 版）举例中没有体现出来，却对于建立两个义项之间的语义关联、揭示从义项①发展到义项②的过程及原因都具有重要意义。

（二）“展开”与“进行”的关系

根据表 5-1，“展开”最主要的语义关涉对象是动词，并且可以带双音节及物动词为宾语，当以双音节及物动词为宾语时，双音节及物动词的受事须前置，这符合朱德熙先生所说的形式动词标记前置受事的句法特征。据此，我们认为“展开”具备形式动词的属性。

《现代汉语词典》（第 7 版）对“展开”义项②的释义是“大规模地进行”，由此可见“展开”和“进行”存在很强的共性，都可以表示事件的进程。杨虹（2009：11）认为“展开”的意义较为具体，所以不应看作形式动词。我们不赞同这一观点。立足语言事实，“展开”和“进行”之间的差异是否在于规模大小，似值得商榷。例如：

（16）苏俄政府对中国移民展开了大规模的镇压。

（17）在教师提出问题后，师生之间可通过电子白板针对某一问题展开讨论。

例（16）“展开＋V”确实是表示规模较大的事件，但是例（17）中的“讨论”的规模是大还是小并不明显，而且可以说一般不大，因此只能说“展开＋V”确实可以表示规模较大事件，但显然不是绝对的，倒是“开展＋V”在这方面有较为明显的倾向，一般表示大规模的事件。另外，“进行＋V”也可以表示大规模的人类活动，比如：

（18）帝国主义列强强迫清政府签订了一系列不平等条约，对中国的财富进行了大规模的疯狂掠夺。

“展开”和“进行”的相似性还表现为在语料中二者经常连续使用，例如：

(19) 古代博戏常和动物斗赛结合，社交游乐节日大多数都不是孤立或单独进行的，它们常常配合社会生活、信仰习俗以及游艺民俗展开的。

(20) 同时，也使得他敢于跟买办宗贻春进行坚决的斗争，宗贻春要张伯韩屈服于日本资本的统治，把“大光明染织厂”的招牌卖出来，他不但不依，还跟他展开斗争。

(21) 美国对东欧“经互会”国家的市场展开全面进攻，1973年输出商品达6亿多美元，比1972年增加1.2倍，尤其是对波兰和捷克进行重点突破。

例（19）中“进行”和“展开”都是充当句子的谓语核心词，所叙述的对象相同，是名词性成分，它们在句中都不是形式动词，而是普通动词。例（20）至（21）中的“展开”和“进行”都是形式动词，且例（20）中“展开”和“开展”的语义关涉对象一致，都是“斗争”。可见，不论是作为普通动词还是作为形式动词，“展开”和“进行”都有值得注意的共性。

我们认为，“展开”分布在形式动词的句法位置时语义虚化，基本上和“进行”一致，二者的语义关系非常密切，往往可以相互替换，并且替换后不会导致句子的基本意思发生变化。所以，它们的主要区别不是所表示事件规模大小不同，在这一点上《现代汉语词典》对“展开”的释义尚嫌不够准确。“展开”和“进行”在表示事件的进展状态方面有细微区别：“进行”表示事件的持续，而“展开”表示事件开始并进一步发展。

(22) 战役于1939年12月8日开始，游击部队向邯长大道全线展开破袭，到13日，先后进行大小战斗73次，给日军以很大消耗。

“展开”和“进行”虽然共性明显，但是在表意方面仍存在区别，例（22）中“展开破袭”表示“破袭”开始并进一步发展，而“进行战斗”则表示“战斗”在某一时段内的持续。关于“展开”的这一语义特征，我们在下文还将讨论。

三、“开展”的入句表现及与“展开”的比较

（一）“开展”语义关涉对象的类型

“开展”的语义关涉对象主要对应于“展开”的③、④两类，且以

第③类为主，即以“活动”“运动”“工作”等地道的名词为中心语（最常见的是宾语，也可以是主语）。根据对国家语委现代汉语语料库的统计，“开展”以这些词语作为宾语中心语的情况共 1124 例，占“开展”用例总数的 87%。比如：

(23) 政府正在坚定不移地大规模开展反腐倡廉的工作，这一决策受到人民群众的热情拥护。

(24) 广泛、深入地开展助残活动，使广大残疾人群众享受到政府的关爱，这是“以人为本”执政理念的体现。

“开展”的宾语是动词或者以动词为宾语中心语的情况共 169 例，占“开展”用例总数的 13%。

为了避免某一个语料库的局限性，我们又检索了 CCL 语料库。检索结果表明，“开展”也可以分布在“对＋NP＋开展＋$V_{双音节}$”的结构中。例如：

(25) 新中国成立前夕，西北军区紧锣密鼓地召开了一系列会议，严密部署剿匪行动，然后各分区部队对各地股匪开展清剿。

(26) 35 个单位近千名科技人员对 10 个专题 68 项课题开展了研究。

在例（25—26）中，“开展”的宾语是双音节及物动词，且及物动词的受事由介词“对”引导前置，与形式动词的句法表现一致。不过，我们不认为这样的“开展”属于形式动词，主要理由如下。

第一，“开展”的这类用例数量较少，当是由于和“展开”词形、意义接近而产生的一种“干扰”。

第二，上文曾指出“开展”的宾语往往是以“运动、活动、工作”等名词为中心语，在实际的语言使用中这些中心语有时会脱落，就形成了以双音节及物动词为宾语的情况。比如例（27—28）中“开展”宾语的中心语“工作”一词如果删略，就会造成“开展”带双音节及物动词为宾语的情况。

(27) 有媒体报道，政府将首先对三种产品开展认证工作。

(28) 为给制订南水北调工程文物保护规划提供准确的基础性资料，文物部门对已发现文物点开展复核、勘探和试掘工作。

例（25）和（26）中“开展”的双音节及物动词宾语之后都可以较为自由地添加如“运动”“工作”这样的名词性成分作中心语，以例（25）为例：

(25') 新中国成立前夕，西北军区紧锣密鼓地召开了一系列会议，严密部署剿匪行动，然后各分区部队对各地股匪开展清剿运动。

"开展"以双音节动词作为宾语往往有对应的以名词作为中心语的形式，比如以下两组例句：

(29) a. 现在各地都在开展检查、整顿，已经初见成效。

b. 祸国殃民的"四人帮"垮台后，厂里开展整顿工作，号召人人关心企业管理，遵守规章制度。

(30) a. 我国广大农民群众、园林职工和植保科技人员，认真贯彻"预防为主，综合防治"的植保方针，各地都出现了不少开展综合防治的典型。

b. 对于多食性的害虫，必须了解寄主范围，以便进行全面地或有计划地在一些植物上开展防治工作。

这说明"开展"的用法集中在以名词为宾语或宾语中心语，对应于"展开"用法的第三种情况。"开展"可以双音节动词为宾语，即具备"展开"的第四种用法，但这不是它的主要用法。而当"展开"带双音节及物动词宾语的时候一般不允许再添加名词性成分，这证明"开展"更倾向于带名词性成分作宾语。

第三，形式动词的语义虚化，但"开展"的意义相对较为具体。这一点突出表现在当"开展"和"展开"携带相同的动词作宾语时语义限制条件的多寡上。"开展"对动作行为类型、动作主体及动作对象都有一些要求，而"展开"则没有，这是我们接下来要探讨的问题。

（二）"开展＋V"和"展开＋V"的比较

"开展"和"展开"的宾语都可以是双音节动词。比如：

(31) a. 市场调节有利于开展竞争，调动企业的积极性。

b. 利用市场促使企业之间展开竞争，调动企业的积极性。

(32) a. 党内要开展批评和自我批评，要反对自由主义，这是我党我军的优良传统，在当前反腐倡廉的新形势下，一定要继续发扬光大。

b. 所有队员都认为由于他俩违反了纪律，导致全队失去了评先进的机会，因此在会上大家对他俩展开批评。

可见，当携带相同的宾语动词时，"开展＋V"和"展开＋V"意思基本一致，但是它们在意义上的区别也是客观存在的。“展开”在以双音节动词为宾语时表示事件的进程，即双音节动词所表示的事件开始并进一步发展。“开展”有发动之意，“发动”的施事一般是有发动权力的组织机构或组织机构的代表，而其对象则是一个群体。《现代汉语词典》对“开展”义项①的释义是“使从小向大发展，使展开”，也是反映了发动的意思。所以“开展＋V”所描述的事件一般规模比较大，而且经常关联着一个处所范围，强调在某一处所范围内逐步推广，“展开”没有这样的意思。比如例（32a）出自中央军委原副主席刘华清同志的讲话，他号召在党内开展批评和自我批评，范围是明确的，并且包含着使规模在此范围内逐步扩大的意思，“批评”的施事和对象并不是具体的个体。例（32b）中批评的施事和对象都是具体的，规模小，强调的是“批评”开始并趋于深入。与此相应，“开展＋V”和“展开＋V”的时间规模也有所不同，“开展＋V”往往表示持续时间较长的复杂事件，“展开＋V”表示的动作行为持续时间可长可短，但更倾向于较短甚至是瞬间完成。如例（32a）“开展批评”中的“批评”是规模大、持续时间长的集体活动；例（32b）“展开批评”中的“批评”随着分队会的结束而完成，持续时间短，时间范围比较具体。这也是为什么“开展”主要以名词性成分和名动词作宾语，而“展开”则主要以动词为宾语，因为名词是对规模较大的复杂事件的编码，而动词则是对持续时间短、动作性强的过程的编码。这种差异反映了“开展”和“展开”与相同宾语结合之后表义倾向的不同。由于存在这样的差异，“开展”不能像“展开”一样分布在形式动词的句法位置，没有标记前置受事的作用。一些表示持续时间较短的动作行为的双音节动词能够充当“展开”的宾语，但是不能作“开展”的宾语。比如：

（33）这场比赛刚一开始，上海申花足球队就踢得非常积极，不断制造机会，并迅速对鹿岛鹿角队展开进攻。

例（33）中的“进攻”指的是足球比赛中一方组织的一次攻势，持续时间短，所以此例中的“展开”不适合用“开展”替换，在语料库中也没有发现“开展进攻”的用例。同一个动词，作“展开”和“开展”的宾语，时间、空间方面的规模存在差异。例如：

（34）a. 给被试一个问题，要求他们在一个小时以内完成，并允许他们展开讨论以解决这个问题。

b. 令人感到欣慰的是，目前北京市政府已经研究起草了北京养犬管理方面的法规草案，将在社会上广泛开展讨论。

(34a) 中“讨论”的持续时间短，参与者少，(34b) 中“讨论”持续时间较长，参与者多。这体现了“开展＋V”和“展开＋V”的差异。

（三）“开展”的其他语法特征

“开展”还有一些语法特征是“展开”所不具备的。“开展”可以带动宾结构的短语作宾语，“展开”不能。比如：

(35) 至于森林资源综合利用方面更是微乎其微，目前，只有少数社队开展人工培育木耳、香菇、松茯苓。

(36) 目前，我国沿海港湾已经开展人工养殖对虾，养殖的面积越来越大。

“开展”可以带补语，“展开”不能。例如：

(37) 除乡与乡之间的协作外，村与村之间的协作也在新绛县乡村普遍开展起来。

(38) 他俩又买来一些专业书籍进行学习，并在队内比赛中充当裁判，使单位的体育活动开展得热热闹闹。

可见，“开展”是个普通动词，而“展开”既有普通动词的意义和用法，也有虚化倾向，并逐渐产生了形式动词的用法。

四、小结

索绪尔（1980：128）指出，语言要素的价值主要表现为与其他语言要素的对立。一般来说，只有通过对比一组意义相近的词才能说明每个词在语言系统中的价值。“展开”和“开展”从词形到词义都较为接近，本节着重分析了它们的区别。二者在现代汉语共时层面存在一些值得注意的差异，主要表现为：“展开”的用法相对复杂，其语义关涉对象大致可以分为 5 种主要类型，而且能够分布在形式动词的分布框架中，具备了形式动词的属性，是非典型形式动词。“开展”主要有两种语义关涉对象，且没有形式动词的用法。虽然两者都能以动词为宾语，但是“开展”的动词宾语一般是表示持续时间较长的大规模集体活动，语义限制较大，而“展开”的动词宾语既可以表集体活动，也可以表示个体行为，持续时间可长可短且倾向于短。

第二节　“感到”和“觉得”“表示”的对比

一、“感到”和“觉得”的共性和差异

《现代汉语词典》（第7版）收录了“感到”一词，解释为“觉得”，足见二者词义之近。我们在第四章指出的形式动词包括“感到”但不包括“觉得”，所以有必要对它们的区别进行分析。“感到”和“觉得”都是谓宾动词，它们的宾语可以是句群、复句、小句、谓词短语、谓词。

（39）a. 我们深深地感到，虽然民主革命已经推翻了蒋家王朝的腐朽统治，但是几千年的封建意识，仍然在传宗接代。（宾语为复句）

b. 他回顾着，检讨着，觉得自己并无疏忽的地方。（宾语为小句）

（40）a. 凡是在延安工作学习过的同志都怀念延安，回忆延安时期的成就，想到其中有自己的一份，无不感到无限的光荣和自豪。（宾语为谓词词组）

b. 当年凡出过力、流过汗的人们，现今回想起来，总还觉得十分欣慰。（宾语为谓词词组）

不同的是“感到”能够带双音节及物动词作宾语，并且双音节及物动词不能再带宾语，其受事只能置于“感到”之前。例如：

（41）他们二人对中国民航局的班机被非法劫持感到严重的关切。

（42）他对这名精灵女子源源不断的精力、勇气和她的箭术感到佩服。

（43）戈里亚说，他对他在访华期间同中国有关方面领导人的会见和会谈感到满意。

以上例句中的“感到”都起到了标记前置受事的作用，可以通过删略“感到”及其他成分而使“感到”的宾语动词充当整个句子的谓语中心。以例（41）为例，可以变换为：

（41’）他们二人严重的关切中国民航局的班机被非法劫持。

例（41—43）中的“感到”都不宜替换为“觉得”。有些是若将“感到”替换为“觉得”则会导致句子很难接受。有些情况虽然可以替

换为“觉得”，但是替换后表达效果会发生改变。“觉得”的口语色彩较浓，“感到”则是书面语色彩较浓，语体特征的差异导致了二者语法功能的分化。又如：

（44）公诉人出示了大量证据，多数被告人当庭认罪、悔罪，对自己的行为感到后悔，对被害人及其家属表示歉意，恳请法庭从轻处罚。

例（44）中的“感到”若替换为“觉得”则显得不够严肃、庄重。

有些情况下，“觉得”从表面形式上看也是分布在“对＋$NP_{受}$＋____＋$V_{双/及}$”的结构槽中，但实际上仔细分析并非如此。例如：

（45）好多外地新娘更对台湾“拜拜（祭祀）时竟找来脱衣舞娘”觉得无法理解。

（46）他对这件“小事情”丝毫不觉得厌倦。

如例（45）中“觉得”的宾语“无法理解”的受事成分由介词“对”引导前置，例（46）中“觉得”的宾语“厌倦”的受事也由介词“对”引导置于“觉得”之前。但是这还不足以证明“觉得”具备了标记前置受事的功能。因为这些受事成分可以较为自由地移回双音节及物动词之后。

（45’）好多外地新娘觉得无法理解台湾“拜拜（祭祀）时竟找来脱衣舞娘”。

（46’）他丝毫不觉得厌倦这件“小事情”。

而形式动词会剥夺充当其宾语的动词的带宾能力，因此“觉得”不能看作形式动词。再来看“感到”，以（47）为例，若将句中“厌倦”的受事移到其宾语的位置，即例（47’），可接受程度不高。

（47）虽然该国的国家机器仍在正常运转，但老百姓对旷日持久的政治纷争显然已经感到厌倦。

（47’）？但老百姓已经感到厌倦旷日持久的政治纷争。

“感到”和“加以”在语料库中有连用的用例，例如：

（48）他要求苏联对美国总统的这个声明“感到满意而加以接受”。

二、“感到”和“表示”的对比

“表示”和“感到”都属于表态类形式动词，可以充当它们宾语的动词在范围上存在交叉，如“满意、担忧、厌倦”等既可以作“表示”

的宾语，也可以作“感到”的宾语。

(49) a. 对于这次谈判的结果，双方均表示基本感到满意。

b. 中方对两国关系的发展表示满意。

(50) a. 一些老资格的政界人士对双方预算之争的后果感到担忧。

b. 食品专家称“勾兑醋”不伤身，民众表示担忧。

(51) a. 再次是借故推脱，2000 年 2 月，法官表示对检查银行交易账目“感到厌倦”。

b. 有时候，客人待的时间很长，可爷爷从来不对客人表示厌倦。

我们将“表示”归为外向表态类形式动词，将“感到”单独列为内向表态类形式动词。之所以分为两个小类，原因在于它们的表达功效有所不同。“感到 VP”一般只关涉句内主语，主要是陈述主语所指称对象的主观态度，如例（51a）中“感到厌倦”陈述的是句子的主语“法官”自身的情绪，“表示 VP”则主要是用来向外界表明立场，如例（51b）中“表示厌倦”陈述的是针对“客人”的态度。

第三节 出现类形式动词

一、出现类形式动词的总体特征

出现类形式动词是存现类形式动词中表“出现”义的小类，包括“产生”以及三个“V 成”类形式动词“造成”“形成”和“构成”。它们意义相似，在词典中常常互为解释，如《现代汉语词典》（第 7 版）对“构成”的解释是“形成，造成”。这四个动词都可以分布在形式动词的句法位置，标记前置受事，而且往往可以相互替换而不致引起基本意思的变化。例如：

(52) 他认为美国在侵略古巴失败后，他们的官方人物还在公开地对古巴人民进行威胁。

(53) 中国威胁论是不成立的，不符合客观事实，中国的发展壮大不会对邻国和其他国家构成威胁。

(54) 中国的和平发展不会对别国包括对日本形成威胁。

(55) 公报强调……它对任何邻国不会产生威胁。

(56) 巴颂表示："泰国……无意给任何国家尤其是邻国造成威胁。"

我们在前文中已经指出过，不同的形式动词若携带相同的动词作宾语，则一般会凸显这一动词的不同义面。例（52—56）中"进行、产生、造成、构成、形成"都是以"威胁"作宾语，这证明了它们句法表现上的共性。但是这些形式动词与"威胁"组合之后的整体意义有所不同，"进行威胁"凸显的是"威胁"作为过程的义面，而"构成/形成/造成/产生＋威胁"则是凸显"威胁"作为结果的义面。

一般来说，出现义存现类形式动词后面跟的是动态助词"了"，不过我们发现"构成、造成、产生"也可以带动态助词"着"，"构成、造成"带动词"着"的用例数量很少，我们在BCC语料库中各发现1例，"产生着VP"的用例数量相对较多。例如：

(57) 到7月4日前后，一种兽类传染性病毒仍对成千英国海豹生命构成着威胁。

(58) 工业生产产生的诸多废料，对环保造成着巨大的威胁。

(59) 在距离城区15分钟车程的一座小镇里，诞生了诺基亚公司，时至今日仍对世界信息通信发展产生着影响。

"产生、构成、形成、造成"都表示一个结果的出现，因此后跟动态助词"了"是正常的，数量也会较多，语料也证明了这一点。体标记"着"表示动作行为的持续，与以上4个形式动词的情态类型有冲突，合乎逻辑的结果应该是表出现的存现类形式动词不能带"着"，但是语料中却存在这样的用例，虽然总的数量较少。我们认为这证明了出现义存现类形式动词在语义层面的虚化，或者说，作出现类形式动词时，"产生、构成、形成、造成"自身词汇义不再明显，而是有所虚化。

"产生、构成、形成、造成"都是既有普通动词的用法，又有形式动词的用法。作为普通动词，它们都可以携带名词性成分作宾语。其中"造成"可以带小句甚至句群作宾语，如例（60），"产生、构成、形成"一般不可以。

(60) 其结果也便不可避免地造成了投机商人囤积居奇、卖空买空，进而放弃人民民主政权，甚至使国营经济、政府部门，都被利用来作为奸商及坏分子达到他们自己的另一种繁荣。

"产生、构成、形成、造成"作形式动词时，它们的宾语范围存在交集，一些动词如"损害、干扰、威胁、阻碍"等可以充当这4个形式动词的宾语。总体来说，表示出现类形式动词之后的宾语倾向于是具有消极意义的，“造成”在这一方面表现得尤为明显，它的宾语动词只能是表示消极意义的。

二、“产生”的语法特征

形式动词“产生”的宾语可以是表示心理活动的动词，如“怀疑、厌倦、担忧、曲解、厌恶、憎恨、怨恨、忌恨、敌视、排斥”等，这是“构成、形成、造成”所不具备的用法。例如：

(61) 印度这样接近西方……当然会使人对印度一贯主张的所谓“不结盟政策”产生怀疑。

(62) 家长施加过大的压力，反而会使孩子对学习产生厌倦。

(63) 如果拉吉下台，就意味着五星运动党执政失败，势必令意大利民众对该党的执政能力产生担忧。

(64) 于是贾某对该村村支书何某产生怨恨，然后预谋对何某实施报复。

这些表示心理活动的动词大多是消极意义的，少数积极意义的动词如“敬畏、热爱、敬慕”也可以充当“产生”的宾语。

(65) 当下很多青少年存在较为严重的心理问题，应当通过教育使他们懂得生命的珍贵，对生命产生敬畏。

(66) 墨西哥城的一情一景使人们对它光辉的过去产生敬慕。

在语篇中，“产生”和“进行”还可以连续使用，陈述某一共同对象，形成一种平行的结构，这从侧面证明“产生”的形式动词属性。例如：

(67) 没想到张某对王某产生忌恨，并对王某进行栽赃诬陷，差点酿成悲剧。

三、“形成”的语法特征

《现代汉语词典》（第7版）对“形成”释义时体现了其“渐成性”的特征：事物的形成一般是需要一个过程的，而非一蹴而就的。受“形成”自身意义的影响，“形成+$V_{双/及}$”整体往往表示对某一事态发展趋势的评估或预测，也就是说$V_{双/及}$所表征的事件往往尚未成为事实，而是一种可能的情况。正因为如此，形式动词“形成”入句后句中往往有“会、要、能”等成分伴随出现。例如：

（68）专家建议，遏止“官员失信”，要健全法律规定，司法机关也要拿出执法刚性，对“官员失信”形成震慑。

（69）主管部门缺乏对下属机构和代理单位的日常监督和检查……这有可能会对中国证券业形成致命的打击。

（70）市场监管者只有保持学习的状态，才能对变化多端的操纵行为形成遏制。

（71）有专家指出，此举意在对企图迈出解禁集体自卫权步伐的安倍形成牵制。

例（71）中“意在”表示意图，也是叙述将然的事态。有些句子虽然没有出现“会、要、能”等情态动词，但是完全可以在介词“对”之前添加“会”或者“能”，而且与原句句义基本一致。

没有发生也是尚未成为事实，因此“形成”的前置成分也包括否定词“没有”或“未”等。例如：

（72）某文化公司的领导说，由于他们公司以承接商演为主，并未对“政府饭”形成依赖，公司效益反而一直不错。

“产生、构成”的宾语动词一般是表征抽象的行为，但充当“形成”宾语的动词可以是表征具体的动作行为的。例如：

（73）冬季积雪量大，春季融雪径流对解冻的黑土形成冲刷。

特别是如果动词所表征的动作行为是经历一个过程而逐渐形成的，则可以充当“形成”的宾语而很难作“产生、构成、造成”的宾语。例如：

（74）印军向我中国哨兵威逼挑衅，并且在中国哨位附近构筑工事，架设机枪，对中国哨位形成包围。

（75）海上突击队在直升机的配合下紧追不舍，对歹徒形成合围。

例（74—75）中“形成”不能替换为“产生”“构成”和“造成”，因为“包围”“合围”一般是逐渐形成的。

“形成”的这一特点还可以通过与“产生”的对比得到凸显。它们同属于出现类形式动词，都是表示某一结果的出现，但是当它们以同一个动词作宾语时，整体意义是有所不同的。例如：

（76）医学研究表明，若长期且大剂量服用维他命C，还可使机体形成依赖。

（77）与客户合作一段时间以后，客户会对你产生依赖。

例（76—77）中“形成”和“产生”的宾语都是“依赖”，且“依赖”都是作为一种结果，但是“形成依赖”更强调量的累积过程，量变和质变都得到了凸显，“产生依赖”则是专注于质变本身，不强调量变的过程。

“形成”一般不能带表示心理活动的动词作宾语，我们在北京语言大学BCC语料库仅发现1例，即：

（78）接下来，更重要的是让有关部门和开发商对地名文化形成敬畏。

形式动词“形成”的宾语大多是消极意义的，如“打击、打压、压制、遏制、阻碍、破坏、冲击、拖累、抑制”等，带表积极意义的动词作宾语的用例较少，我们在语料库发现的例句如下：

（79）要真正对技术工人形成激励，必须引起全社会及企业对技术工人的重视！

（80）他希望这次安理会高度一致的行动能够对安南终止叙利亚境内所有暴力的努力形成支持。

（81）中国的发展不仅不会对其他国家构成威胁，还将对其他国家的发展形成推动。

有些动词本身感情色彩是中性的，但是作“形成”的宾语之后，则整体产生了消极的意味，例如：

（82）小布什初任总统时，其身边聚集了为数不少的新保守主义者，醉心于遏制任何可能对美国形成挑战的大国。

显然，例（82）中“形成挑战”并不是积极意义的。

四、“构成”的语法特征

“构成”不具备“形成”凸显其宾语动词的“渐成性”特征的用法，除此之外“构成”和“形成”表现比较接近。“对＋$NP_{受}$＋构成＋$V_{双/及}$”和“对＋$NP_{受}$＋形成＋$V_{双/及}$”中动词和受事的关系比较间接，动词所表征的动作行为一般不直接作用于受事，或者作用力度较弱，而“对＋$NP_{受}$＋进行＋$V_{双/及}$”中动词和受事的关系较为直接，或者作用力度较强。例如：

（83）根据一些专家的分析，美国房地产数据走好，很有可能对金价构成压制。

（84）一些专家认为对人民币升值形成压制的因素较多。

（85）一小撮隐藏的阶级敌人利用各种手段对阿衣木汗进行压制和陷害。

动词“压制”的本义是“用压的方法制造”，这是一种较为具体的物理行为，例（83—85）中的“压制”都是在本义基础上的引申，意为“抑制”，这是一种较为抽象的行为。“构成”“形成”后的“压制”只能是表征抽象行为的用法，典型形式动词“进行”后的“压制”既可以是表征抽象行为的，也可以是表征具体动作行为的。例如：

（86）钢的加工过程一般是先将钢锭进行加热，然后送到轧钢机或锻锤机上进行压制。

“构成”相对于“产生”“形成”“造成”来说较为中性，其宾语动词既有积极意义的，也有消极意义的，而且数量比较均衡。“构成”以积极意义的动词为宾语的用例如下：

（87）尽管美国25日公布的经济数据令人鼓舞，但却未能对美元汇价构成支持。

（88）它，既会对我们的写作构成滋养，也会对我们的人生和智识构成滋养。

（89）因为国防建设与经济社会发展相互推动，所以军民融合发展战略能对发展和安全构成支撑。

（90）我认为，更新的大旅游资源观应该是：凡对游客构成吸引的都是旅游资源。

“构成”以消极意义的动词为宾语的用例如下：

（91）不论是全世界，还是一个国家或地区，其发展都应该既能满足当代人的需要，又不对其后代构成危害。

（92）日本右倾保守思潮反扑，对日本国家发展方向构成扭曲。

（93）如今瑞典高校也面临着不能对男性构成歧视的压力。

五、“造成”的语法特征

形式动词“造成”较为突出的特征是其宾语动词一般是消极意义的，我们没有发现“造成”带积极意义的动词作宾语的用例。“造成”的宾语动词既可以是表示抽象行为的，也可以是表示具体动作行为的。例如：

（94）这种恐婚心理有时不止于婚前，甚至在婚姻的早期阶段，仍然给一些人造成困扰。

(95) 针对网上恐怖宣传活动所采取的措施不会对广大网络使用者的权利造成侵害。

(96) 市面上的糨糊最好不用，因为其化学成分可能会对书造成破坏。

(97) 从上世纪 70 年代开始，北京下雪都用盐化雪，对路面和桥墩造成腐蚀。

如例（94—97）所示，形式动词“造成”的宾语动词均是表示消极意味的。

六、小结

总之，“产生、构成、形成、造成”都具备形式动词的用法，而且它们的宾语范围存在交叉，有些情况下可以相互替换而不改变基本意思。在语篇中，它们也经常连用，构成平行结构。例如：

(98) 按照我国有关法律的规定还需要认定相应的损害后果，即认定该转移对已经建立的国内产业造成损害或者产生损害威胁，或者对建立国内产业造成阻碍。

(99) 电力公司实施的轮流停电不但会对个人消费及公司业绩造成影响，还将对银行及通信行业构成打击。

受自身词义的影响，它们在对宾语的选择限制方面存在差异。这些差异如表 5-2 所示：

表 5-2　出现类形式动词带宾情况差异

	凸显宾语“结果”义面	凸显宾语的“渐成性”特征	宾语动词表征抽象行为	宾语动词表征具体动作行为	宾语动词为积极意义	宾语动词为消极意义
产生	+	－	+	－	+	+
构成	+	－	+	－	+	+
形成	+	+	+	+	+	+
造成	+	－	+	+	－	+

第四节　“发动”和“发起”

《现代汉语词典》（第 7 版）对“发动”一词给出了三个义项，第一个义项是“使开始”，如“发动战争”“发动新攻势”，“发动”形式动词的用法正是从这个义项引申出来的。词典对“发起”的解释有两个义项，和它的形式动词用法相关的是第二个义项：发动（战役、进攻等）。从词典释义可以看出，“发动”和“发起”意义接近，可以互为解释。目前尚未有其他研究者指出它们是形式动词，虽然它们的词汇义相比于“加以”“予以”等典型形式动词来说更为具体，但这不能成为否定它们形式动词属性的充足理由。我们在之前章节中分析过，典型形式动词如“进行”“给予”实际上并不是完全没有词汇义的，而且它们自身的词汇义影响了它们的入句表现。

“发动”和“发起”均可以在句中标记前置受事，且宾语范围存在交集：都可以携带表示战争、战斗的动词作宾语。例如：

（100）有消息说，他正在重新组织支持他的武装部队，准备向亚丁发动反攻。

（101）中朝两国人民部队对美国侵略军发动的“总攻势”发起反攻。

“发动”和“发起”使其宾语动词失去了赋格的能力，因此其受事成分只能前置。“发动”和“发起”的这种表现与典型形式动词的句法特征一致。

形式动词“发动”的宾语一般限于描写战争的动词，如“进攻、攻击、猛攻、空袭、袭击、突袭、炮轰、炮击、反攻、反击、侵略、入侵”等。

（102）以美国为首的多国联盟多次对“伊斯兰国”发动空袭，但未对其造成致命打击。

（103）美国军舰的访问是在土耳其正加紧准备对叙利亚发动侵略的时候进行的。

（104）利比亚知名将军宣布开战，向首都发动进攻，先下达了一道特殊命令。

（105）人民解放武装力量同时向刚刚开到育庙附近和亚征东面企图进行“扫荡”的敌人发动炮轰。

形式动词“发起”的宾语范围较“发动”大，可以是描写战争的动词，如“进攻、攻击、佯攻、反攻、猛攻”等，也可以是其他动词如“慰问、探询、抨击、挑战、冲击”等。例如：

（106）我们还派出了两股少数兵力，对敌两侧先发起佯攻。

(107) 游击队在诱敌深入到阿特加尔和尚凯地区后向敌军发起还击，击毁敌军坦克4辆和卡车1辆。

(108) 作者在行走间，在乘坐地铁前行时，思绪不断蔓延……对于生活终极意义发起探询。

(109) 各省、市协商委员会于"八一"前后对解放军、志愿军的伤病员与革命残废军人应发起慰问。

"发起"的宾语范围包括表征具体动作和抽象行为的动词，而"发动"的宾语范围较小，这说明"发起"的虚化程度较高。

第五节　形式动词"提供"

《现代汉语词典》(第7版) 对"提供"的解释是：供给（意见、资料、物资、条件等)。实际上，"提供"的宾语范围除了名词，还可以是动词。常作形式动词"提供"宾语的动词包括"帮助、支持、协助、保障、援助、指导、指引、刺激、服务、支援、保护、激励、保证、说明、反馈、导向、方便、阐明、解释、证明"等。这些动词所表征的动作行为对于它们的对象而言都是有利的。例如：

(110) 中国政府将继续全力为泰国普吉游船倾覆事故中的中国同胞及其家属提供协助。

(111) 中方将视老方需要继续提供力所能及的支持，帮助灾区人民克服困难、重建家园。

(112) 海啸灾区的受灾居民面临很多困难，望社会各界继续向灾民提供支援。

(113) 为了给这种认识提供解释，他提出了地质演化的激变论观点。

"提供"在例（110—113）中起到了标记前置受事的作用。如例（113）可以变换为：

(113') 为了解释这种认识，他提出了地质演化的激变论观点。

上述例句中"提供"的宾语中心语"协助、支持、保证"等动词所表征的行为对于所关涉的对象来说都是符合其需求的，或者说是有利的。有些动词单从其词义本身看不出是否对其受事有利还是有害，但是作"提供"的宾语则会凸显其有利的一面。例如：

(114) 由于电子游戏的特点是周期短、更新快，这就为连续不断地创造设计新游戏提供了刺激。

例（114）中的“提供刺激”对于“创造设计新游戏”来说是有利的。这一点和“给予、给以、予以”有所不同，“给予、给以、予以”所携带的宾语动词数量多，范围大，所表征的动作行为并不必然对其关涉对象有利。比如“批评、处分、惩罚”等动词可以充当“给予、给以、予以”的宾语，但不能充当“提供”的宾语。

需要指出的是，有些双音节及物动词虽然可以充当“提供”的宾语，但并不必然就说明“提供”是形式动词。例如：

（115）第三篇介绍了国外知名大公司的先进管理经验，以便为国有企业改革提供参考、借鉴。

（116）在开展活动的条件方面给学生提供咨询、帮助。

例（115—116）中“提供”的宾语动词“参考、借鉴、咨询”虽然是及物动词，但是例句中的“提供”并没有起到标记前置受事的作用。以例（116）为例，句中“给学生提供咨询”显然完全不同于“咨询学生”。因此，类似例（115—116）中的“提供”均不是形式动词。

“提供”作形式动词实际上是普通动词“提供”语法化的结果。普通动词“提供”以名词为宾语，既可以是表征具体实物的名词，也可以是表征抽象事物的名词。例如：

（117）农田为牲畜提供饲料，牲畜为农田提供粪肥。

（118）第二次世界大战后40多年的和平，为日本提供了发展经济的良好国际环境。

“提供”的事物不仅可以编码为名词，也可以编码为动词，相对而言，编码为动词是一种更为抽象的方式。

（119）文章要求美国政府与叙利亚反政府组织建立外交关系，向叙“自由军”提供武器、培训和情报。

（120）以色列正在寻求美国和西方国家对以色列安置犹太移民提供援助。

例（119）中“提供”的宾语是名词，指称的是比较具体的事物，例（120）中“提供”的宾语是动词，表义较为笼统。“提供”的宾语也可以是名词和动词构成的并列结构。例如：

（121）有关部门将大力推广这一活动，并继续提供支援、意见和协助。

有些情况下，“提供”宾语动词的与事不是有生命的，但是“提供”

与宾语动词整体所表征的动作行为仍然是对与事有利的，如下面两例：

（122）但预测的成功却对理论提供了高强度的支持。

（123）为了给这种认识提供解释，他提出了地质演化的激变论观点。

“提供”是非典型形式动词，所能携带的宾语动词数量较少，范围较小。

第六节　“表示”和“提出”

“表示”和“提出”都属于表态类形式动词，都可以用于表明态度，因此，在语段中二者常常共现。例如：

（124）中国政府已就这一问题再次向日本政府提出交涉，表示强烈抗议。

（125）古巴跳远选手佩德罗索对有人对他在意大利创造的男子跳远世界纪录提出怀疑表示不满。

上面的例句可以通过删略介词“对”和“表示”“提出”变换为：

（126）古巴跳远选手佩德罗索不满有人怀疑他在意大利创造的男子跳远世界纪录。

“表示”和“提出”在宾语的范围方面存在交集，如“怀疑、抗议、批评”这些动词都可以充当两个动词的宾语：

（127）a. 对此，美国昨天正式向日本提出抗议，要求日本予以澄清。

b. 以色列各反对党计划再次提出对拉宾政府的不信任案，以表示抗议。

（128）a. 法国各大媒体也不同程度地对美英军事行动提出批评，并对伊拉克人民的处境表示同情。

b. 美国总统布什对以色列的空袭行动表示批评。

我们认为，这些既可以作“表示”宾语又可以作“提出”宾语的动词具有两个方面的语义特征：一是这些动词所表征的动作一般借助言语行为来实施，二是这些动词也可以用来表明态度。在前文我们曾经指出，同一个动词充当不同形式动词宾语的情况下，形式动词会凸显这同一个动词的不同义面，这一观点同样适用于对“表示”和“提出”的分析。如例（128）所示，“表示”和“提出”的宾语都是“批评”，“提出批评”侧重于凸显“批评”作为言语行为的义面，结合例句来说，就是强调法国各大媒体针对美英军事行动发表的各种言论。“表示批评”则侧重于凸显“批评”作为一种态度的义面，就例（128b）来说，即强调布什总统对以色列的空袭行动所持有的不同意的态度。当然，实际情形往往是，“批评”既是发表了言论，同时也表明了态度，但是“表示”和“提出”可以分别凸显这两个方面，把原本糅合在一起的两部分拆开来分别强调。“抗议”“怀疑”都是既是一种态度，也是一种言语行为，因此它们既可以作“表示”的宾语，也可以作“提出”的宾语。形式动词“表示”和“提出”在携带宾语方面所呈现出的这种倾向性可以从它们选择宾语动词的情况看出来。“感谢、欢迎、反对、赞同、同意、支持、理解、满意、接受、拒绝、支持、同情”能作“表示”的宾语，但不能作“提出”的宾语，因为这些动词侧重于态度而不是言语行为，“表扬、批评、警告、挑战、询问、交涉”能作“提出”的宾语，不能作“表示”的宾语，因为这些动词主要侧重于言语行为，而不是态度。其中有些动词是比较容易判断的，比如“询问”，肯定是一种言语行为而不是态度，所以只会和“提出”搭配。例如：

（129）对此，张海金等代表向市农业局提出询问。

又如“交涉”，主要是通过言语进行协商，特别是在外交场合，因此它只能和“提出”搭配。

（130）中国政府已向美国提出严正交涉，表示强烈不满和坚决反对。

例（130）中的“表示”和“提出”不能相互替换，因为“交涉”是一种言语行为，“不满”和“反对”是一种态度。

有些动词单独看不容易判断是侧重于言语行为还是态度，但是在进入句子之后就比较明显，比如“挑战”，是倾向于实施言语行为还是仅是一种态度，并不容易判断。从对语料的观察来看，“提出”和“挑战”常常搭配使用，而“表示”以“挑战”为宾语只有1例：

（131）他敢于向冯特就一些关键的方法问题提出挑战。

（132）她有话要对他说，而且，她信里还有一种好像在向他表示挑战或是要挟的口气。

又如“指责”，既是一种言语行为，同时也可以视作一种态度。但是在语料库中，没有“表示”和“指责”搭配的用例，“提出”和“指责”搭配的用例则比较多。例如：

(133) 他同时对目前正在罢工的油轮船长和国营石油公司经理提出指责。

形式动词的宾语可以是两个或多个动词构成的并列结构，从理论上来说多个动词都可以单独作形式动词的宾语，不过在具体的使用过程中，有时候仅有紧跟形式动词的那个动词能够单独作形式动词的宾语，例如：

(134) 事后，中央有关部门致电，对这次周到细致的专机保障和警卫工作提出表扬和慰问。

例句中"提出"的宾语是两个动词"表扬"和"慰问"构成的并列结构，但是实际上只有"表扬"能单独作"提出"的宾语，"慰问"则不可以，我们在语料库中也没有找到"提出"和"慰问"搭配的用例。

"表示"能带形容词作宾语，"提出"不能。例如：

(135) 希沙姆已否认伊拉克政府对约旦在其里萨地区勘探石油一事提出警告。他对外界传播的这一消息表示惊讶。

(136) 英格兰队队员还一度以罢赛相要挟，最后球员作出让步，但仍对足总的做法提出强烈指责。

形式动词"表示"所在的句子主语可以是第一人称，比如国家主席习近平同志致人民日报创刊70周年的贺信中第一句话是：

(137) 值此人民日报创刊70周年之际，我代表党中央，向你们表示热烈的祝贺！

形式动词"提出"所在句子的主语则一般不能是第一人称。

第七节　形式动词"施加"

《现代汉语词典》(第7版) 对"施加"的解释是"给予（压力、影响等）"。"施加"和"给予"在意义上相近，"给予"可以带名词宾语和动词宾语，具有普通动词和形式动词的用法，"施加"同样如此。

(138) 英国和法国为了夺回苏伊士运河公司而向埃及施加了巨大压力和威胁，然后入侵了埃及。

上例中"施加"的宾语是名词短语和动词构成的并列结构，这体现了"施加"的普通动词和形式动词两种属性。

(139) 避孕药物供应必须经过政府有关部门的严格检查，并施加种种限制，禁止或限制人工流产，对妇女和多子女家庭给予多种形式的物质奖励。

(140) 伊朗和叙利亚政府对西德争取人质获释所作的努力给予了无保留的友好支持，对绑架人质者施加了影响。

“施加”还可以与典型形式动词“进行”“予以”等连续使用，并共同陈述某一对象。

(141) 为了对共产主义者施加凌辱和进行镇压，他们采取了更为卑鄙的办法。

(142) 当需要对国民经济结构进行较大的调整，就由国家对有关价格施加影响予以引导，达到使国民经济协调地发展的目的。

“施加”和“加以”词义相近，包含相同语素，但是“施加”宾语动词范围比“加以”小得多。特别是“终结动词”，一般只能作“加以”的宾语，但是不能作“施加”的宾语。例如：

(143) 各厂要立即进行安全大检查，对发现的隐患，要采取措施加以消除。

(144) 对前面谈到的农业中存在的问题，党中央、国务院十分重视，正在采取措施加以解决。

(145) 类似的这种扰乱社会秩序不文明行为，各级政府应当责成相关部门依法加以制止。

齐沪扬（2012）指出动词有四种情状类型：静态动词、持续动词、瞬间动词、终结动词。对于“终结动词”，齐先生指出，它们本身在意义上包含终结点，一般表现为动补式结构的复合词。上面例句中的“消除、解决、制止”，还有类似的“提高、改善、增强、缩小、扩大”等动词都属于终结动词，自身包含终结点，或者说有结果义，这样的动词都不能充当“施加”的宾语。“施加”的宾语动词一般限于不包含终结点的持续动词，或者说具有［＋持续］、［－终结点］这样的语义特征。例如：

(146) 这个法令规定对反对佛朗哥政权的人施加严酷的惩罚。

(147) 据报道，在审讯前，佛朗哥政权对他们施加了严刑拷打。

(148) 这篇文章指出，苏联当局曾经对日本直接施加军事恫吓，威胁日本渔民的安全和生活。

(149) 历史上，部分国家曾在一定条件、一定时期内对幼稚产业施加保护。

常常充当“施加”宾语的动词包括“制裁、控制、限制、阻碍、干涉、保护、迫害、侵略、歧视、惩罚、威胁、阻挠”等，大多数具有消极意义。少数具有积极意义的动词也可以作“施加”的宾语，如例（149）。

第八节　“实行”“施行”和“实施”

一、三者的共性

《现代汉语词典》（第7版）对“实施”的解释是“实行（法令、政策等）”，而“施行”有两个义项，义项②是“按照某种方式或办法去做；实行”。《词典》用“实行”解释“实施”和“施行”，这说明了“施行”和“实施”意义相近。实际上，“施行”“实施”和“实行”的宾语都不限于名词，也可以是双音节及物动词。例如：

（150）对批评者实行打击、报复的恶劣行为，要及时发现，并给予严肃处理。

（151）某些官僚主义者仍然存在对批评者施行打击、报复的严重现象。

（152）刘某利用职权篡改统计数据，并对县统计局局长实施打击报复。

例句（150—152）说明，“实行、实施、施行”意义、用法相近，都有形式动词用法，有些情况可以相互替换且不导致句义变化。

二、“实行”的特征

“实行VP”和“实施VP”的施事一般是集体或者机构，这一点“实行”尤为明显，例（153—157）中“实行VP”的施事我们用下画线进行了标记。

（153）韩国企划预算委员会宣布，政府决定对第二批共55个子公司实行整顿。

（154）该处北京站公安段治安队，成立了专门的打击倒票小分队，与各车站值勤民警密切配合，对售票处、中转签字处、退票处等窗口实行控制。

（155）南非当局曾试图将曼德拉及其家人送入特兰斯凯“黑人

家园”实行软禁。

(156) 一个国家工作人员，如果在政治问题上实行欺骗，将受到严厉的惩罚。

(157) 陈伯台对有发展前途的“苗子”实行培养。

例（156）中“实行欺骗”的施事“一个国家工作人员”，表面上看是一个个体，但实际上是任指用法，意为“每一个国家工作人员”，所以不构成反例。例句（157）中“实行培养”的施事确实是个体，这个句子应该说和我们前面所概括的“实行”的使用特点有所冲突，但是却可以从语用层面得到解释。陈伯台时任湖北省仙桃市领导，可以说是仙桃市相关部门的代表，具有一定的权力，与严格意义上的个体是不同性质的。因此，概括地说，“实行 VP”的施事是集体、机构或机构的代表基本上是符合语言事实的。

“实行”的宾语动词可以是“扫射、轰炸、关闭、抵制、整理、转变、干涉、精简、控制、戒严、占领、关停、敲诈、镇压、歧视、赦免、冻结、培养”等。

三、“实施”的特征

如下面例（158—161）所示，“实施”的施事一般也是集体、机构或机构代表，我们用下画线进行了标记。

(158) 7 月 21 日，青岛边检站官兵在外籍货轮上对藏匿在货仓内的“偷渡嫌疑人”实施抓捕。

(159) 为了稳定这一块的治安，丰城市采取割“瘤子”的办法，实施严厉打击和防范。

(160) 许多企业正在不失时机地对“顽症”实施整治，而且很见成效。

(161) 报道称，美国制定了对朝作战计划，主要有三种方法，即借核问题和人权问题对朝鲜进行制裁并在其基础上实施打击、对朝鲜的“核疑惑设施”进行“外科手术式”的打击、持续制造紧张局势然后对朝鲜实施先行打击。

例（161）是较有启发的，“进行”和“实施”交叉使用，而且其宾语中心词都是“打击”，这充分证明了“实施”具备形式动词用法。

“实施”虽然也一般要求其施事是集体、机构或机构代表，但是这种要求不是强制性的，其施事也可以是个体。例如：

(162) 有关人员考虑以直升机或快艇运输的方式，将伤病员运至船上实施救助。

(163) 图为有关科技人员对牛肝马肺峡的“马肺”实施切割。

可以充当“实施”宾语的动词包括：激励、推广、转化、关闭、兼并、政治、合并、封存、保护、跟踪监视、干预、保障、严密布控、封禁、处罚、领导、全面截污、援助、侵害、威慑、侧打、侦查、炮击、围剿等。

四、“施行”的特征

“施行”使用频率较低，但所能携带的宾语动词范围较大，而且可与典型形式动词连续使用，共同陈述某一对象，其形式动词属性较为明显。例如：

(164) 有些人对批评者同样施行报复、甚至进行迫害。

(165) 因此，党组织决不能抓住一个同志孤立的、片断的错误，加以夸大，施行惩办。

(166) 游行者用石块和木棒向对他们施行弹压的警察进行回击。

在上面例句中，“施行”以双音节及物动词为宾语，起到了标记前置受事的作用。

“施行”的施事可以是个体，如例（167）所示，“施行更换”的施事是“宇航员”。“实行”和“实施”的施事以集体或者机构为主，例（167）中的“施行”替换为“实行”和“实施”则较难成立。从这个角度来说，“施行”相比于“实行”和“实施”虚化程度更高。

(167) 计划1993年由美国航天飞机带上太空，由宇航员施行更换。

又如：

(168) 张子龙始终严词拒绝，特务们就对他施行毒打。

上面例（168）中“施行毒打”也不宜替换为“实行”和“实施”，我们在语料库中也没有发现“实行毒打”“实施毒打”的用例。

可以充当“施行”宾语的动词包括：镇压、赈济、审批、报复、打击、迫害、收审、陷害、监视、欺压、攻击、扫射、诱骗、戒严、抢救、轰炸、扑救、打捞、贿赂、制裁、侮辱、检验、截击、猛攻、结扎、鞭打、逮捕、按摩、反攻、暗杀、注射、反击、救助、破坏、监禁、惩罚、殴打、资助、剥削、重奖、威胁、破坏、暗害、鞭笞、搜查。

第九节　形式动词“有”

现代汉语动词“有”使用频率很高，用法也比较复杂，对“有”字结构的研究成果也是比较多的。例如刘丹青（2011）认为现代汉语“有”字领有句具有表好（褒义）和表多（主观大量）的语义倾向。袁毓林（2009）等曾指出“有”具有形式动词的用法。

一、“有”的形式动词属性

“有”除了普通动词的用法，还可以带双音节及物动词为宾语，双音节及物动词的受事由介词引导前置。例如：

（169）我国生产的可口可乐系列产品对于我国的其他饮料产品会不会有威胁呢？

（170）过去制定的一些工商税法规……但在目前，却对社会主义企业实行经济核算和发展生产有了妨碍。

（171）一流的营销策略首先要对市场环境有正确、深入的了解。

（172）看来，人们对干涉主义已有警惕。

（173）是在那么早的时候，人们已经认识了北斗，并对它有了很认真的观测证明。

可见，“有”也可以在句中标记前置受事，与典型的形式动词具有共性。如例（169）可以通过删略“有”及介词并调整语序变换为：

（169’）我国生产的可口可乐系列产品会不会威胁我国的其他饮料产品呢？

例（173）中的“有”可以替换为“进行”。

（173’）是在那么早的时候，人们已经认识了北斗，并对它进行了很认真的观测证明。

二、“有＋VP”的整体意义

“有”的形式动词属性是其普通动词用法基础上的虚化，受自身词汇义的影响，当它作形式动词时和典型形式动词存在不同的作用。如

"有＋V"和"进行＋V"整体意义有所不同，这说明"有"和"进行"给予了动词不同的影响，凸显了动词不同的义面。例如：

(174) 在正式拍卖前，竞投人应在拍卖前对拍卖品的实际状况进行了解。

(175) 笔者就出生在那个乡，对那里的经济状况略有了解。

"进行了解"和"（略）有了解"整体意义不同，"进行"凸显"了解"动态进程的义面，"有"凸显了"了解"静态结果的义面。

值得注意的是，像"了解"这样的动词充当形式动词"有"或者"进行"的宾语时，在它之前可以添加修饰成分，且修饰成分并不完全相同，例如：

(176) 何连山是一等大臣何和理的儿子，对汉文有很深的了解，又会绘图。

如例（176）所示，"有很深的了解"是可以成立的，"进行很深的了解"则难以成立，类似的还有"一些、一定的、足够、第一手的、少许、(一) 点、较深的、确切的、相当"等，不能作"进行"宾语动词的修饰成分。而有些宾语动词的修饰性成分则不能出现在形式动词"有"之后，却可以出现在"进行"之后，特别是修饰性成分是时量短语，表示宾语动词所表征动作持续的时间。例如：

(177) 他们在酝酿到海外办公司前，对国际市场进行了一年多的了解。

例（177）中的"进行"显然无法用"有"替换。类似的还有"一次、实地、一番、仔细"等修饰性成分，它们不能置于"有"之后。如下面例（178）中"进行"的宾语动词"了解"受"仔细"修饰，"仔细"要求所修饰的成分是一个正在进行的进程，不是静止的状态，因此句中的"进行"不能替换为"有"。

(178) 跳槽前必须对未来的老板进行仔细了解。

也可以说，"仔细"要求叙述对象是一个过程而非结果，因此，与"有＋VP"中VP所凸显的义面是不和谐的，这导致"有仔细的VP"是不能成立的结构。这同样反映了"有＋VP"和"进行＋VP"的整体意义存在差别，"有"和"进行"对宾语动词的作用也不同。

再以动词"怀疑"为例，它可以作"进行"和"有"的宾语，但意义有所不同。例如：

(179) 但是，当他一旦走入到神秘主义之中后，便对科学理论进行怀疑。

(180) 凯恩斯对新古典经济学从理论、方法和政策上进行了怀疑、挑战和革命。

(181) 直到后来巴黎和会议决将德国在山东的权利转让给日本时，他在吃惊之余，对威尔逊有了怀疑。

(182) 毕玉麟虽觉对方态度十分客气，但心中总觉对方，对自己有着怀疑，而且这种怀疑，似乎颇含敌意。

例（179—182）中“怀疑”分别作“有”和“进行”的宾语，“有了/着怀疑”表示“怀疑”是一种结果，已经成为一种事实或者说状态，“进行怀疑”则表示“怀疑”是一个尚未完结、正在发展的过程。即使是“进行”之后带动态助词“了”，如例（180），仍然是凸显“怀疑”的进程，而不是结果，只不过添加动态助词“了”之后，表示这一进程已经结束。“有着怀疑”虽然内含动态助词“着”，但不表示“怀疑”本身作为一个过程的持续，而是表示“怀疑”作为一种结果或者说状态的持续。除了动态助词“了”“着”，“有”之后还可以带动态助词“过”。例如：

(183) 李嘉诚对中草药有过一次非常深刻的理解和认知。

(184) 日本对中国有过很大的侵害，我要努力去弥补我们先人的过错。

(185) 之后，诗人杜甫、白居易乃至古典名著《红楼梦》都对这区区小虫有过诸多的描述。

“有过 VP”表示 VP 所表征的动作是曾经存在的事实。不管“有”之后的动态助词是“着、了、过”中的哪一个，有的宾语动词都只能凸显作为结果的义面，动作进程的义面则被抑制。

形式动词“做/作出”同样是凸显动词作为结果的义面，例如：

(186) 推委们秉承对香港、对国家、对民族负责的责任感，认真对每一位候选人作出选择。

但“做/作出”强调施事的主观能动性，主动意味强，而“有”主动意味较弱，不强调施事的意志力，主要是客观叙述这一结果的产生。

实际上不少动词都包含这两个义面：一个义面是正在发展的过程，这一过程是不均质的，一般可以分为开始、强化、结束这样几个阶段；另一个义面是过程结束之后所造成的结果，不能再切分为几个次阶段，是对事件整体的概括。

三、“有+VP”中“有”的复杂化

与大部分形式动词是双音节词不同，“有”是单音节动词。但是“有+VP”中“有”一般不会直接和动词组合，而是会添加一些成分使自身复杂化。“有”之后所添加的比较常见的成分是，动态助词“了、着、过”或者助词“所”，其中“了、着、过”是后附于“有”的，“所”是前附于动词的。“所”虽然是附着在“有”的宾语动词之上，严格来说不能算作“有”复杂化的手段，但从韵律上来说，“所”却是和“有”构成一个韵律结构的。应该说“有所”有凝固化为前缀成分的倾向。此外，还可以在“有”之前添加单音节修饰成分，如“略、更、稍、多、很、颇、已、也、较、极、早、深”等。

（一）“有所VP”的用法

不少学者注意到了“有所”词汇化和语法化的问题。薛宏武（2009）讨论了“有所”的语法化问题，描写了“有所VP”重新分析的过程。王灿龙（2014）讨论了“有所X”和“无所X”不同的演变历程，并进行了解释。张谊生（2014）对“有所”的词汇化问题及其表达功能进行了分析，并指出了其语法功能的分化情况。我们将“有所”看作形式动词“有”的一种变体形式进行讨论。

“有所”的宾语包括多种性质的成分，可以是双音节不及物动词。例如：

（187）高水平的队将力争取得冠军的称号，所谓二、三流的队伍也都力图在保级的基础上有所进步。

（188）这几年物价有所上涨。

（189）到本世纪结束还有好几年时间，我们还来得及做些事情，应该有所作为。

“有所”之后一般只能是动词性成分而非名词性成分。如例（187）中的“作为”在《现代汉语词典》（第7版）中既有动词词性，又有名词词性，但明确指出“有所作为”中的“作为”是动词，表示“做出成绩”，“大有作为”中的“作为”是名词，表示“可以做的事”。

“有所”的宾语还可以是介于词和词组之间的结构。例如：

（190）简单地说，科学认识中的主观性和艺术认识中的主观性含义就有所不同。

“有所”的宾语是双音节及物动词时，起到了标记前置受事的作用，表现的是形式动词的属性。例如：

(191) 久而久之，毛夫人逐渐对她们亲近起来，不再有所戒备了。

(192) 虽然我们已经对 Tegra 3 有所了解，但它实际表现如何还无法知晓。

(193) 调查发现，人民法院审理赡养案件时，对老人精神方面的“赡养”有所忽视。

“有所 VP”中“有所”和 VP 之间往往没有其他成分，“有所”之后不能带动态助词，VP 之前也没有修饰性成分。这一点与“有了/着/过＋VP”的情况很不相同。“有所 VP”中“所”的表义作用不明显，不过“有所 VP”相比于“有 VP”多了一层程度低或者数量少的意味。如“有所了解”的意义是有一定了解，但是不多，“有所放缓”是说放缓的幅度并不很大，所以“有所 VP”有往小里说的意思。

从语法层次来说，“所”是附着于 VP 的，因此“有所了解”的结构切分应该是“有/所了解”，但是从韵律层面来说，“有所”结构凝固，已经成为一个韵律词。

（二）“有着 V”与“V 着”的变换关系

“有＋VP”中 VP 所表征的动作是可以持续的，因而形式动词“有”之后常带动态助词“着”。例如：

(194) a. 个人的态度、管理的方式、非正式组织的情绪、工人的满意度及团队的合作关系等对工作效率都有着重要的影响。

b. 不适应市场经济的传统观念，对监理制同样有着危害。

c. 高加林是一个很有才华的人，他对理想有着执著的追求。

(195) a. 57 岁的韩美林一生历经坎坷，对人心的险恶有着过多的了解，但他在待人接物中，一丝也没有那种世故、势利。

b. 即使对英国的国有化企业，人们对它的功过也还是有着客观的评价。

c. 邓小平建设有中国特色的社会主义理论，对此有着深刻的论述。

我们发现部分动词构成的“有着 V”结构可以变换为“V 着”，如例（194）中三个例句的变换式与原句意思基本一致，但例（195）则不可以，如：

(194b') 不适应市场经济的传统观念，同样危害着监理制。

(195b') 即使对英国的国有化企业，人们客观地评价着它的功过。

这两种情况通过下面的两组例句可以观察得更清楚。

(196) A：有着V≠V着　　　　B：有着V≈V着

有着（过多的）了解≠了解着　有着危害≈危害着

有着（客观的）评价≠评价着　有着影响≈影响着

有着（不同的）理解≠理解着　有着威胁≈威胁着

有着（不同的）解释≠解释着　有着（执着的）追求≈追求着

有着（深刻的）论述≠论述着　有着（公开的）控制≈控制着

A组动词和B组动词都能进入“有着V”的结构，而它们在“有着V”结构中都是对所表征过程作的整体扫描。但是，A组动词所能进行的变换B组动词却不能，这说明A组动词和B组动词仍然有值得探讨的差异。

我们认为，A组“危害、影响、威胁、追求、控制”等动词所表征的过程可以看作均质的，即这一过程的任一阶段都可以用此动词表示，这样的动词可以称为“同质动词”。“了解、评价、理解、解释、论述”等动词所表征的过程则不能看作是均质的，只有这一过程完成之后才可以用此动词表达，这样的动词可以称为“异质动词”。我们以“了解”和“控制”为例来说明这个问题。《现代汉语词典》（第7版）指出“了解”有两个义项，一是“知道得清楚”，二是“打听、调查”。只有第一个义项的“了解”能够进入“有着VP”格式。“了解着”中的“了解”则是指第二个义项，这个“了解”则只能作“进行、加以、予以”等形式动词的宾语。例如：

(197) 学生是否掌握了所讲授的知识，往往可以通过这些细节加以了解。

例（197）中“加以了解”是指“打听、调查”，而不是“知道得清楚”。另外“了解”作为一个过程不是均质的，只有当这一过程完成之后才可以称为“了解”。这仍是说明不同的形式动词对相同的宾语动词所起的作用不同，凸显的义面不同。

又如“控制”，《现代汉语词典》（第7版）也标了两个义项，一个是“掌握住不使任意活动或跃出范围，操纵”，这一义项反映的是“控制”的过程。还有一个义项是“使处于自己的占有、管理或影响之下”，这一义项实际上是“控制”这一动作的完成之后所造成的状态。因此，“有着控制”和“控制着”中的两个“控制”分别表征了动作的结果和进程，也对应了总括扫描和次第扫描两种认知方式。“控制”作为一个过程来说是均质的，这一进程的不同阶段都可以称为“控制”，而不是必须完成整个过程之后才能称为“控制”。

如果以“标记前置受事”作为判断标准，那么能够变换成“V着”的“有着＋V”结构中的“有”是更典型的形式动词，因为这样的“有着＋V”所在的句子可以较为容易地变换为不包含形式动词的SVO句。也就是说，“有”与同质动词的组合更能体现其形式动词的属性。

（三）“有了VP”

汉语中的一些作格性动词能够较为自由地充当“有”的宾语，例如：

（198）工业品成交的数量增长较大，销售的地区范围也有了扩大。

（199）采取这些措施之后，航行的安全设备也有了增设和改善。

（200）阿尔巴尼亚人民的生活水平也有了相当的提高。

（201）这些方法得以采用后，设计人员的工人阶级感情也有了加强。

如“扩大、改善、提高、加强”这样的动补结构的词都是作格性动词。这些动词的受事往往既可以作宾语，也可以充当整个句子的主语（包括兼语）。以“扩大”为例：

（202）a. 新兴技术的出现扩大了语言学的应用范围。

b. 新兴技术的出现使语言学的应用范围扩大了。

这样的动补结构的词从情状类型来说属于目标词项（完结动词），本身包含着一个完结点。因此这类动词不能进入“有着VP”格式，“有着扩大/加强/提高/改善”这样的说法是不成立的。而它们所构成的“有了VP”结构中的“有”可以删略。例如：

（203）这些方法得以采用后，设计人员的工人阶级感情也加强了（有了加强）。

“有”最基本的义项是表示“领有”，根据《现代汉语词典》（第7版）

中的示例，“有＋VP”这种情况中的“有”的释义应该是“表示发生或出现”，给出的例句是“形势有了新发展”以及“他在大家帮助下有了很大的进步”。从领属关系的标记到前置受事的标记，“有”的宾语从地道的名词过渡到及物动词，“有”的词义也随之虚化。这说明“有”经历了一个语法化的过程。

Jespersen（1924：Ⅵ，117）在讨论动词未经词形变化变为名词这一问题时，指出比较典型的、使用频率较高的就是动词 have 和其他轻动词后的宾语动词。例如“have a quiet smoke、have a delightful bathe”充当轻动词的宾语后，这些原本是动词的成分具有了名词性，Jespersen 称为“substantives derived from and identical in form with a verb”，它们前面可以较容易地添加修饰性成分。而这些 substantives 最普遍的意义是表示动作（action）或动作的一个实例（an isolated instance of the action）。英语中的 have 和汉语中的“有”都可以带动词作宾语，各自的词义有所虚化，且都不再表示领有，而是主要表示其宾语动词所表征的动作已经完成或者成为一个结果。不过 have 及其宾语的组合一般用于口语语体，而“有＋动词”的组合则更倾向于庄重、正式的场合。

第十节　“V 出”类形式动词的 4 个成员

一、“V 出”的研究现状

“V 出”类形式动词包括“做出/作出、给出、提出、发出”4 个非典型形式动词，由于它们都是动词性语素和表完成义的“出”结合而成的，所以称为“V 出”类。

对于“V 出”类形式动词，有三个问题需要说明。一是“做出”和“作出”书写形式不同，但是可以算作一个。刘勋宁（2001）曾指出，汉语中“做”和“作”在很多情况下是很难区分的，不同的人可能有不同的使用习惯。“做出”和“作出”也不容易区分清楚，我们的研究重点在于它们形式动词的属性，对于二者的关系暂时不予讨论。二是这四个“词”尚处在词汇化的过程中，除了“发出”已被《现代汉语词典》（第 7 版）收录，其他三个词《现代汉语词典》（第 7 版）都没有予以收录。这似乎反映了“发出”基本完成了词汇化，取得了词的地位，而其他几个词目前还被看作动补结构的短语，但我们认为“V出”词汇化的进程基本一致。“发出”虽被《现代汉语词典》收录，其中所立义项却不包括形式动词用法，本书将会论证，这些义项的“发出”词汇化程度其实不算很高，当它进入形式动词用法的框架，其词汇化才真正完成。至于“做出/作出、给出、提出”，虽未被《现代汉语词典》收录，但由于使用频率较高，结构相对凝固，特别是当它们在句中所起到的作用与形式动词“进行、加以、给以”等相似的情况下，结构凝固程度明显增强，其词汇和语法地位与“发出”实际上是一样的。三是“V出”类形式动词都不是典型的形式动词，它们的宾语主要还是普通名词或者小句，而不是双音节动词，形式动词用法是它们普通动词用法的派生。本书的主要任务就是通过论证指出它们与典型形式动词的共性，以及它们正在经历词汇化向形式动词靠拢的趋势。值得注意的是陈宁萍（1987）曾指出“作（做）出”是形式动词①，其分析很有见地。陈永莉（2003）梳理了关于形式动词范围的四种观点，并表示同意朱德熙（1985）确定的范围，指出“作出”不是形式动词，原因是“作出”是动补短语而非词。至于“发出、提出、给出”，还没有研究者讨论它们是否形式动词。

朱德熙先生（1985）准确地指出，当形式动词的宾语是双音节及物动词的时候，形式动词起到了标记前置受事的作用。我们认为这一概括可以作为判定形式动词的主要句法标准。我们用以判定形式动词的结构框架也反映了它的这一功能：“介词＋受事＋____＋双音节及物动词”②。形式动词应当能够分布在这样一个结构槽中。需要指出的是，结构框架中的双音节及物动词既可以单独作宾语，也可以作为中心语充当宾语。

另外，根据形式动词在语篇中的表现，我们归纳了一些判定形式动词的辅助标准：

①能够被典型的形式动词替换。

②可以与典型的形式动词结构连用，如构成并列关系或连动关系等。

---

① 在这篇文章中，陈宁萍使用的是“代动词”这个名称，我们在第一章第四节中也指出过。

② 形式动词的分布框架并不只是这样一个线性序列，有些限制条件是隐性的。我们在第三章中有所论述。

③所分布的句子是书面语体。

下面我们首先对“V出”类形式动词的入句表现逐一进行考察。

二、“V出”的形式动词用法

下面我们逐一介绍“做出、作出、给出、提出、发出”的形式动词用法。

“做出”分布在“介词+受事+____+双音节及物动词”这一结构槽的例句如：

(204) 在教育孩子的问题上，家长常常只对不好的结果做出惩罚，而不是对确定的过错行为做出处罚。

(205) 会议传达学习了中共中央负责同志在全国工商联六届四次执委会上的讲话，总结了市工商联一九九一年的工作并对今明两年的工作做出部署。

(206) 历史学界应该对过去一切似是而非的假问题进行重新批判并做出一番澄清。

“惩罚、处罚、部署、澄清”等都是及物动词，在“做出”之后失去了携带宾语的能力，所以它们的受事由介词“对”引导前置。以上例句中的“做出”都能被典型的形式动词“进行”所替换。

例（206）对我们的研究富有启发性，“进行重新批判”与“做出一番澄清”是并列关系，并且“批判”和“澄清”的受事同为介词“对”引导的成分，这符合朱德熙先生（1985）所提到的“形式动词具有标记前置受事的作用”这一观点，证明了“做出”具有和典型形式动词同样的句法功能，能够标记前置受事。

“作出”用为形式动词的例句如下：

(207) 各级政府应当因地制宜，根据当地具体情况，对师资、经费、校舍和设备作出统筹安排。

(208) 对于这种抓不住、摸不着的现象要作出说明，进行分析，确实很不容易。

(209) 也有人在讲到历史人物时，不同意运用马克思主义理论加以分析，作出评价。

例（208）中“作出”和“进行”连用，例（209）中“加以”和“作出”连用，证明“作出”在这种情况下具备了形式动词的句法属性。“作出”分布在这样的句法位置时不能拆开，结构凝固性很强，视作词是没有问题的。

“给出”作为形式动词的例句如下：

(210) 综观新秀们的表现，专家们对前述问题给出了肯定地回答。

(211) 首先对各个部门进行评估，最后再给出总的评估。

(212) 在发言中，张瑞敏第一次对几年来的质疑给出了回应。

例（210—212）中“给出”的宾语都是由双音节及物动词充当中心语的，该双音节及物动词的受事都由介词“对”引导前置。例句中的相关部分可以通过删略“给出”变换为（S）VO形式，如例（212）可变换为：

(212’) 在发言中，张瑞敏第一次回应了几年来的质疑。

变换之后基本句义并未发生变化，这反映了“给出”在这类句子中语义已虚化。另外，例（211）中“进行评估”与“给出总的评估”连用，“进行”和“给出”都以“评估”为宾语（中心语），这证明例句中“给出”的句法功能和“进行”是一致的。形式动词在语篇中常交替使用，下面例（213）包含了典型的形式动词“进行”与“V出”类形式动词“给出”和“作出”，其中“进行”和“给出”的宾语都是“评价”。

(213) 人们希望对结果进行评价，与某种给定的标准进行比较，进而对经济制度安排给出评价，并作出优劣的价值判断。

“提出”用作形式动词的例句如：

(214) 他们对陈旧的社会规范的合法性提出挑战，或至少对某些方面提出挑战。

(215) 虽然我们经济系统的基础有好几种模式，但大部分已经陈旧过时。更糟糕的是，我们对这些模式不曾提出质疑，或加以更换。

(216) 新华社报道对民政部传达室的工作作风提出批评，民政部闻过则喜，迅速采取措施加以整改。

例（214—216）中的“提出”都可以用“进行”替换，而且画线部分都可以删略“提出”后还原为SVO语序的结构。

例（215）和（216）中“提出”“加以”共现，佐证了“提出”的形式动词身份。

“发出”用作形式动词的例句如：

(217) 毛主席曾数次对“四人帮”进行批评，发出警告。

(218) 在未来的反恐斗争中，美国将会无视盟国的意见，任意对它怀疑的国家发出威胁。

(219) 他们总是用敏感的触觉和洞幽析微的判断就社会走势进行预警并发出呼吁，但大多数呼吁却常常湮灭在芜杂喧嚣之中。

例句中“进行”和“发出”构成的短语并置，陈述同一对象，证明它们句法功能一致。

可见，“做出、作出、给出、提出、发出”等具备标记前置受事的句法功能，能够用典型的形式动词如“进行”或“加以”等替换并且不改变句子的基本意思，在语料中常常和典型形式动词短语连用，这些事实都证明“V出”类是形式动词。不过，“V出”类和“进行、加以、给以、予以”等典型形式动词相比，句法功能不纯粹，客观地说，它们仍然处在向典型形式动词靠拢的词汇化过程中。这是我们接下来在第六章要进一步讨论的问题。

第十一节　本章结论

我们曾在第二章着重指出形式动词和普通动词存在密切关系，如“进行”“给予”就兼具普通动词和形式动词两种属性。所以，普通动词和形式动词虽是两个范畴，有些情况却并不容易区分。在这一章，我们在现代汉语共时层面对“展开”和“开展”进行了比较。通过比较，可以发现，“开展”词义相对较为具体，虽然它也可以带双音节及物动词作宾语（比例较低），但是一般来说这些宾语动词之后都可以较为自由地添加“活动、运动、工作”等名词性成分，这说明带双音节及物动词作宾语有可能是省略的结果。“开展”还可以带补语，可以带动宾结构作宾语，这些都说明它不是形式动词，而是普通动词。“展开”则与“进行”具有明显的句法层面的共性，属于形式动词。与之类似，“感到”和“觉得”虽然词汇义接近，但是“感到”可以分布在形式动词的典型分布框架中，标记前置受事，属于形式动词，“觉得”则不可以。

“产生”以及三个“V成”类形式动词“造成”“形成”和“构成”同属于出现类形式动词，“表示”和“提出”都属于表态类形式动词，“发动”和“发起”“提供”“施加”“实行”“施行”“实施”以及“V出”类形式动词“作/做出”“发出”“给出”属于动作类形式动词，

"有"是存在类形式动词，并且有变体形式。它们都属于非典型形式动词，具有和典型形式动词相似的句法表现，但也存在典型形式动词所不具备的语法特征，因此既是对立的又是互补的。我们还对这些同一小类的不同形式动词进行了比较，指出它们对动词施加了不同的作用，即凸显的义面有所不同。

第六章　形式动词的词汇化和语法化

我们认为形式动词的来源主要有两个：一是短语或跨层结构的词汇化，形式动词是词汇化的终结点，如“造成”就经历了从动补短语到形式动词的过程，“加以”则是跨层结构“加＋NP＋以＋NP”的词汇化过程；二是普通动词的语法化，比如“表示”就经历了从言说动词到形式动词的过程。当然，有的形式动词实际上是词汇化和语法化双重作用的结果，如“加以”。

实际上，对于形式动词词汇化的问题，学者们很早就注意到了。典型的形式动词“加以”包含虚语素“以”，“以”在古代汉语中是常用的介词，“加”是动词，因此20世纪50—60年代就有学者注意到了“加以”来源于动介结构，如王阳畛（1959）、龚千炎（1961）。刘红妮（2011）和方环海、李洪民（2011）从词汇化的角度来研究“加”“以”如何词汇化、语法化为形式动词。不过，除了“加以”，其他形式动词的词汇化或者语法化情况没有得到充分的研究，特别是大部分非典型形式动词。

我们提出的有些形式动词其典型程度不够高，有一个因素就是它们可能尚处在词汇化和语法化的过程中。本章重点考察非典型形式动词的词汇化、语法化过程。

词类是一个原型范畴，典型成员容易识别、归类，非典型成员往往处在范畴的边缘，隶属度较低。形式动词作为动词的特殊次类，可以视作一个原型范畴，典型成员已经确定，非典型成员却还需要进一步探索。当然，典型成员的语义、语法特征是确定非典型成员的参照。只有当和典型形式动词具有极强的相似性时，才可以断定它隶属于形式动词的非典型成员。

第一节　“V出”类形式动词的词汇化

一、“V出”类形式动词词汇化的历程

（一）“V出”词汇化的条件

“V出”类形式动词不是形式动词的典型成员，其典型程度弱主要表现在它们以双音节动词为宾语且标记前置受事的用例相对自身的常规用法较少。对于“V出”类的这种分布状况，其主要原因在于它们尚处在词汇化过程之中。V和“出”本来都可以单独使用，受汉语动结式发展的影响，V和“出”构成动补结构的短语。一方面由于V和“出”语义关系密切，“V+出”常常共现，使用频率较高，另一方面由于V是单音节语素，与“出”正好构成一个标准音步，“V出”容易构成韵律词（冯胜利1997，董秀芳2011）。总之，“V出”具备词汇化的基本条件。

《说文解字·弓部》：“发，射发也。”“发”的本义是“把箭射出去”。“提”“给”的常用义都表示具体的身体动作，能够单独成词使用。另外，“发、给、提”都可以表示使物体位移的行为①，与“出”语义关联密切，所以与“出”共现时“出”表现的是其本义，没有虚化。例如：

（1）a. 帝弯弧发矢，出三十余丈，过山南二百二十步。（《北史·魏本纪第二》）

b. 若逢骁通之将，战他不过，只要把脚板一钩，发出箭来，要中那里就是那里，再不歪偏的。（《说唐后传》第七回）

（2）a. 提出西方白帝惊，嗷嗷鬼母秋郊哭。（唐·李贺《春坊正字剑子歌》）

b. 这岂不是我不曾提你出火坑来，反沉你到海底去了么？

① “发”在古代汉语的意义较为复杂，表示具体动作行为的义项也较多。例如“发”有“挖掘”义，也能与“出”共现，“发”和“出”都可以单独带宾语，如《三国志·董卓传》裴注：“发何苗棺，出其尸，枝解节弃于道边。”也可以直接组合，如《搜神记》卷十六：“敞曰：‘今欲发出汝尸，以何为验？’”限于篇幅，不一一作考察。

(《儿女英雄传》第八回)

(3) a. 总兵给出腰牌四面，把关的领了，支付明白，放他们进了关来。(《呼家将》第二十四回)

b. 宝玉听说，便猴向凤姐身上立刻要牌，说：“好姐姐，给出牌子来，叫他们要东西去。”(《红楼梦》第十四回)①

例 (1—3) 中“发、给、提”虽然可以直接和“出”组合，但是所构成的“V 出”结合并不紧密，是短语而非词。这说明词汇化项“V 出”中的 V 表具体动作行为时，和“出”的分工比较明确，“V 出”的整体意义基本上是 V 和“出”语义的加合。值得注意的是，“发出”“提出”在古代汉语语料中就有携带表抽象事物或者动作行为的宾语的现象。例如：

(4) 此皆缘本领见处低了，所以发出议论如此。(《朱子语类》卷第一百三十)

(5) 宝玉听他提出“金玉”二字来，不觉心动疑猜，便说道：“除了别人说什么金什么玉，我心里要有这个想头，天诛地灭，万世不得人身!”(《红楼梦》第二十八回)

例 (4—5) 中的“发出”和“提出”仍然是短语，如“发”还可以单独带宾语。例如：

(6) 余忽发议论曰：“园亭不必自造，凡人之园亭，有一花一石者，吾来啸歌其中，即吾之园亭矣，不亦便哉!”(清·钱泳《履园丛话》丛话二十)

在《朱子语类》中，“发出”出现次数较多，据我们的粗略统计，大约有 150 次。但是这并不意味着“发出”已经是词。“发”可以单独使用充当句子成分，而且其意义与“发出”基本一致，这说明“发出”是短语。例如：

(7) 见孺子入井，则怵惕之心便发，见穿窬之类则羞恶之心便发，合恭敬处便自然会恭敬，合辞逊处便自然会辞逊。须要常存得此心，则便见得此性发出底都是道理。(《朱子语类》卷第十七)

---

① 需要说明的是，我们所引用的《红楼梦》版本是人民文学出版社 1996 年第 2 版，笔者发现在 1964 年 2 月第 3 版《红楼梦》中的文字与此句有出入，此版《红楼梦》相关例句为：“宝玉听说，便猴向凤姐身上立刻要牌，说：‘好姐姐，给他们牌，好支东西去收拾。’”

“做/作”虽然并非使物体位移的动作行为，但其“从事、制作”义表示使物体从无到有的过程，也可以视作一种特殊的“位移”，与“出”也有比较自然的关联。由于“做/作”语义相比于“发”“给”“提”较为虚化，所以“出”的语义也随之虚化。因此古代汉语语料中“做/作+出”的宾语往往表示抽象的事物。例如：

(8) a. 盖有这德，然后做得这乐出来；若无这德，却如何做得这乐出来！(《朱子语类》卷第二十七)

b. 只为学者看不见，所以做出注解与学者省一半力。(《朱子语类》卷第十九)

(9) a. 先生言：“伯恭解说文字太尖巧。渠曾被人说不晓事，故作此等文字出来，极伤事。”(《朱子语类》卷第一百二十二)

b. 把那只手单撒手儿伸了个懒腰，脸上还作出许多百媚千姣的丑态来。(《儿女英雄传》第三十八回)

总之，“V出”具备词汇化的条件：V和“出”语义关系密切，所以共现频率高，而且“V出”的宾语不只是表示具体事物的名词，还包括抽象名词甚至是动词，其宾语范围的扩大以及虚化会促使V和“出”的结合越来越紧密。

(二)“V出”词汇化的临界环境

彭睿（2008）对语法化的临界环境进行了探讨，对我们分析形式动词的词汇化有所启发。语法化和词汇化并不容易区分清楚（董秀芳2011）。我们认为“临界环境”也存在于词汇化过程中，分析“V出”类形式动词词汇化的临界环境有助于加深对此类动词的认识。

由于“发出”词汇化的各阶段在辞书释义中都有所反映，我们主要以“发出”为例对“V出”类形式动词的词汇化进行考察。在上文中我们已经作出判断，虽然“发出”在古代汉语中已直接组合在一起，但是从语料来看还没有完成词汇化。“V出”是在逐步向形式动词靠拢的虚化过程中完成词汇化的。

《汉语大词典》“发出”一词，共有6个义项，分别是：①破土而出；②显现出，表现出；③打发出，使离去；④散发出，散放出；⑤送出；⑥发布，宣布。《现代汉语词典》（第7版）“发出”有3个义项，分别是：①发生（声音、气味等）；②发布（命令、指示）；③送出（货物、信件等）；开出（车辆等）。对比后可以发现，《汉语大词典》中

“发出”的④⑤⑥三个义项大致对应于《现代汉语词典》（第7版）中“发出”的三个义项，其余三个义项则是古代汉语用法。

分析《现代汉语词典》对“发出”的释义可以看出，“发出”的三个义项是根据“发出”宾语的语义特点而设立的，三类宾语的虚实程度不同，“发出”三个义项的虚实程度也不同。“发出信件”“发出声音”“发出命令”中的三个“发出”的意思有较为显著的差别：“信件”是具体实物，能够通过人的动作而转移方位，“发出”表示使物体从起点向终点位移，是具体的动作行为；“声音”虽然不具有可视外形，但可以为人所感知，“发出”表示物体从源头的释放；“命令”最为特别，不是可视实物，感知方式也不像“声音”“气味”等比较直观，“发出”实际是指动作行为的实施。这三种情况中，“发出命令”这一类的“发出”语义虚化程度是最高的，因为从基本意思来说，“发出命令”和“命令”是一致的。我们再举两个例子来说明这个问题。

(10) 孙云晓说，《拯救男孩》一书是在发出呐喊：“男孩的父母和老师注意了，前面到悬崖边了！”

(11) 这个太平景象何时再来呢？他发出了一番感慨。

例（10）中的“发出”可以删略，删略后句子仍然成立。例（11）画线部分删略“发出”变换成“感慨了一番”也能传递原来的意思。

“发出”词汇化的过程其实也是它和不同种类宾语之间的互动过程。从具体实物到抽象事物，再到动作行为，“发出”宾语的范围通过隐喻实现了扩展。“发出”在成词之前是动补结构的短语。在现代汉语中，“发出”的宾语是表示可视、有形物体的普通名词时仍然体现出短语的特点，如：

(12) a. 调研方式为网上问卷调查，向分布在全国29个省、市的2万多名学生发出问卷。

b. 各国反倾销法规定有调查程序，主要形式是发问卷，对问卷填写要准确，因为一旦提交即不可更改。

可见，当“发出”的宾语是具有［+可视，+固体］这样的语义特征的时候，“发”表示较为具体的动作行为，不需要依赖“出”就可单独使用。

“发出”的宾语也可以是表非可视物体的名词，例如：

(13) 吹笛子时，你必须使劲地吹气，才能发出声音。

例（13）中的“发出”中间可以插入补语标记“得”和“不”，构成可能式。

虽然根据《现代汉语词典》中“发出”的第一个义项，“发出声音”中的“发出”是词，但是这种情况的“发出”词汇化程度并不高，还应看作短语。

(14) 当海豚贴近患者头部发出呼叫声时，它发出的超声对脑瘫、唐氏综合征、神经性运动障碍和先天性孤独症等患者的神经，能产生极强烈的冲击和刺激。

(15) 它们好像是一个痛苦的灵魂面对着某种他所不能面对而又必须面对的东西在发出呼叫。

例(14)中的“呼叫声”是例(13)“声音”的下位概念，两例中的“发出”意义是完全一致的，都是动补结构的短语。而例(15)中“发出”的宾语“呼叫”有两种理解方式。“呼叫”本身是动词，《现代汉语词典》(第7版)有明确标注，可以表示动作行为自身，此时“发出”的语义开始虚化，主要由“呼叫”负责表意，“发出”如果被删略不影响整个句子意思的表达。如例(15)也可以表述为：

(15’) 它们好像是一个痛苦的灵魂面对着某种他所不能面对而又必须面对的东西在呼叫。

另外一种理解方式是把例(15)中的“呼叫”理解为已经转化成了指称成分，指称的是动作行为造成的“产物”，而非动作行为本身。可以在“呼叫”之前添加“一声”这样的数量结构即为证据。

(16) 若不是阿朱这一声呼叫，虽然未必能给这一剑刺中，但手忙脚乱，处境定然大大不利。

可见“发出＋V”中的V允许有两种理解：既可以把V视作动作行为自身，也可以把它看作动作行为所造成的结果。而“呼叫”这类动词性成分所表示的动作行为及其造成的结果是自始至终相伴随的过程，所以实际上这两种方式不会造成歧解，最终获取的句义是一致的。相对而言，把“发出”的宾语理解为动作行为自身更为直接、经济。这种导致理解方式两可的句法环境为“发出”由动补结构的短语词汇化为形式动词提供了条件。刘红妮(2011)认为“加以”经历了从表“施及”义的一般动词到形式动词的演变过程，主要动因是和汉语动名互转的无标记性有关。不过事实上形式动词的宾语以动词为主，且动词宾语并没有实现向名词的转化，虽然当处于宾语位置时确实抑制了部分动词的语法特征。我们认为，在一般动词向形式动词虚化过程中，其宾语有“指称”和“陈述”两种解码方式，两种解码方式之间存在博弈，将宾语理解为陈述成分较为直接，这种理解有助于一般动词的虚化。不过这并不意味着“指称”这种解码方式的消失，当动词宾语受定语修饰时，“指称”这种解码方式更占上风①。所以，“V出”的虚化主要根源在于汉语动词表达功能转化的无标记性。

例（15）中的“发出”还没有足够的证据确定为形式动词，而我们在第五章中指出“发出”具备了形式动词的属性，作形式动词时已经实现了词汇化。形式动词“发出”宾语动词的性质与“呼叫”有相同之处，如“警告、威胁、邀请、呼吁”等动词成分所表示的动作行为本身以及由此动作行为所造成的结果都是始终合一的。以“警告”为例，警告者用以完成“警告”行为的言语和“警告”行为自身从时间角度来说是二合一的，在现实世界中无法分离。这反映了形式动词“V出”的宾语一般是表示言语行为的动词。为了更好地说明这个问题，我们可以将“发出＋VP”和“发出＋NP”进行对比。

（17）a. 在公园的长椅上宋庆龄作了这个决定，开始向自己的老朋友发出邀请。

b. 他们在《中国物资报》、《新华日报》、省电视台等多家新闻媒介上做宣传广告，对系统内下发了通知，对新老客户发出邀请函。

（18）a. 宋氏三姐妹向全世界爱好和平的人民发出呼吁。

b. 目前，学校现正在向已毕业校友发出呼吁书。

不同于“发出＋NP”理解方式的单一性，“发出＋VP”允许有两种理解方式：一是VP本身，二是VP所造成的结果。相比于例（15），例（17a）和（18a）的句法结构为“发出”实现词汇化提供了更理想的

① 我们以CCL语料库中的两个例句来说明这个问题。（1）中国岸上的无后坐力炮分队向迂回的苏军坦克进行攻击。（2）他们早就预定好要对伊谢尔伦进行大规模的攻击。例（1）中的“攻击”以理解为表动作行为的陈述成分为优势选项，例（2）中的“攻击”以理解为表事件的指称成分为优势选项。“攻击”的动词词性没有发生变化，但是在不同的语境中可以具有不同的表述功能。对于形式动词来说，其后宾语被识解为陈述成分时虚化程度更高，也是“V出”词汇化及虚化的理想环境。我们所讨论的“V出”词汇化的临界环境中，“V出”就是以光杆动词为宾语，将光杆动词理解为陈述成分促进了“V出”的虚化。以“发出”为例，“发出警告”≈“警告”，“发出”意义虚化，但“发出一声警告”中的“发出”就要实在一些。

环境。因为“介词＋受事＋____＋双音节及物动词”的句型促使“发出”语义虚化，向形式动词靠拢。

“发出”词汇化的路径大致可以通过对其宾语的分类划分为四个阶段：①发出＋［＋固体］名词（如“问卷”）→②发出＋［－固体］名词（如“声音”）→③发出＋双音节动词（如“呼叫”）→④作形式动词，标记前置受事。我们认为第三阶段是“发出”词汇化的临界环境，第四阶段是“发出”词汇化的最终环境。只有当“发出”在句中负责标记前置受事的时候，它的结构凝固性最强，在其他阶段，“发出”都是可以拆开的。例如：

（19）批评界也是那么苍白孱弱，始终发不出真正犀利的、有良心、有原则的批评。

例（19）中“发出”的宾语虽然是双音节及物动词，但是它没有起到标记前置受事的作用，“发出”之间可以插入否定词“不”，证明第三阶段的“发出”还可以拆分。

（20）尤其是她……还是敢于发出自己的声音，经常对蒋介石的倒行逆施发出批评和谴责。

例（20）中的“发出”无法再拆分，结构已然凝固，词汇化程度高。对于“发出”作为形式动词的用法，《现代汉语词典》（第7版）并未予以说明，可以增加其作为形式动词的义项，具体表述可以参考对典型形式动词“加以”的描写。

总之，我们认为“V出＋VP”是“V出”词汇化的临界环境，即“V出”介于词和短语之间的句法环境。而“介词＋受事＋____＋双音节及物动词”则是“V出”词汇化的最终环境，分布在这一位置的“V出”完全取得了词的地位。彭睿（2008）提出了两种“临界环境-语法化项”关系基本模式，其中第一种模式适用于对形式动词的分析，非典型形式动词就是由于频繁编码典型形式动词的分布框架，从而也具有了形式动词的属性，成为标记前置受事的语法手段。因此，彭睿先生所提出的语法化的途径也适用于我们对“V出”词汇化过程的分析。“V出”词汇化的路径大致可以描述如下：词汇化项“V出”在携带双音节动词时有两种解码方式，相比而言，把“V出”的宾语理解为陈述成分更为省力，由于“V出”频繁地在这种环境出现，标记前置受事，语义开始虚化，逐渐向形式动词过渡。

（三）“V出”词汇化的基本规律

限于篇幅，我们集中考察了“发出”词汇化的历程，没有对“做出/作出、给出、提出”的词汇化过程一一进行描写，但是它们的演变规律大体一致。“提”“给”和“发”都是可以表示使物体位移的动词，与“出”的语义关系非常密切。“做/作”虽然不是表示物理位移的动作行为，但是它们表示从无到有的变化，从认知的角度来说，是一种特殊的“位移”，因而与“出”的趋向义关系也较为密切。董秀芳（2011）指出，对述补结构来说，述补短语的述语为及物动词，补语在语义上指向宾语，补语语义的可预期性高，这样的述补短语容易实现词汇化。“V出”中“出”表V的趋向，而且这种趋向不仅是空间意义上的，而是逐渐虚化，带有隐喻性质，所以V和“出”结合后的意义不是两部分意义的简单相加，而是具有整体的意义。这为“V出”实现词汇化提供了语义层面的条件。

相比于“放出、看出、写出、说出”等其他“V＋出”形式的结构，“V出”能够逐步向形式动词靠拢乃至实现词汇化关键在于它们的宾语范围逐步扩大并且虚化。以“放出”为例，虽然它也可以带抽象名词作宾语，如“放出消息”，但是没有词汇化的临界句法环境，不能以表动作行为的成分为宾语，其宾语不存在既可以识解为动作（陈述成分）也可以识解为动作的结果（指称成分）的现象。

与“做出/作出、给出、提出”相比，“发出”能够被《现代汉语词典》（第7版）收录的主要原因在于：“发”在古代汉语中义项较多，与“出”共现的机会多。《汉语大词典》“发”词条下收录了61个义项，排除名词、量词、拟声词、通假等用法，表动作的“发”有51个，其中有4个义项仅在现代汉语中使用，所以古代义项有47个之多。在这47个义项中，和趋向“出”有关的比较多，大约有20个义项，比如义项①“发射”，义项②“出发”，义项③“繁育，生长”，义项④“发生，产生”等。这些义项多是表示使物体位移的动作行为或者“表现，显露”以及“表达”这样的意思，与“出”语义联系紧密，自然结合的机会也较多，同时组合后的具体意义也相对较多，《现代汉语词典》（第7版）“发出”一词就有3个义项。另外，“发出”在北宋已大量出现，组合时间比较早，其宾语范围的扩大及虚化有更为理想的条件。“提”“给”“做/作”义项较少，与“出”组合的时间也较晚。因此，“发出”

的认知度较高，但这并不表明它比其他“V出”类形式动词更早实现了词汇化，实际上它们的词汇化进程基本一致，都是在作形式动词时才基本实现了词汇化。

二、“V出”类形式动词的非典型性

除了“发出”，“V出”类成员尚处在词汇化过程中，而且“发出”作为形式动词的用法并未在《现代汉语词典》（第7版）的释义中得到体现。这体现了“V出”作为形式动词的非典型性。为了更好地了解“V出”的使用情况，并验证它们作为形式动词的非典型性，我们利用CCL语料库对“V出”类成员的使用情况做了人工统计。由于语料数量庞大，我们采取抽样统计①的方式。下面分别介绍“做出/作出、给出、提出、发出”在语料库中的分布情况。

“做出”共收集1113例，带名词作宾语（或宾语核心）共412例，占37.02%，其中具有［+固体］语义特征的名词性宾语42例，占比3.77%，［一固体］语义特征的名词性宾语370例，占比33.24%。以动词性成分为宾语或宾语核心的用例共701个，占比62.98%，说明其宾语以动词性成分为主，其中明确地分布在典型分布框架中作形式动词的例句178个，占比15.99%，其他带动词作宾语（或宾语核心）但不是明确用作形式动词的情况523例，占比46.99%。

“作出”共1221例，带名词作宾语（或宾语核心）共278例，占22.77%，其中具有［+固体］语义特征的名词性宾语4例，占比0.33%，［一固体］语义特征的名词性宾语274例，占比22.44%。以动词性成分为宾语或宾语核心的用例共943个，占比77.23%，其中明确地分布在典型分布框架中作形式动词的例句239个，占比19.57%，说明“作出”可能比“做出”虚化程度更高，其他带动词作宾语（或宾语核心）但不是明确用作形式动词的情况704例，占比57.66%。

“给出”共1806例，带名词作宾语（或宾语核心）共1511例，占83.66%，其中具有［+固体］语义特征的名词性宾语15例，占比

① 我们在北京大学CCL语料库有关词汇的语料中抽取前1500或2000个例句，其中“发出”和“给出”各抽取了2000个例句，“做出、作出、提出”各抽取了1500个例句，在此基础上人工统计，排除不合格用例，同时不重复抽样，即相同或基本一致的例句算作一个。

0.83%，[一固体] 语义特征的名词性宾语 1496 例，占比 82.83%。以动词性成分为宾语或宾语核心的用例共 295 个，占比 16.34%，其中明确地分布在典型分布框架中作形式动词的例句 59 个，占比 3.27%，比例较低，其他带动词作宾语（或宾语核心）但不是明确用作形式动词的情况 236 例，占比 13.07%。这说明“给出”的虚化程度较低。

“提出”共 1230 例，带名词作宾语（或宾语核心）共 1026 例，占 83.41%，其中具有 [＋固体] 语义特征的名词性宾语 3 例，占比 0.24%，[一固体] 语义特征的名词性宾语 1023 例，占比 83.17%。以动词性成分为宾语或宾语核心的用例共 204 个，占比 16.59%，其中明确地分布在典型分布框架中作形式动词的例句 71 个，占比 5.77%，其他带动词作宾语（或宾语核心）但不是明确用作形式动词的情况 133 例，占比 10.81%。

“发出”共计 1811 例，带名词作宾语（或宾语核心）共 1535 例，占 84.76%，其中具有 [＋固体] 语义特征的名词性宾语 336 例，占比 18.55%，[一固体] 语义特征的名词性宾语 1199 例，占比 66.21%。以动词性成分为宾语或宾语核心的用例共 276 个，占比 15.24%，其中明确地分布在典型分布框架中作形式动词的例句 46 个，占比 2.54%，其他带动词作宾语（或宾语核心）但不是明确用作形式动词的情况 230 例，占比 12.70%。

从我们的统计结果可以看出，“V 出”类作形式动词总体而言数量比较低，特别是“给出”“提出”和“发出”。需要特别注意的是，对作形式动词的用例我们统计较为严格，主要标准是能分布在“介词＋受事＋____＋双音节及物动词”的结构槽中。实际上形式动词显然并不只限于用在这一句型之中，不过由于我们的目的是论证“V 出”是形式动词，为了避免因判断上的主观性导致人为增加用例数，我们严格按照这一句型来筛选，这样操作相对客观。为了更好地说明这个问题，我们对“加以”在语料库中的分布情况作了统计。“加以”是典型的形式动词，我们在国家语委现代汉语语料库中对“加以”所分布的句子类型进行了统计分析，“加以”共计出现 1620 次，作形式动词的共 1558 例，占用例总数的 96%，而分布在“介词＋受事＋____＋双音节及物动词”结构槽中的用例则是 270 例，只占 17.3%。可见，最典型的形式动词分布在典型分布框架中的用例也并不多。从这个角度来说，“V 出”类作形式动词的用例也并不少，特别是“做出/作出”，相对而言用作形式动词的比例是比较高的，向典型形式动词靠拢的倾向最强。

典型形式动词如“进行、加以、给予、予以”等，其宾语一般是动作行为动词，比如“调查、分析、统计、奖励、殴打”等。“V出”的宾语一般不是动作义突出的动词，而是表示言语行为的动词，比如“批评、警告、邀请、呼吁、质疑”等。我们在前文中说过，“V出”作形式动词时往往可以为“进行”“加以”等替换，但是这种替换并非双向的，而倾向于是单向的。也就是说“V出”一般可以被典型形式动词替换，但若去替换典型形式动词就有比较大的限制条件。所以，典型形式动词的搭配范围更广。

典型形式动词一般是标记前置受事的，但是“V出”标记的不一定是典型的受事，比如“发出”在下面例（21）中的用法，“呼吁”和“叙利亚总统阿萨德”不是典型的“动作”和“受事”之间的关系。

（21）以色列总理拉宾今天再次向叙利亚总统阿萨德发出呼吁，要求两人在中东和平进程框架内举行“不带任何先决条件”的会晤。

“V出”作为形式动词的非典型性还在于它们作为词的地位尚不明确，只有“发出”被《现代汉语词典》收录，且没有形式动词用法的义项。而且“做出/作出”之于“作”，“给出”之于“给予”“给以”，都像是短语之于词。但我们已经指出，当用作形式动词时，“V出”词汇化程度是很高的，以后完全有可能为词典收录。

三、小结

“做出/作出、给出、提出、发出”这4个“V出”类动词能够分布在“介词＋受事＋____＋双音节及物动词”的结构槽中，使及物动词不能再带宾语，丧失动词的部分语法特点。同时“V出”语义虚化，主要起标记前置受事的作用，并且可以被典型形式动词替换而不改变句子的基本意思，也可以与典型形式动词连用。所以，它们都是形式动词。“V出”类是形式动词范畴的非典型成员，主要原因在于它们用作形式动词的频率不够高，作形式动词是“V出”类基本用法的延伸。从基本用法到形式动词用法体现了“V出”类的词汇化过程，其词汇化的临界环境在于以双音节动词为宾语，对双音节动词的解码存在“指称”和“陈述”两种理解方式，理解方式的两可为“V出”向形式动词过渡提供了条件。“介词＋受事＋____＋双音节及物动词”的句法环境则是它们实现词汇化的最终句法环境，分布在这个结构框架中的“V出”结构凝固，不能拆分，语义虚化，不表示具体动作行为。“V出”在形式动词的原型范畴中是非典型成员，在所携带宾语的语义类型上倾向于选择表言语行为的成分，这体现了形式动词范畴内部成员在表达功能上存在交叉、互补的关系。

第二节　“V以”类形式动词的词汇化

一、“V以”类形式动词的5个成员

“V以”类形式动词包括“加以、予以、给以、致以、施以”5个，其中“加以、予以、给以”都是公认的形式动词。“致以”是否形式动词还存在争议，“施以”是我们提出来的形式动词。王伟（2012）对“V以”类形式动词在现代汉语共时层面的特征进行了分析，该文所谓的“V以”类形式动词包括“加以、给以、予以、借以、得以”这五个。其中“借以”和“得以”我们认为虽然和形式动词有部分共同的语法特征，不过并非形式动词。因为以“借以”和“得以”作为谓词核心构成的句子的配位方式与典型形式动词句的配位方式有较大区别，主要表现为：这两个动词不能标记前置受事，而这恰是形式动词的典型句法功能。

（22）我们要尽可能使生态环境得以改善。

例（22）中“得以”的宾语是双音节及物动词“改善”，“改善”的受事“生态环境”置于“得以”之前，但是也可以置于“改善”之后，也就是说“使生态环境得以改善”也可以说成“得以改善生态环境”，“得以”的宾语可以是动宾结构，这是其他形式动词所不具备的用法。又如：

（23）这一概念的引入使得泛函分析等现在数学工具得以应用到微分方程理论中。

实际上大部分形式动词的研究者也不主张这两个词是形式动词。我们曾在第二章指出“给予”“得到”和“给以”“得以”的不同，它们都是谓宾动词，但是只有具有［＋给予］语义特征的才是形式动词。另外，王伟（2012）未提及的“致以”和“施以”，我们认为是形式动词。因此我们所讨论的“V以”类形式动词也是五个，但具体成员有所不同。需要说明的是，在这五个词中，“施以”没有被《现代汉语词典》

（第7版）收录，但我们认为“施以”作形式动词时结构凝固，不可拆分，可以看作“词”。

部分研究者曾指出“致以”是形式动词。黄伯荣、廖序东主编的《现代汉语》（增订三版）指出准谓宾动词包括“给以、加以、予以、致以、进行”等。同时编者指出这几个词是准谓宾动词或形式动词。龚千炎（1961）、蔡文兰（1986）、范晓（1987）、尹世超（1991）、袁毓林（2010）和方环海、李洪民（2011）都曾提到“致以”是形式动词，但均未详细论证。特别是方环海、李洪民（2011）指出了“加以、给以、予以、致以、给予”是主要的形式动词。不过，其他关于形式动词的较有代表性的研究成果如吕叔湘（1980）、朱德熙（1982、1985）、刁晏斌（2004）等都未提到“致以”是形式动词。特别是刁晏斌（2004）认为“致以”与“加以”有很大区别，不能纳入形式动词的范围。所以，“致以”是形式动词还须进一步论证。至于“施以”，据我们观察，还未有研究者指出它是形式动词。

关于“V以”的词汇化历程，目前对典型形式动词“加以”的词汇化过程讨论得比较多。如龚千炎（1961）对“加以”一词的来源进行了梳理。他指出“加以”是由“加之以”脱落“之”而演变成的。同时，他还指出“给以、予以、致以”与“加以”相似，都是由动词和介词复合而成的双音词。这篇文章虽未使用“词汇化”这一概念，词汇化理论当时也还未兴起，但是此文实际上分析了“加以”词汇化的历程。方环海、李洪民（2011）对“加以”的成词过程进行了细致梳理。刘红妮（2011）指出了“加以”的多元词汇化，对形式动词“加以”和连词“加以”的词汇化情况都进行了细致分析。本节打算对“V以”类形式动词的词汇化情况进行分析，这有助于认识它们在现代汉语中的用法。

二、“致以”和“施以”的形式动词属性

朱德熙（1982、1985）、宋玉珂（1982）、刁晏斌（2004）、李桂梅（2015）等所提出的形式动词的作用、特征、功能，并不能将“致以”和“施以”排除在形式动词范围之外，也就是说“致以”和“施以”与典型的形式动词具有相似的特征，符合上述研究者所提出的形式动词的标准。

“致以”的宾语一般是动词或者动词为中心语的定中结构，例如：

（24）a. 潘基文第一时间与马哈茂德通电话，向袭击事件遇害

者的家人致以哀悼和慰问。

b. 全场观众起立，向深陷战火的波黑地区人民致以慰问。

c. 值此贵国重大节日之际，我们谨对此致以高度的赞赏和钦佩。

充当“致以”宾语的动词若是及物动词，其受事一般由介词引导前置，起到了朱德熙（1985）所说的标记前置受事的作用。

在语篇中，“致以”还可以和典型形式动词连续使用。

（25）a. 希望朋友们回台湾后，对我们的投资环境、政策加以介绍，并向台湾人民致以亲切问候。

b. 我们应对历史进行深刻反省，向死难者致以诚挚的悼念。

c. 他向大家表示慰问并致以节日的祝贺。

在例（25）中，“加以”“进行”和“致以”并不能相互替换，反映了它们在表达功能及对宾语的选择上存在区别。这种区别并不能把“致以”排除在形式动词范围之外，恰恰说明“致以”有“加以”和“进行”所不能替代的表达上的价值。

一些充当“致以”宾语的动词如“慰问”也可以作典型形式动词“加以、予以、进行”的宾语，如：

（26）对于被误伤的老同志，他常常不避嫌疑加以慰问。

（27）新中国成立之初，中央人民政府派出访问团到少数民族地区进行慰问。

可见，在携带宾语的范围方面，“致以”和其他典型形式动词是有交集的，这反映了它们语法特征上的共性。不过“致以”和典型形式动词“加以、予以、进行、给以”等主要在三个方面有所不同。第一，典型形式动词所能支配的及物动词数量较多，且多为行为动词，而“致以”的宾语动词数量有限，一般限于表示言语行为或者情感态度的语义类型。根据我们对语料库的观察，集中体现为“问候、慰问、祝贺、敬礼、感谢、祝愿”等这几个动词及部分意义对应的名词。第二，当“致以”与典型形式动词携带相同的双音节及物动词为宾语或宾语中心语时，整体意义略有不同。比如“致以慰问”和“加以慰问”，相对而言，前者更加庄重，动作的发出者一般是某一机构的代表，后者动作的发出者可以是个体。例如国家主席习近平在2018年发表的新年贺词：

（28）我向全国各族人民，向港、澳、台同胞和海外侨胞致以新年的祝福！

例（28）中的“致以”是非常合适的，换用其他词语表达效果都将不够理想。

第三，“致以＋V”一般是言语行为，但是其他典型形式动词带宾语则表示动作行为，不能仅靠言语活动来完成。如“致以慰问”一般是以言辞慰问，“加以/进行/予以＋慰问”则不仅包括言语行为，还应涉及动作行为。

我们认为，正因为有这三个方面的不同，很多研究者未把“致以”作为形式动词看待。如刁晏斌（2004）就是根据“致以”的宾语中心语一般是意义比较抽象的词而将其排除。但是“致以”和其他形式动词具有共性是客观事实，实际上形式动词的每个成员也都有自己的个性，以此相互区分，体现自己独特的表达方面的价值。所以，我们认为“致以”属于非典型形式动词。

“施以”同样明显具有形式动词的属性，而且相比于“致以”，“施以”和“加以”的用法更为接近，它们都一般以表示动作行为的动词为宾语。例如：

(29) a. 一旦对他们施以拘禁，不光二人不服，众人也会议论起来。

b. 利益集团也常常对政治家施以威胁。

c. 可惜，对科学进化论毫无所知的主教，只能施以嘲讽。

以上例句中的“施以”都可以用“加以”替换，基本意思不变。“施以”和“加以”的区别在于它可以带名词作宾语，例如：

(30) 他听说孙膑从师父那里学习了《孙子兵法》，便施以毒计陷害他。

但是，这并不能证明“施以”不是形式动词，因为“进行”“给予”同样可以带名词宾语。

从构词的角度来说，“V以”类形式动词都是动素和介素“以”复合而成的，而且动素所表示的意义都可以抽象为“给予”。“致”“施”在古代汉语中有“给”的义项，将“致以”“施以”纳入“V以”类形式动词从构词法的角度看是合适的。

三、“V以”类形式动词词汇化的路径和动因

（一）“V以”类形式动词词汇化的路径

刘红妮（2011）认为“加以”词汇化为形式动词的路径大致可分为

“动＋介”、以名词为宾语的一般动词、以谓词为宾语的形式动词三个阶段。我们同意这一观点。“予以、给以、致以、施以”同样经历了这三个阶段。

1. “V、以”单独成词

在这一阶段，“加、予、给、致、施”作为独立的表示“给予”动作的动词，“以”作为介词介引给予物，分布在“V＋NP_1＋以＋NP_2”及其变体形式中。“予、给、致、施”和“以”单独使用的例子如下：

(31) a. 庆年七十余，无子，使意尽去其故方，更悉以禁方予之，传黄帝、扁鹊之脉书。(《史记》卷一百五)

b. 人欲知高下而不能，教之用管准则说；欲知轻重而无以，予之以权衡则喜；欲知远近而不能，教之以金目则快射。(《淮南子·泰族训》)

(32) a. 吴主闻之，征象到武昌，甚敬贵之，称为介君，为起宅，以御帐给之，赐遗前后累千金，从象学蔽形之术。(《三国志》卷六十三)

b. 夫既给之以百亩之田矣，又给之以学粮，亦安得许多粮给之耶！(《朱子语类》卷第八十四)

(33) a. 政宽则民慢，慢则纠之以猛；猛则民残，残则施之以宽。(《左传》卷第四十九)

b. 正礼元子，致有志操，想必有以殊异。威盛刑行，施之以恩，不亦优哉！(《三国志·吴书·刘繇太史慈士燮传》)

(34) a. 乘禽，日九十双，殷膳大牢，以及归，三飨，三食，三燕，若弗酌，则以币致之。(《周礼·秋官司寇第五》)

b. 若不亲食，使大夫各以其爵、朝服致之以侑币。(《仪礼·聘礼》)

如例(31—34)所示，在这一阶段，“V＋NP_1”和“以＋NP_2”的语序相对灵活，可以互为先后。由于“NP_1”以代词“之”为常，指称性能较指人名词弱，在篇章中可以承前省略而不致引起歧解，这为“V”和“以”在线性语流中实现位置上的邻接提供了条件。

2. “V、以”发生组合关系

董秀芳(2011)指出发生词汇化的跨层结构中往往包含一个功能虚化的虚词，且虚词的功能一般会在词汇化过程中脱落。“V以”类形式动词都是由“V＋NP_1＋以＋NP_2”词汇化而来的，其中的介词“以”

在词汇化过程中逐渐失去了原来的介引体词性成分的功能，由独立成分虚化为词内成分，引发了结构的重新分析。如例（35）中的“施以”，若只看它与后面的成分“珍衣”构成的线性序列，已经允许理解为普通动词，但根据上文语境来判断，“施”的与事为“善星文者”，其宾语承前省略了，“施以”还是跨层结构。

（35）以阳求阴，苞以德也；以阴结阳，施以力也。（《鬼谷子·捭阖第一》）

例（35）中的“施以”与“苞以”是平行的结构，“苞以”不是词，“施以”也很难说已经成词，“施”的独立性仍然较强。

因此在V和“以”直接组合之初，还不能判定为词。又如：

（36）王施以东山之险，带以曲河之利，韩必为关内之侯。（《史记》卷七十八）

从跨层结构凝固成词，需要重复使用因素的作用。

除了“加以”，其他“V以”结构在古代汉语中用例数量少，因此其具体成词时间不容易断定，但均晚于“加以”。我们认为，“V以”在不是对举使用的情况下宾语是抽象名词时，大致可以判定为普通动词。另外，辅助的标准是同时代对应的“V之以”及相关结构用例减少，甚至缺省。据我们对语料的观察，“给以、施以、致以”大致在唐宋时期有成词的倾向，“予以”则在清代基本成词。例如：

（37）a. 今送汝归，予以千金之产、期颐之寿，于愿足乎？（《聊斋志异·席方平》）

b. 燮元曲为调护，欲予以职衔，分乌撒安置之。（《明史》卷三百十一）

（38）a. 进位大将军，领河南道行军总管。给以鼓吹，驰传诣洛阳发兵，以讨檀让。（《隋书》列传第二十五）

b. 道衡知其贫，每延于家，给以资费。（《北史》卷八十三）

（39）a. 士人无私相偷四十匹理，就使至此，致以明罚，固其宜耳，并何容复加哀矜。（《宋书》卷四十二）

b. 譬尺雾障天，不亏于大，寸云遮日，何损于明，今卿等皆欲致以极刑，意所不忍，可更详议，任流远方。（《全唐文》卷八）

（40）a. 咸亨中，忽一僧持钵乞食，村人长者施以蔬供，食讫而去。（《朝野佥载》卷四）

b. 弘正曰：“今为暴者既除，宜施以宽惠，若复为严察，是以

桀易桀也，庸何愈焉！”（《资治通鉴》卷二百四十一）

以上例句中的“V以”能以抽象名词为宾语，是普通动词用法。“致以”的特殊性在这一阶段有所体现，其他“V以”类形式动词所带的名词宾语可以指称实物，但“致以”的宾语则是抽象名词，我们未能找到“致以”带表征具体实物的名词为宾语的用例。

3. “V以”组合进一步凝固

在此阶段，“V以”能以动词为宾语，结构凝固，成为形式动词。“V以”用作形式动词的用法出现时间不一，“加以”最早，大致在六朝时期就具有了形式动词的用法，因此，“加以”是虚化程度最高的形式动词。刘红妮（2011）与方环海、李洪民（2011）基本上都持这种观点。如：

（41）若有不堪酬奉，虚窃荣荐，遣还田里，加以禁锢。（《宋书·本纪第六》）

“予以”大致在民国初年出现形式动词用法，“施以”大致在清代出现形式动词用法，如：

（42）前以天津等处积水未消，予以惩儆，而言者动以为归过之地。（《清史稿》卷三百二十四）

（43）假令宗闵抗命而中沮，即可按蔽贤之辟，施以斥逐。（《读通鉴论》卷二十六）

“给以”和“致以”在现代汉语中才具有形式动词用法。总的来说，“加以”最早演变成为形式动词，其他“V以”类动词受到类推的影响，也逐渐向“加以”靠拢。

综上，“V以”类形式动词的词汇化过程大致为：V和“以”各带宾语后组合→在篇章中，V和“以”实现线性邻接，但仍属不同层次→“V以”经重新分析演变为普通动词→“V以”的宾语扩大至动词，演变为形式动词。

需要着重说明的是，不同阶段的划分并不存在明确的时间界限，特别是在新用法出现初期，都是两种用法甚至多种用法并存的。王力（1980）甚至认为“给以经济的援助”中的“以”仍是作为介词使用。现代汉语中“致以、施以、给以”仍然同时能带名词和动词作宾语，兼具普通动词和形式动词两种用法，“加以、予以、施以”仍有在词内插入“之”的用例。

（二）“V 以”类形式动词词汇化的动因

刘红妮（2009）对跨层结构词汇化的动因和机制进行了探索，认为存在四个方面的动因及三种演变机制，很有启发性。具体到“V＋NP_1＋以＋NP_2”的词汇化，我们认为汉语在发展演变过程中的整体趋势促发了这一过程。首先，介宾短语在很长一段时间可以前置于谓词性成分，也可以后置，语序相对灵活。但是随着状语、定语这些修饰性成分必须前置这一语法规则在汉语中趋于稳固，“以”引导的介宾结构不允许后置。同时新的介词如“把、拿”等代替了“以”的功能，“以”失去了介引体词性成分的作用。其次，双音词逐渐占据汉语词汇系统主导地位的发展趋势也推动了“V 以”的词汇化进程。“以”既然已经失去介引功能，不能再单独作介词，要想保留在语言系统中，与 V 进行组合是一种解决途径。在现代汉语中，“V 以”类形式动词中的“以”已经近乎一个凑足音节的成分。当然，“以”除了帮助 V 构成双音词，还赋予了“V 以”类形式动词较强的书面语体色彩。另外，表达精细化的要求也是促动“V 以”词汇化的动因。“加以”先演变成形式动词，虚化程度很高，所能携带的宾语动词范围较大。但是动词意义种类较多，除了动作动词，还有言说动词、心理动词等，有些种类的动词不能充当“加以”的宾语。因此为了更准确地表情达意，与“加以”具有相似的句法、语义条件的“V 以”受类推机制的影响也向形式动词靠拢。

四、“V＋NP_1＋以＋NP_2”演变为“V 以”类形式动词的条件

我们认为，关于“V 以”的词汇化有一个值得讨论的问题。“V＋NP_1＋以＋NP_2”及其变体形式如“以＋NP_2＋V＋NP_1”在古代汉语中使用频率较高，能产性较强，能够进入“V”位置的动词数量较多。为什么有的“V＋NP_1＋以＋NP_2”能够实现词汇化，而有的不能？例如：

（44）千乘之国，摄乎大国之间，加之以师旅，因之以饥馑，由也为之，比及三年，可使有勇，且知方也。（《论语·先进》）

（45）对曰：“君若绥之以德，加之以训，辞，而帅诸侯以讨郑。郑将覆亡之不暇，岂敢不惧？”（《左传·僖公七年》）

上面两个例句有三个“V＋NP_1＋以＋NP_2”的结构，只有“加”和“以”完成了词汇化，“因、绥”未能和“以”构成一个词。实际上，

“因之以”和“加之以”有些情况下可相互替换，它们可以相同的词为宾语。例如：

(46) 朕拯斯坠运，属此屯极，仍之以凋耗，因之以师旅，而识昧前王，务艰昔代。(《宋书·本纪第八》)

例(46)中的“因之以师旅”和例(44)中的“加之以师旅”对应，表义基本一致。可见，能够进入“V+NP_1+以+NP_2”中“V”的位置，以及高频使用只是V和“以”词汇化为“V以”的必要条件，最终能够完成词汇化的只占少数。

我们认为“加、予、给、致、施”能够和介词“以”组合成词有语义和句法两方面的条件。语义方面，“加、予、给、致、施”具有共同的语义特征([+给予])，这是它们能够经由词汇化和“以”组合成词的重要原因。作为“V以”类形式动词词汇化起点的“V+NP_1+以+NP_2”只能是一个“给予”构式，表示其他意义的相同线性形式不能词汇化为形式动词。如下面例(47)中“树”不表示给予，虽然“树”和“以”如例(48)所示也可以实现线性邻接，但难以成词。

(47) 五亩之宅，树之以桑，五十者可以衣帛矣。(《孟子·梁惠王》)

(48) 岁埤增之，树以荆棘，以固其地，杂之以柏杨，以备决水。(《管子·度地》)

所以，严格来说，“V以”类形式动词是“$V_{给予}$+NP_1+以+NP_2”词汇化的结果。其中，NP_1和NP_2都是核心成分，NP_1是与事，NP_2是受事。NP_1的所指可以是具体的对象，也可以由代词充当，以“之”较为常见，在篇章中往往回指上文中的成分。而有些情况下“之”所指称的对象并不确切，如例(31b)中的“之”指代的对象“人”是任指的，所以“之”可以承上文而省略。这促使了“$V_{给予}$”和“以”在线性位置上的邻接。“$V_{给予}$”和“以”组合成词携带名词宾语后，仍然可以指派与事和受事两个语义角色。受事仍然是核心成分，在句中被突显。与事则须前置，古代汉语中一般出现在上文小句之内，如例(37a)“今送汝归”中的代词“汝”，现代汉语则一般由介词引导，作为外围成分，不再是突显成分。

方环海、李洪民(2011)指出“加以”类形式动词是“给予”构式解体的结果。我们认为现代汉语中“V以”形式动词所构成的句子仍然可以视为“给予”构式，只不过“V+NP_1+以+NP_2”是原型构式，给予物在给予者和被给予者之间的传递关系非常清晰。“V以”形式动词所在句式是在原型构式的基础上产生的边缘构式：给予物由实物变为动作行为，传递关系模糊化，而这也是导致构式变化的关键。

句法方面，“V＋以”组合后宾语范围扩大至动词，这是“V以”类形式动词完成词汇化的关键。我们已经提到，“V＋以”在古代汉语中数量较大，但是大多未完成词汇化，主要原因就是V能否扩展宾语范围，能够携带动词为宾语。因为动词表动作行为，与表事物的名词相比较为抽象，因此以动词为宾语的V语义逐渐虚化，促使V和“以”的结合更为凝固。可见，“给予”构式中的“给予物”由具体实物变为抽象事物，再到动作行为，“V以”的宾语范围借助隐喻机制逐步扩大，“V以”的结构随之凝固。

上述语义和句法两方面的条件缺一不可，否则不能实现“V以”的词汇化。例如“授”具有“［＋给予］”的语义特征，而且“授之以NP”及“授以NP”都是使用频率较高的构式，但是“授”和“以”未能组合成词。例如：

(49) a. 故国有德义未明于朝者，则不可加于尊位；功力未见于国者，则不可授以重禄。(《管子·立政》)

b. 吉州仁山隆庆院庆闲禅师，福州卓氏子。母梦胡僧授以明珠，吞之而娠。(《五灯会元》卷第十七)

例(49)中，“授”和“以”虽然实现了线性位置上的邻接，但是“授”的动作义实在，“授”和“以”之间可以补入“之”。“授以”之后的成分一般以表示器物或者官职的名词为主，没有扩展到表动作行为的动词，使得“授”“以”之间存在空位，进而导致它们无法成词。

(50) a. 嶷觉之，许以重赏，使为反间，二人遂合谋杀渠。(《三国志·蜀书》)

b. 昔丞相申屠嘉召责邓通，洛阳令董宣折辱公主，而文帝从而请之，光武加以重赏。(《后汉书》卷六十六)

例(50)中的两个例句中“许以”和“加以”携带相同的动词作宾语，但是“许以”未能成词。关键在于“许”的词汇义具体，“许”和“以”之间存在空语类，而且“许”不具有［＋给予］的语义特征，不能进入“给予”构式。

所以，“V以”类形式动词成词的过程实际上也是“V”和“以”之间的空语类消失的过程，消失的主要原因在于空语类表意功能的衰退。像“授以、许以”这类结构未能完成词汇化就是因为“授、许”和“以”之间尚存在具有指称与事功能的空语类。“V”和“以”之间的空语类消失的关键在于“V以”的宾语扩大至动词，当宾语是动词时，与事不再是VP内的核心成分，空语类因此而失去表意功能。

五、小结

本节首先论证了“致以”和“施以”属于形式动词。“致以”的形式动词属性是有争议的，主要是因为其携带宾语的范围较小，限于少数动词，而且一般以表示情感态度的动词为宾语，和典型形式动词有所不同。“施以”和“加以”意义相近，在携带动词宾语方面基本一致，不过由于使用频率相对较低，而且可以名词为宾语，因此也不是典型形式动词。

刘红妮（2011）指出了“加以”有两条词汇化途径，可以称为“多元词汇化”。如果综合考虑“V以”类形式动词的词汇化情况，可以发现“V+以”词汇化的主要路径是演变为形式动词，演变为连词则是次要的词汇化路径。具体来说，“V以”类形式动词中“加以”和“致以”都有形式动词和连词两条词汇化路径。“加以”的连词用法使用频率较低，“致+以”可以词汇化为连词“以致”，而不是“致以”。这就说明“V+以”主要是词汇化为形式动词。之所以如此，是因为“V+以”词汇化的关键在于将宾语的范围扩大至动词。另外，“V+以”实现词汇化还有一个重要条件，即V具有［+给予］的语义特征，从“V+NP_1+以+NP_2”到“V以”所在的结构，虽然配位方式和凸显成分发生了变化，但都可以看作“给予”构式。

第三节　“V成”类形式动词的词汇化

一、“V成”类形式动词与典型形式动词的比较

（一）形式动词作为函项的共性

形式动词的共性是：当它们带双音节及物动词时，其句法属性体现得最为充分，因为语义作用弱化而句法作用凸显，这种情况最充分反映了形式动词的本质。朱德熙（1985）曾将形式动词的句法功能概括为标

记前置受事。从表层结构形式来说，朱先生的概括是准确的。不过，值得进一步探究的是，形式动词在生成句义的过程中起到了什么作用？我们认为形式动词起到了一种函项（functor）的作用。蒋严、潘海华（1998）介绍弗雷格（Frege）组合性原则时认为："复合表达式的意义是其成分意义和结构的函项"，且"句中的每个词都必须对句义有所贡献"。如果将形式动词标记前置受事的语义框架"施事＋受事＋形式动词＋动作"看作函数，所生成的句义即函数值，函数的论域则是表征施事、受事、动作的词汇。不同类型的形式动词就意味着对论域的元素（施事、受事、动作）施加了不同的整合作用，所生成的句义（函数值）自然也存在差异。形式动词在实义动词和受事之间起到了过渡的作用，可以说所有形式动词的共性是将实义动词的作用力传递给受事，区别则在于传递作用力的强弱有所不同。因此，如果"施事＋受事＋形式动词＋动作"框架中除形式动词之外的其他成分确定，其值域将会是作用力强弱不等的一个区间。大致的规律是：典型形式动词传递作用力强，非典型形式动词传递作用力弱。所以，"V 成""V 出"等非典型形式动词与"进行""加以"等相比实际上是削弱了施事的动作对受事施加的作用力，这是它们之间的主要差异。

（二）"V 成"类形式动词和典型形式动词的区别

当"V 成"类形式动词和典型形式动词带相同的动词做宾语，动宾结构的整体意义有较为明显的区别，这种区别可以概括为"实"和"势"的对立。所谓"实"指的是典型形式动词如"进行""加以"带宾语动词表示施事施加于受事之上的实际动作，"V 成"类形式动词带宾语则一般表示施事和受事之间的关系或者说事件整体所呈现的态势。例如：

(51) 海外商家的市场限制、跨境电商海外直邮的兴起、假货和运输的问题、中国海关政策的调整，任何一个因素都会给海外代购造成打击。

(52) 执行任务中，邱少云在距敌前沿阵地 60 多米的草丛中潜伏时，敌人突然向潜伏区逼近，为了掩护潜伏部队，指挥所命令炮兵对敌进行打击。

根据《现代汉语词典》（第 7 版）的解释，"打击"一词既可以表示攻击，如军事打击，也可以表示使受挫折。显然，攻击、军事打击这样的动作行为是相对具体的，对受事而言是直接施加的，作用力强，动作行为的过程也比较直观。而“使受挫折”这样的行为不能算是具体的动作，对受事施加的作用力相对弱化，作用的施加相对来说是间接的。与此相应，“进行打击”主动性较强，打击的意图明确，“造成打击”则一般是对事件的客观陈述，打击的主观意图不明显。这样的例子还可以举出很多，又如“对……进行威胁”属于一种较为具体的动态行为，强调了威胁的过程以及施事的主观意图，“对……构成威胁”则是静态行为，强调威胁作为结果的客观存在。《现代汉语词典》（第 7 版）对“威胁”的解释包括两个义项，一是“用威力逼迫恫吓使人屈服”，这是实际的动作过程，二是“使遭遇危险”，这是概括性更强的状态。一般来说，当“威胁”作“进行”和“构成”的宾语时分别表现了义项一和二。值得注意的是，“加以”和“V 成”类形式动词都凸显宾语动词作为一种状态或者说结果，但它们也有区别。如“加以保护”中“保护”属于具体的动作行为，但动态性比“进行保护”弱。“形成保护”中的“保护”描述的是事物之间的关系，并非具体的动作行为。所以，从“进行”到“加以”再到“V 成”类形式动词，动态性趋弱，静态性增强。从施事对受事施加作用力强弱的角度来说，“进行”起到强化作用，“加以”相对弱化，而“V 成”类形式动词主动性大大减弱，施事的主观意图不明显，动作对受事施加的作用自然也就削弱。

在语篇中，“V 成”类形式动词与典型形式动词交替使用时，它们的差异表现得也比较明显。例如：

(53) 科学家根据这一特性，分别给老鼠嗅微量的毒品的气味，并同时予以电击，造成强烈刺激。

(54) 当判明航空器对我不构成威胁时，则不需要起飞战机，但会进行必要监视，当判明威胁达到一定程度时，则会适时出动军机予以识别处置。

如例（53）所示，“予以”“造成”的宾语动词“电击”“刺激”的受事都是“老鼠”，“予以电击”是动态的过程，“造成刺激”是动态过程的结果。例（54）中，“构成威胁”是对态势的陈述，“进行”“予以”引导的短语则是描写具体的动程。

从上文的分析可知，相同的自主性动作动词，作“进行”“加以”的宾语和作“V 成”类形式动词的宾语表示的意义不同。此外，大量可以作典型形式动词宾语的动词不可以作“V 成”类形式动词的宾语。一般而言，大部分表示意图明确地对受事施加影响且自主性和作用力强的动词不可以作“V成”的宾语，但可以作“进行”“加以”的宾语。可以说，能充当“V成”类形式动词宾语的动词也可以充当典型形式动词的宾语，反之则不然。我们检索到的只作“V成”类形式动词宾语的动词只有“困扰、滋养、损伤”等。这些动词所表征的不是意图明确、自主性强、控制力强的动作，指派的一般不是典型的施事。

二、“V成”类形式动词的词汇化

“构成、形成、造成”都是短语经历了词汇化之后成词的。“构成”“造成”成词之前是动补结构，“构”“造”均是动词。“形成”成词前是主谓结构，“形”是名词。

（一）“构成”的词汇化

《说文解字·木部》：“构，盖也。从木冓声。”“构”在古代汉语中的主要义项是“构筑，构造”。例如：

（55）有圣人作，构木为巢以避群害，而民悦之，使王天下，号曰有巢氏。（《韩非子·五蠹》）

（56）饮菌若之朝露兮，构桂木而为室。（汉·东方朔《七谏》）

以上两例中“构”都表示“架木”之义，即用木头盖房，其宾语为表示材料的“木”，“构”的宾语也可以是表示建筑物的名词，表示筑造之义，如：

（57）乃构阿房，起甘泉，结云阁，冠南山征税尽，人力殚。（东汉·张衡《东京赋》）

“构”与“成”在语篇中伴随出现的情况如：

（58）昭明太子闻筑室不就，有令曰：“明祭酒虽出抚大蕃，拥旌推毂，珥金拖紫，而恒事屡空。闻构宇未成，今送薄助。”（唐《梁书·明山宾传》）

（59）帝乃率诸道丁匠财力，同构洛阳宫，不数月而成。（宋《旧五代史·梁太祖本纪》）

“构”这种单独成词的用法在清代文言文中仍然存在。例如：

（60）严文靖构一楼，既成而落之，纵酒宴客，四顾惘然，若不豫色者。（清·吴肃公《明语林》卷2）

（61）移衡藩木石以构之，落成，壮丽甚，衡藩废宫鞠为茂草矣。（清·王士禛《池北偶谈》）

表示建盖之义的“构成”词义具体，“构”和“成”的语义分工明确，实现词汇化的难度较大。只有意义有所引申、虚化，不再能从组成部分的意义推出，词义具有整体性，才能促使结构的凝固，最后完成词汇化。“建造、构造”所关涉的是空间，“构”通过隐喻逐渐从空间的认知域向其他认知域进行投射。不只是可以构筑房屋，还可以构造文章，如：

（62）言辞敏速，还同宿构，马上即成，曾无点窜。（后晋《旧唐书·薛收传》）

在以上例句中，“构”和“成”分属两个分句，且分别表示动作和结果，二者从分属两个分句到整合为一个结构之中，线性距离和结构关系更加密切。例如：

（63）喜构大厦成，惭非栋隆吉。（唐·李峤《扈从还洛呈侍从群官》）

（64）乃以作室为喻，若父作室，营建基趾，既致法矣，其子乃不肯为之堂，况肯构架成之乎？（《尚书正义》卷13）

例（63）中的“构大厦成”是动结式的隔开型，例（64）中的“构架成之”是连动结构。

当“构成”宾语的所指为抽象事物时，其意义随之虚化，成词条件较为理想。

（65）是日，山灵炳象，构成宫室。（北宋《太平广记》卷399）

（66）胡诞世假窃名号，构成凶逆，杜渐除微，古今所务，况祸机骤发，庸可忽乎。（梁《宋书》卷68）

（67）《汉晋春秋》曰：会阴怀异图，维见而知其心，谓可构成扰乱以图克复也，乃诡说会曰……（《三国志》）

（68）上皇不悦，乃不茹荤，辟谷不食，构成一疾。（明·罗贯中《隋唐野史》第110回）

例（65）中“构成”的宾语为虚拟的而非实际的宫室，“构”的意义不再是实际的动作行为，开始表现出“组成”这样的抽象意味。例（66）至例（68）中“构成”的宾语均为意义抽象的名词或动词。“构成”在宋代应该已初步成词。

《汉语大词典》指出“构成”有两个义项，一是凭空捏造出某种过失或缺点，二是组成、建成。第一个义项在现代汉语中已经不再使用，但在古代汉语中比较活跃，并且也经历了一个词汇化的过程。在例

(69) 中“构成罪”即罗织罪名，“构”乃是构陷之义，这样的“构成”数量较多，在宋代也已基本成词。

(69) 汪到隽州，诬审素谋反，构成其罪，遂斩之，籍没其家。(唐·刘肃《大唐新语》卷5)

虽然两个义项的“构成”都经历了词汇化，但是现代汉语“构成”的来源只能是由“建造”引申出“构造”继而虚化出“组成”之义并向形式动词演变的路径。表示“构陷”之义的“构成”其演变路径最终停止并消亡。

(二)“形成”的词汇化

“形成”成词之前是一个主谓结构，“形”指称形势、外形，“成”表示完成。例如：

(70) 齐秦不和，天下无变，伐齐之形成矣。(《战国策》卷29)

(71) 道士以方术作夫人形，形成，出入宫门，武帝大惊，立而迎之，忽不复见。(东汉·王充《论衡·自然篇》)

(72) 及魏之初兴也，张掖之柳谷，有开石焉，始见于建安，形成于黄初，文备于太和。(东晋·干宝《搜神记》卷7)

(73) 操军破，必北还，如此则荆、吴之势强，鼎足之形成矣。(西晋《三国志》卷35)

以例(71)为例，“形”意指夫人身形，“成”对应于现代汉语中的“形成”，“形”和“成”都是单独成词。

判断“形成”是否成词的主要依据是其后是否携带宾语，当“形成”是主谓结构时不可以带宾语，一般其后是停顿或者补足成分，如例(72)中“形成”之后带介宾短语做补语。如果“形成”之后携带宾语，及物性质发生变化，则意味着结构趋于凝固，“形”的意义发生虚化，与“成”融合为一个整体。明清时期，“形成”出现携带宾语的情况，初步成词，如例(74)。

(74) 互市通贡，势虽羁縻，形成藩蔽，是以疆场无西北边之患。(明·严从简《殊域周咨录》卷25)

不过，“形成”带宾语的用例在古代汉语中不多见。

(三)“造成”的词汇化

在春秋战国时期，“造”就比较活跃，多表示制造之义。例如：

（75）年不顺成，君衣布搢本，关梁不租，山泽列而不赋，土功不兴，大夫不得造车马。（《礼记·玉藻》）

（76）诸侯之有冠礼，夏之末造也。（《礼记·郊特牲》）

（77）人之情，恶异于己者，此师徒相与造怨尤也。（《吕氏春秋》卷4）

如上面例句所示，“造”的宾语以表征具体事物的名词为主，但也包括抽象名词。

“造”与“成”在篇章中先后出现的例子如：

（78）公输盘为楚造云梯之械，成，将以攻宋。（《墨子·公输》）

（79）支道林造即色论，论成，示王中郎，中郎都无言。（南朝·刘义庆《世说新语·文学第四》）

魏晋南北朝时期，“造成”的动结式隔开型用法出现，如：

（80）有一比丘云是灵觉寺宝真，自云出家之前，尝作陇西太守，造灵觉寺成。（北朝·杨衒之《洛阳伽蓝记》卷2）

唐宋时期，“造”和“成”分开使用与直接组合的情况并存，例如：

（81）宗楚客造一新宅成，皆是文柏为梁，沉香和红粉以泥壁，开门则香气蓬勃。（唐·张鷟《朝野佥载》卷3）

（82）夏四月庚申朔，至自东都，辛巳，造蓬莱宫成，徙居之。（后晋《旧唐书》卷4）

（83）有子婿来谒。时大门造成，琮乘马至门，鼓鼻踣地不进。（唐·张鷟《朝野佥载》卷6）

而且也有“造”和“成”独用的例子：

（84）西京造一堂新成，坊人见野狐无数，直入宅。（唐·张鷟《朝野佥载》卷6）

“造”独用时能够带抽象名词为宾语，与“成”组合后也承继了这个特点。例如：

（85）绍曰：“懿性识鄙近，从物推移，造成此事，惟当孙畅耳。”（唐《晋书》卷119）

这种情况的“造成”处于词汇化过程中的过渡阶段，只能说呈现出成词倾向，不能认定是词。

从宋代开始，“造成”合用的用例增加，并且宾语逐渐出现意义抽象的成分，不再限于器具。例如：

(86) 既已失之矣，而都水使者吴安持等因缘朝旨，造成弊政，令五百里以上不满七百里，每夫日纳钱二百五十文省。（宋・苏辙《栾城集》卷46）

(87) 只见那郑月娥晓得了，大哭道："这是我自要脱身泄气，造成此谋，谁知反害了姚乙？"（明・凌濛初《初刻拍案惊奇》卷2）

不过，到民国时期，"造成"的受事仍是以表示器物的具体名词为主。

三、"V成"类形式动词词汇化的特点

"构成、形成、造成"的词汇化程度并不高，即使用作形式动词时以动词为宾语，它们仍然可以拆分，在两个语素之间可以插入"不"。董秀芳（2000）指出"有些短语类型比另一些短语类型更难成词"。周荐（1994）对第2版的《现代汉语词典》进行了统计，卞成林（2000）对第3版的《现代汉语词典》进行了统计，他们的统计结果基本一致，偏正、动宾、联合结构成词比例高，补充式和主谓式结构成词比例都是较低的。"V成"类形式动词的词汇化程度不高印证了这些观点。

"造成"和"构成"来源于古代汉语中的动补结构，二者的词汇化必然受到汉语史动结式的形成之影响。总体来说，"造成""构成"的演变符合动结式的发展规律。不过，动结式的形成过程是存在一定争议的。如"V+O+C"和"V+C+O"之间有没有来源关系，学者们的认识并不一致。王力（1980）认为"使成式既然是两个词的组合，这两个词就有可能被别的词隔开"，同时指出"至少从宋代以后，使成式中的动词和补语已经结合得很密切了"。余志鸿（1984）认为"汉语的$V_1OV_2 \rightarrow V_1V_2O$""只能归因于动补结构紧密的北方逆行结构对汉语的不断渗透"，而且"不管从传达思想的角度，还是从语法裁减理论考虑，顺裁无论如何得比逆裁早，也就是说应先有$V_{及}OV_{不及}$式，而后才有$V_{及}V_{不及}O$式"。可见，两位先生都认为动补结构的前身是"V+O+C"。但是，余志鸿先生也指出，在先秦文献中已经出现了逆裁结构的句式。蒋绍愚（2003）指出在魏晋南北朝时期出现"V+O+C"（打头破）这样的"分用式的动结式"，不过蒋先生认为"V+O+C"和"V+C+O"之间在来源上没有关系。从"构成""造成"的词汇化过程来看，确实没有充足的证据表明"造成""构成"来源于"造+O+成""构+O+成"，因为两种结构基本上是在同一时期共存的，但是"造+

O＋成”“构＋O＋成”的存在至少证明了“造”“构”与“成”存在密切的语义关系，这也是它们实现词汇化的重要因素。志村良治（1995：17）认为“使成复合动词在唐代确实形成了”，并以杜甫诗句“检书烧烛短”为例说明“使成复合动词词与词之间的结合尚不够紧密”。我们认为，“构成”“造成”初步成词应不早于宋代。另外，志村良治（1995：219）还将所收集的表示动作及其结果的复音节动词列举了出来，其中包括“翻成、化成、转变成、转成”。可见，“成”属于动结式中表示结果的高频成分。

江蓝生（1995）提到“汉语的同义词往往沿着类同的方向发展”的语言现象，并概括出“同义词类同引申”的规律。从“构成、形成、造成”的词汇化历程来看，它们都本是描述实体事物的从无到有，实体事物都占据空间，因此“V成”本是描写空间构造的短语。它们逐渐具备形式动词的属性，则主要依赖于隐喻机制。事物在空间上的延展与事件的发展具有相似性，比如“构成”早期携带的宾语一般是建筑物，建筑物在空间上逐步扩展与事件发展变化具有相似性，事件的结束与建筑物等实体的完成也有相似性。基于这种相似性，源概念和目标概念之间建立了映射关系。“V成”类形式动词的隐喻特征具有一定的规约性，中国传统文化中存在以实物喻成事的说理传统。比如《老子》第六十四章有“合抱之木，生于毫末；九层之台，起于累土”的论说，实物之形成与事件之完成的共性在中国传统文化中被固定下来。

“V成”类形式动词的词汇化过程对它们在现代汉语共时层面的表现存在影响。古代汉语中，“形成”一般用于客观叙述事物形体的完成或者形势的变化，“构成”“造成”则一般指施事有意识地进行制作和创造。虽然我们在上文中曾经指出，相比于“进行”“加以”等典型形式动词，“V成”类形式动词主观意图不明显，但是“V成”类形式动词中“形成”相比于“构成”和“造成”所包含的主观意愿更弱，几乎没有主动施为性。“V成”用作短语时凸显的语义成分有所不同，“构成”凸显空间的结构框架，“造成”凸显实物通过人为制造而产生，“形成”凸显形体的逐渐完成。当“V成”具备形式动词属性后，它们携带宾语之后的整体意义仍然体现出与短语结构义的联系，具体情况如表6-1所示：

表 6-1 “V成”词汇化前后意义的比较

词项意义	用作短语时的意义	用作形式动词的区别性语义特征	用作形式动词的共性
构成	构造建筑物	间接性更为明显	凸显动作作为结果的义面，以消极义动词宾语为主
形成	实物之形体逐渐完成	渐成性	
造成	通过制造产生某实物	人为性较为明显	

(88) 反观台湾当局，他们出于“台独”图谋，不断进行“台独”挑衅，对两岸关系造成重大破坏，对两岸交流形成严重的阻碍和干扰。

例(88)中的“造成”及其宾语预设了“台独”分子破坏统一的行为，其主观意图相对明显，“形成”及其宾语侧重于叙述“台独”分子的行为造成的客观后果。

(89) 目前，个体经营木材不仅对销区的木材经营企业形成了严重威胁，而且对林区的木材生产企业也构成了冲击。

例(89)中“形成”带宾语预设了一个量的积累的过程，即“严重威胁”是逐渐产生的，“构成”的作用是表明其宾语动词表征的动作处于初始阶段，动作量较小，如“构成冲击”暗含冲击力度较小的意思。

“V成”类形式动词所带宾语均是以消极意义的动词为主，其中“形成”可以携带如“支撑、激励、支持”等积极意义的动词作宾语，“构成”也存在类似少量用例，“造成”则只能带消极意义动词为宾语。

四、小结

崔希亮(2005)指出，构词法范畴是语言的静态编码，句法范畴是语言的动态编码，“静态编码系统的形成往往有动态编码的动因”。“V成”词汇化的重要动因就是补充完善形式动词构成的句式系统。与“加以”“进行”等相似，“V成”类形式动词也用于将宾语动词所表动作的作用力传递给受事，但典型形式动词强化了宾语动词的作用力，凸显宾语动词实际动作进程的义面，“V成”类则是弱化了这种作用力，凸显宾语动词作为事件结果的义面。“V成”类形式动词的独特表达功效与其历时演变过程有关。

“V成”类形式动词是非典型成员，除了形式动词的用法，它们还具备普通动词的属性：能够携带名词性宾语并且不依赖宾语就能充当谓语，其中“造成”的宾语还可以是小句。温格瑞尔、施密特（2009）指出“范畴边界的模糊性是多方面的，其中语境依赖是最重要的方面之一”，判断“V成”是普通动词还是形式动词，应该根据其所处句法环境。

第四节　“展开”和“开展”在汉语史上的混用及分化

我们在第四章已经指出“展开”属于形式动词，并且没有将“开展”纳入形式动词的范围。“展开”和“开展”同素逆序，语义十分接近，在语法层面也有相似的表现。不过，我们已在前文指出，“开展”和“展开”在共时层面仍然存在较为重要的区别，因此我们认为不把“开展”看作形式动词是合适的。在这一节，我们主要介绍“开展”和“展开”在历时层面的关联以及分化。

一、“展开”和“开展”的混用

在古代汉语中，“展”和“开”的义项都比较多。《汉语大词典》在“展”词条下收录了17个义项，在“开”词条下收录了40个义项，但是它们的大部分义项现在已经消失，或者降级成为语素义。“展”和“开”的基本意义都自古至今延续使用，“展”的基本义是“伸展，舒展”，大致在战国时期产生，“开”的“打开、开启、舒展”的意义大致在春秋时期产生。在古汉语中，二者经常单独成词，如：

(90) 子鱼辞，曰：“臣展四体，以率旧职，犹惧不给而烦刑书，若又共二，徼大罪也。”(《春秋左传·定公四年》)

(91) 以开百室，百室盈止，妇子宁止。(《诗经·周颂·良耜》)

《辞海·语词分册》中“展”的第一个义项是“开；伸张”，以“开”释“展”说明了二者意义上的交叉。由于“展”和“开”的语义联系密切，在文章中常常对举使用，在唐宋诗词中比较突出。比如：

(92) 展翅开帆只待风，吹嘘成事古今同。(唐·方干《别从兄部》)

(93) 展画趋三圣，开屏笑七贤。(唐·路德延《小儿诗》)

(94) 老去相逢无别计，强开笑口展愁眉。(唐·白居易《新秋早起有怀元少尹》)

(95) 青眼初开，翠眉才展，小园长闭。(宋·李纲《梁溪词》)

在话本及小说中也常见“开”“展”对举使用的用例，如：

(96) 陈王才问，时有三十年名将镇国任蛮奴越班走出：“臣启大王，不知隋家兵士多少？缘擒虎领军三万五千，臣愿请军三万五千，不消展阵开旗，闻蛮奴之名，即便降来。”(《韩擒虎话本》，见《近代汉语语法资料汇编：唐五代卷》)

(97) 玄德呵开冻笔，拂展云笺，写书曰：“备久慕高名，两次晋谒，不遇空回，惆怅何似！”(明·吴承恩《三国演义》第三十七回)

(98) 柴进又奏道：“……此也是数中星宿，尽是陛下开疆展土之臣也。”(明·施耐庵《水浒传》第一百一十六回)

可见，“展”和“开”由于语义相近，经常共现，具备了词汇化的可能性。

二、“开”和“展”两种组合在历史上的混用现象

唐代已经出现“开”和“展”直接组合的用例，呈现成词趋势。如：

(99) 又寄百尺彩，绯红相盛衰。巧能喻其诚，深浅抽肝脾。开展放我侧，方餐涕垂匙。(唐·韩愈《寄崔二十七立之》)

(100) 花樽飘落酒，风案展开书。(唐·白居易《寄皇甫七》)

例(99)和(100)中“开展”和“展开”直接组合，不过，虽然“开”和“展”之间没有其他成分间隔，但是词汇化程度还不高，例(96)到(98)“开”和“展”能单独使用构成并列关系就说明了这一问题。特别是“展开”，中间还可以插入其他成分，如“不”，所以只能看作韵律词。

“开”和“展”单独使用时语义相近，组合之后的两种形式意义也相近。在汉语史上，“开展”和“展开”的词义及用法差别并不大，都主要用来表示“张开、铺开”的动作行为。“开展”在现代汉语中则已经失去了“张开，铺开”的义项，如“把被子展开”中的“展开”不能用“开展”替换，但在历史上二者都有此义项。“开展”表示“张开、铺开”这一具体动作行为的例子如：

(101) 忽一旦辞去，云：“贫道在此挠渎多年，更无所酬。今有旧经一函，且寄宅中。一周年不回，即可开展。”(北宋《太平广记》卷第九十五·道林)

(102) 荣辑子邕，酷好图画。务广藏蓄，每三伏中曝之，各以其类，循次开展，遍满其家。(宋·邓椿《画继》)

(103) 自此官里知太上圣意不欲频出劳人，遂奏知太上，命修内司日下于北内后苑建造冷泉堂，垒巧石为飞来峰，开展大池，引注湖水，景物并如西湖。(宋末元初·周密《武林旧事》卷七)

(104) 灵宅子见龙女败去，遂呼毒龙而言曰："尔身乃阴魂凝结，怎敌阳精？吾赐尔一天地赤巾，如遇敌人追至，将巾开展，彼必不知路径，团团转转，难出巾外。"(清·魏文中《绣云阁》)

(105) 夜半，有物自门隙蠕蠕入，薄如夹纸。入室后，渐开展作人形，乃女子也。(清·纪昀《阅微草堂笔记》卷一)

例 (101—105) 中的"开展"可以用"展开"替换，而且在现代汉语中只能用"展开"表示。这说明在汉语史上"展开"和"开展"很长一段时期内分工尚未明确，存在混用现象。

三、"展开"和"开展"的分化

在语言经济性的作用下，"展开"和"开展"相互竞争，逐渐分化。"展开"保留了"张开，铺开"用法，并逐渐具备了形式动词的属性，而"开展"则失去了这一义项，发展出新的用法。

在历史上，"开展"表示"张开，铺开"的用法明显少于"展开"。CCL 古代汉语语料库中，"开展"的有效用例共 31 条，其中有 10 例不是表示"张开，铺开"这一动作行为，而是作为形容词，意指"开豁"，例如：

(106) 惟某人才具开展，可支缓急；惟某人笃实精细，事事不苟。(清·欧阳兆熊、金安清《水窗春呓》)

"展开"表示"张开，铺开"这一动作行为的用例则多达 500 余条。从搭配对象的角度来说，"展开"的受事包括"两手、双足、经卷、旌旗、两翼、二翅、锦被、袈裟、花笺、黄纸、长躯、猿臂、两袖"等，搭配范围较广，使用频率较高，并且自唐至晚清各个时期的文献中都有所体现。而"开展"的搭配对象数量有限。因此，在与"展开"的竞争中，"开展"处于劣势，以致在现代汉语中它不能再表示"张开，铺开"这一意义。

"展开"能够逐渐虚化向形式动词靠拢和它词汇化过程较为复杂有关。"展开"是动补结构，"展"和"开"的语义分工比较清楚，二者组合在一起语义透明度较高，因此不容易完成词汇化。在表示“张开，铺开”这样具体的动作时，“展”和“开”虽然直接组合在一起，但结构还比较松散，中间可以插入否定成分，比如：

(107) 哪吒登风火轮，使开枪，展不开手。(《封神演义》第五十四回)

(108) 展不开的眉头，捱不明的更漏。(《红楼梦》第二十八回)

即使在现代汉语中也存在“展开”中间插入否定词“不”的情况，这说明表示“张开，铺开”之类意思的“展”与“开”结合不十分紧密。例如：

(109) 原来他个子高，展不开身子，马英心里觉得好笑，忙劝他道：“别冤枉泥水匠了，人家也不知道给你盖的。”(李晓明、韩安庆《平原枪声》)

因此，“展开”完全凝固成词，必须置于使其自身虚化的句法环境中。当“展开”的宾语是双音节及物动词，“展”“开”的结合最为凝固，而这也是形式动词的典型分布位置。在这样的句法环境中“展开”不再表示“张开，铺开”这样具体的动作行为，语义上更加抽象化、概括化。

施春宏（2017）对 VV 式结构复合词词法化及词汇化的能力进行了分析，他指出所有并列式及典型的述补式和连动式是最具能产性的 VV 复合词类型。“开展”是并列式，其中的“开”表动作行为，是他动词，意义较为实在。“展开”可归入非典型述补式，其中“开”是自动词，用于陈述事物状态，动作性削弱。“开展”和“展开”都具有完成词汇化的结构基础。二者基本上同在唐代开始词汇化的历程。“开展”的两个语素意义上没有轻重之分，很难说清二者组合后表意分工之所在，意义融合的程度较高。所以实际上同样表示“张开，铺开”之义，“开展”相对而言结构更凝固，更早完成词汇化。“开展”大致在唐代成词，例如：

(110) 莲花未开时，苦心终日卷。春水徒荡漾，荷花未开展。(唐·孟郊《乐府三首》)

较早成词也一定程度上阻止了“开展”在新的句法环境中获取新的功能并进一步虚化。“展开”以词的形式出现则是在宋代。“展开”由于“展”和“开”表义分工较明确，更适合编码“张开，铺开”的动作行为，这一意义得以稳固。

可以说，“开展”在与“展开”的竞争中处于劣势，如果不能有独特的价值，就会被语言系统所淘汰。“开展”先是引申出形容词用法，在20世纪初，“开展”又引申出表示“从小向大发展”的用法。比如：

（111）中国的妇女运动便不能蓬蓬勃勃开展起来了。（《当前妇女运动特点及其任务》，1940年3月）

“开展”的这两种用法是各自从“张开，铺开”的初始义引申出来的。所以，“开展”的词义演变大致可以概括为“辐射式”引申，由初始义向不同的方向演变出新的意义，但初始义最终丧失。“展开”则是“链条式”引申，并且始终保留了初始义。

总之，“展开”以“张开，铺开”这一意义为基础，借助隐喻机制，受事的范围逐渐扩大，并虚化为形式动词。“展开”既是普通实义动词，又是形式动词，作形式动词时词内结构更为凝固。“开展”表示“放开、铺开”的用法不稳定，在演变过程中逐渐消失。“开展”缺少虚化的句法环境，没有获得形式动词的用法。

四、小结

“开展”和“展开”是一对同素逆序词。从它们词汇化的历程来看，起点是相同的，都是“开”和“展”两个意义相近的动词。直接组合之初，“开展”和“展开”意义基本一致，二者都可以表示“张开，铺开”。在汉语史上，“开展”较早成词，“展开”稍晚，这和它们的内部构造有关。相比之下，“展开”的活动能力更强，能够携带大量名词作为宾语，而且其本身属于动补结构，语义透明度高，因此能够一直保留“张开，铺开”这一义项。也正是由于在“展开”中“展”和“开”语义分工明确，因而实现词汇化难度较大。“开展”和“展开”存在混用期，都能表示“放开、铺开”这种具体的动作行为，但是“开展”的这一用法在和“展开”竞争的过程中逐渐消失。“展开”实现词汇化的最终句法环境是分布在形式动词的典型位置，只有在这种情况下它作为词结构是完全凝固的，不能再插入其他成分。“展开”从古至今其意义通过隐喻实现了引申，用法变得复杂，“开展”用例较少，因而逐渐失去了“张开，铺开”的义项，同时发展出了一些新的用法。

总之，从词汇化的角度来审视“展开”和“开展”的发展演变，对于我们理解它们在现代汉语共时层面的共性和区别有很大的帮助。

第五节　“给予”“给以”“予以”的词汇化情况

我们在上文中曾经讨论了“V以”类形式动词的词汇化问题，包括“给以”和“予以”，并且指出了它们完成词汇化所需要的句法和语义两方面的条件。“给予、给以、予以”都是非常典型的形式动词，意义很接近，它们在共时层面表达功效的具体区别我们将在第7章进行讨论。在这一节，我们主要比较三个形式动词完成词汇化的过程有何不同以及这种不同对它们在现代汉语层面的用法的影响。

在《管子》一书中，“以＋NP＋予＋NP”和“予＋NP＋以＋NP”两种结构形式都存在，表义基本一致，这充分说明了“予”和“以”在古代是独立成词的。

(112) 故曰：毋予人以壤，毋授人以财。财终则有始，与四时废起。(《管子·山至数》)

(113) 桓公曰：“然则孰可?”管仲对曰：“隰朋可。朋之为人，好上识而下问。臣闻之，以德予人者谓之仁，以财予人者谓之良。”(《管子·戒》)

大致在清代，“予”和“以”组合成词，并且可以带典型的名词性成分为宾语，例如：

(114) 妇曰：“吾初入夫门，丈夫爱吾貌美，常与吾兰房调笑。或时予以好食，或时予以好衣。”(《绣云阁》第八十九回)

“给”“以”分开使用的例句如：

(115) 先帝爱民过于婴孩，民无妻者以妾妻之，见单衣者以帛给之，枯骨不收而取埋之。而陛下反之，是不遵先帝四也。(《三国志》卷六十一)

“给以”实际上比“予以”成词更早，在《宋书》已见到“给以”的用例。

(116) 皇基旧乡，地兼蓄重，宜令殷阜，式崇形望。可募诸州乐移者数千家，给以田宅，并蠲复。(《宋书·文帝纪》)

又如：

(117) 慎择司存，移此系者，细而劾之，仍给以酒食汤沐，以平人待之。(《太平广记》卷一百七十二)

"给""予"单独使用的例句如：

(118) 伤甚者令归治病，家善养，予医给药，赐酒日二升、肉二斤。(《墨子》卷十五)

"给予"成词大致在明代。例如：

(119) 其诸司如有力及要创制亭馆者，给予闲地，任其营造。(《全唐文》)

不过，民国时期文学作品中仍然有"给""予"单独使用的情况，例如：

(120) 当时虽皆上表奏闻，昭宗还有什么辩论。不过有求必应，滥给诏书，予他旌节，便算了事。(《唐史演义》第九十八回)

可见，"给予""予以"和"给以"成词之初都能带典型的名词性成分为宾语，其中包括单音节名词，三个动词往往可以相互替换。"予以"和"给予"在清代出现了带动词宾语的情况，例如：

(121) 窃维人材为国桢干，必其储养有素，方可取用无穷，所以朝廷设科取士，而又为之旁求博采，原为予以鼓励之意。(《阅世编》卷六)

(122)《明史》伪福王及伪鲁王以海、伪唐王聿键、伪永明王由榔等，各附于其祖传后，既不予以继统，又不没其事实，始知修史诸臣之斟酌尽善也。(《陔余丛考》卷七)

(123) 向来缮办军机档案每次告竣，俱给予议叙。(《枢垣记略》卷十四)

"给以"在古代汉语中没有发现带动词为宾语的情况。

从古代汉语到现代汉语，三个词带宾语的情况发生了变化，"予以"现在已经不能带名词性成分作宾语，"给以"也很少以名词性成分为宾语，只有"给予"既可以带动词性宾语又可以带名词性宾语。总体来说，三个形式动词带动词宾语都是到现代汉语才有的用法，只不过"给予"保留了带名词性成分作宾语的用法，"予以"则丧失了这种用法，"给以"的演变趋势则不够明显，虽然它既可以带名词性宾语也可以带动词性宾语，但是不如"给予"和"予以"活跃，特点不够突出。因此，在使用上，"给以"在三者之中是比较弱势的，具体表现为使用频率比较低，虚化程度不如"予以"，带动词宾语这方面的能力较"予以"差，词汇意义不如"给予"实在，虽然能带名词宾语，并能带双宾语，但是数量极少，句法活动能力也比"给予"差。

第六节 “表示”的语法化——从言说动词到形式动词

一、关于“表示”的研究现状

“表示”在《现代汉语词典》（第7版）中有两个义项。我们只研究第一个义项的“表示”，即表现人思想、情感态度的言语行为，下面提到的“表示”也限于其第一个义项。

本节之所以着重研究“表示”，是因为它有些用法比较特殊。《现代汉语八百词》（增订本）和《动词用法词典》都收录了“表示”一词，都指出了它可以动词为宾语的情况。特别是《现代汉语八百词》在“现代汉语语法要点”的“动词谓语句式”中的“动词作宾语句”部分探讨了形式动词和普通动词的区别，所给出的例句分为A、B两组，分别代表普通动词和形式动词。A组给出的普通动词包括“喜欢、表示、开始”三个，B组形式动词包括“进行”和“予以”。《现代汉语八百词》认为形式动词和普通动词的区别在于形式动词不能以名词为宾语，只能以动词为宾语，而普通动词既可以动词为宾语，也可以名词为宾语。与此观点不同，朱德熙（1985）认为形式动词可以少数地道的名词为宾语，比如“进行战争”。就形式动词宾语性质来说，《现代汉语八百词》和朱德熙先生的观点看似冲突，实则都有道理。因为，如果将“进行”看作一个既是普通动词同时又有形式动词用法的词，这个冲突就解决了。同样，“表示”既能以动词为宾语，又能以名词为宾语，这两种用法也应该进行区分。“表示”的形式动词属性基本上没有受到研究者的注意。值得指出的是，袁毓林（2010b：118）明确指出“表示”是形式动词，不过未进行论证。

我们认为，“表示”既有普通动词用法，又有形式动词用法，且形式动词用法是在普通动词用法的基础上语法化而成的。“表示”和“进行”具有共性，它能以双音节及物动词为宾语这一现象值得进一步探究。特别是“表示”以动词为宾语和以句群或句子为宾语这两种情况下它的语义和语法功能有什么不同？我们将展开讨论。

二、“表示”宾语的类型

“表示”首先是一个言说动词，和“说”意思接近，很多情况下二者可以相互替换，还可以连用，例如：

（124）他表示说，我现在唯一的愿望就是为人民、为后人多留下点好东西。

例（124）中的“表示说”也可以替换为“表示”或者“说”，不会造成句义的改变。

“S＋表示＋O”往往用来记录说话者所表达的内容。而对于说话者所表述的内容既可以直接引述其原话，也可以有所调整；不仅可以细致地陈述，也可以概括地说明，所以“表示”的宾语可以构成从复杂到简单的连续统。例如：

（125）他表示：“我们期望扩大两国人民之间的友好接触以及在各个方面的合作。”

（126）一位负责人表示，香港的青少年服务现在已发展成一套特有的模式。

（127）宋哲元对此加以拒绝，表示要为国家、为民族生存而战。

（128）李岚清对考察团来京访问表示欢迎。

例（125—128）这四个例句代表了“表示”的四种分布情况。例（125—128）中“表示”的宾语都是主谓结构完整的句子，如果表达上有必要，也可以是篇幅较长的段落。这种情况的“表示”与宾语之间一定存在停顿，书面上用冒号或者逗号表示。一般来说，如果“表示”和宾语之间用冒号间隔，那么宾语部分是直接引用原话；如果“表示”和宾语之间是逗号，这种情况在表达上较为灵活，“表示”的宾语既可以是直接引述原话，也可以是对原话进行调整后的间接引述。例（127—128）中“表示”都是与宾语直接组合，不存在停顿。例（127）中“表示”的宾语是主语承前省略的小句，从形式上来说不宜过长。例（128）中“表示”的宾语是双音节及物动词，还可以在动词前面添加修饰性成分。从例（125）到例（128），“表示”的宾语从形式上来说越来越简短，和“表示”之间的距离越来越近，与“表示”的句法关系也越来越密切。

再从和“说”之间的关系来看，例（125—128）中的“表示”也有区别。上面例（125）和（126）中的“表示”都可以用“说”进行替换。例（127）中的“表示”也可以替换为“说”，不过结合语境，表达效果不如“表示”得体。例（128）中的“表示”无法用“说”替换。这说明从例（125）到例（128）中的“表示”与“说”逐渐有了较大的差异。

“表示”的宾语从结构类型上来说可以概括为三种情况：主谓结构完整的句子、谓词短语、谓词或名词。这三种结构类型存在一定联系：主谓结构的句子省略主语就是谓词短语，谓词短语也可以通过省略附加成分（如宾语）简省为谓词。具体来说，当“表示”的宾语是主谓结构完整的小句，而且宾语小句的主语和“表示”的主语所指对象相同，宾语小句的主语就可以省略。例如：

（129）只有阿信一人明确表示反对战争、厌恶战争。

例（129）中“表示”的宾语是隐含主语的小句，这个主语可以补充出来（一般用人称代词复指），构成主谓结构完整的小句，即例（130）：

（130）阿信一人明确表示他反对战争、厌恶战争。

又如例（131a），“表示”的宾语是完整的主谓结构，其主语也可以承前省略，即（131b）：

（131）a. 但是谈到这次冒险的攀登，史玉柱表示他从来没有后怕过。

b. 但是谈到这次冒险的攀登，史玉柱表示从来没有后怕过。

“表示”的宾语是无主句和动词这两种情况存在结构上的变换关系，将无主句中的宾语成分用介词提到动词之前，从形式上就只剩动词。例如：

（132）但英国动物保护协会对狩猎活动表示反对，指出禁止狩猎只是时间问题。

例（132）中的画线部分也可以变换为：

（133）英国动物保护协会表示反对狩猎活动。

总之，“表示”的内容可以用句子形式具体地表达，也可以压缩成合适的名词或动词概括地表达，由于名词和动词概括性强，适用范围较大，因此显得程式化。如：

（134）a. 为此，北京奥申委向社会各界及港、澳、台同胞及海外华人表示诚挚的谢意，广大群众支持申办的热情十分可贵。

b. 我愿借此机会，向他们表示衷心的感谢。

我们认为“表示”以名词为宾语时不是形式动词，而是向形式动词过渡的阶段。

“表示”的宾语中心语除了双音节的名词和动词，还可以是双音节形容词，这种情况比较特殊。例如：

（135）关于南非局势，两位领导人对南非各派恢复对话表示高兴。

（136）凡知道有这块告示牌的中国人都对之表示愤慨。

总之，“表示”的谓词宾语有动词、形容词两种情况，从表意的角度来说都是用来表明情感态度的。但是只有双音节及物动词为宾语或宾语中心语的“表示”才是形式动词，以双音节形容词为宾语时不是形式动词，而是向形式动词过渡的阶段。“高兴、愤慨、难过”等本身是形容词，但是在句中可以带宾语，以“高兴”为例：

（137）萨马兰奇：“我很高兴看见两国关系越来越好。”

例（135）中的例句可以通过删略“表示”及介词“对”并作适当调整可以变换为SVO语序的句子，并不改变基本意思。

（138）关于南非局势，两位领导人（很）高兴南非各派恢复对话。

所以，应该说“表示”以形容词为宾语在一些方面和动词宾语具有共性。由于其他形式动词都没有携带双音节形容词作宾语的情况，且限于篇幅，本节集中讨论“表示”以动词为宾语的情况。

三、“表示”和“进行”的共性及区别

（一）“表示”和“进行”的共性

下面例（139）反映了“表示”和“进行”在入句表现上的共性。

（139）中方对此表示过严重关切，并向美方进行过多次严正交涉。

例（139）中“表示”和“进行”分别以“关切”和“交涉”为宾语中心语，二者都是及物动词，区别在于“关切”表示心理活动，“交涉”是动作行为动词。

下面我们进一步从意义和语法特征两方面对“表示”和“进行”的共性予以说明。之所以说“表示”呈现虚化态势，是因为在“PP＋表示＋$V_{双}$”的句法结构中，“表示”具备了形式动词的属性，讨论“表

示”和“进行”的共性须是在这个前提之下。首先，在“PP＋表示＋$V_{双}$”结构中，“表示”的意义贡献不大。“表示感谢”和“感谢”相比并未增添什么实际的意义。当然，“意义”实际上是个很复杂的概念。利奇（1987：13-19）将意义分为七种类型，“表示＋$V_{双}$”和“$V_{双}$”虽然在理性意义上基本上没有区别，但是二者在言语活动中却不是等值的，有不同的社会意义。“表示＋ $V_{双}$”一般限于用在新闻报道或者讲演及正式谈话中。例如：

（140）魏茨曼总统说：“我非常高兴地向你表示欢迎。”

（141）田纪云代表全国人大常委会向与会者表示欢迎和感谢。

例（140）和（141）都是正式场合中使用“表示＋$V_{双}$”的形式，非常得体。

其次，“表示”具备了和“进行”相似的语法功能。

宋玉珂（1982）对“进行”的语法作用进行了探讨，他认为“进行”没有具体的意思，可称为“无色动词”。而且“进行”可以解决语法上词的结合的矛盾，使句子构造完整。该文指出了“进行”在语法上的六个方面的作用，其中前三个是关键的。对比后，我们认为“表示”实际上也具有相似的语法功能。比如“进行”的第一个作用：“解决双音节动词加修饰语不能作谓语的矛盾。”在“表示衷心的感谢”中，“衷心的感谢”不能作谓语，有了“表示”的支持就没问题了。第二个作用：“解决状语定语不能并用于一个词的矛盾。”在“亲自表示衷心的感谢”这一结构中，状语“亲自”和定语“衷心”能够并用于动词“感谢”。第三个作用是：“解决句子没尾巴的矛盾。”在“向同学们感谢”这一结构中，只有添加“表示”才能使结构成立。“表示”和“进行”具有相似的功能还可以从二者之间的相互替换看出。例如：

（142）非常感谢任教授对潮汕文化在全球化时代精辟的见解，请我们再次以热烈的掌声进行感谢。

例（142）中的“进行”可以替换为“表示”，而且以用“表示”为常。

朱德熙（1985）指出形式动词能够使名词性成分转变为谓词性成分，并且能够标记前置受事，比如“进行＋VP”中 VP 的受事成分一般由介词引导置于“进行”之前。“表示”也可以标记前置受事。如：

（143）最近，党中央、国务院主要领导同志又一次听取了我们的汇报，对黑龙江经济发展总体思路表示支持和赞成。

傅雨贤（1987）曾对“进行”谓语句及其相关句式的变换作过较为详细的分析，“表示＋VP”作谓语的句子同样具有这样的变换情况。尤为值得注意的是SVO语序的句子和“S＋P＋O＋进行/表示＋V”之间的变换。陆俭明（2016）指出，汉语句子的信息结构需要遵循八条准则。据我们对陆先生观点的理解，八条准则的核心意思是：已知信息一般要前置于新信息，已知信息可以省略，信息未知程度越高，在句中的位置越靠后。陆先生的说法适用于对“表示＋VP”和“进行＋VP”的分析。“进行”“表示”等的作用都是将及物动词置于焦点的位置，使其成为全句强调的成分。和SVO句型相比，“S＋P＋O＋进行/表示＋V”使O置于V之前，V是未知程度最高的新信息，所以这种结构适用于O是已知信息的语境。如：

（144）从美国宪法制定以来，部分学者就开始对其合法性表示怀疑。

例（144）可以通过删略“对”和“表示”及剩余成分之间语序的对调使整个例句变换为SVO语序：

（144’）部分学者就开始怀疑其合法性。

以上两句在信息结构的安排上有所不同。在例（144）中，因为“美国宪法的合法性”是前文正在讨论的内容，它在此句中不是新信息，未知程度更高的是学者对“美国宪法的合法性”的态度，因此“怀疑”占据了焦点的位置。

可见，“表示”和“进行”有了较为明显的相似之处，“表示”不只是一个言说动词，而是具有了形式动词的用法。从言说动词到形式动词，是一个虚化或者说语法化的过程。吴福祥（2004）谈到语法化的演变以“词汇成分＞语法成分”或“较少语法化＞较多语法化”这种特定方向进行。因为形式动词仍然属于实词，所以“表示”应该说并未虚化成语法成分。但是它词汇义减弱，语法功能增强，成为受事前置的语法标记是客观的语言事实。所以，“表示”正经历“较少语法化＞较多语法化”这样的虚化历程。“表示＋VP”形成之后，在新闻报道及正式社交场合中使用频率很高，重复使用使“表示＋VP”整体趋于凝固。

（二）“表示＋$V_{双}$”独特的语言价值

“表示”和“进行”在携带宾语方面有互补性。刁晏斌（2004）指出“绝大多数的心理动词不能做‘进行’的宾语”。据我们观察，充当

“表示”宾语的双音节及物动词恰好可以是表示心理活动的动词，比如“怀疑、担忧、后悔、向往、嘉许、赞成、赞许、欣赏、反对、同情、满意、欢迎、厌恶、反抗、应允、肯定、认可、赞扬、抗议、宽恕、接受”等。而这些动词大部分都不能充当“进行”的宾语，因为“进行”一般以动作动词为宾语。所以“表示”在这一方面恰好和“进行”构成分布上的互补关系，这也从侧面反映了“表示”独特的表达功能。

“进行＋$V_{双}$”和“表示＋$V_{双}$”中的$V_{双}$是有交叉部分的，即某些动词既可以作“进行”的宾语，也可以作“表示”的宾语。例如：

（145）a. 他说，这些资金将对农民正迫切需要发展的项目进行支持。

b. 他对宁夏化工厂利用陕北气田扩建第二套大化肥装置表示支持。

（146）a. 病人去世后，他又与一位副厂长再次前往，对其家属进行慰问。

b. 两国政府要员分别在仪式上发表讲话，对死难者表示哀悼并对其亲属表示慰问。

（147）a. 部分第三势力领导人对夏尔马总统的决定表示抗议。

b. 以色列外交部已决定对他们的投票方式进行抗议。

例（145—147）说明“进行”和“表示”都属于形式动词的范畴。我们在上文中也已讨论，“进行＋$V_{双}$”和“表示＋$V_{双}$”存在意义上的差别。“进行”和“表示”对它们的动词宾语存在不同的作用，凸显了动词不同的义面。

（三）“表示”作为形式动词的非典型性

朱德熙（1982：59-60）指出“准谓宾动词的宾语只能是某些双音节动词或偏正结构，且偏正结构里的修饰成分只能由体词或形容词充当”。比如“加以调查”，“调查”可以扩展为定中结构“周密的调查”，而不是状中结构；“调查”不能再带宾语，如“加以调查农村”是不成立的；“调查”不再受副词（如“立刻”）修饰。与此相似，“表示”以动词为宾语时，动词的部分语法特征也得到“抑制”。比如“向他们表示感谢”，“感谢”可以扩展成定中结构“衷心的感谢”，同时“感谢”不能再带宾语，不能重叠，不能带体标记。不过，我们在前文中指出“表示”以动词为宾语和以小句为宾语之间存在密切联系，而且这两种用法都是“表示”的常规用法。所以“表示”和“进行”在语法功能上存在值得注意的区别，例如：

(148) 他说：“我对这次判决表示非常感谢。”

(149) 一审判决后，原告表示感谢法院秉公执法，使他的名誉得以恢复。

在例（148）中，“表示”的宾语受到程度副词“非常”的修饰，在例（149）中，“表示”之后的动词“感谢”仍然携带宾语。可见，“表示”处在语法化的过程中，属于非典型形式动词。

四、“表示＋O”的构式压制分析

作为言说动词，“表示”的宾语一般是一个篇幅较长的语篇，形式上表现为句子或句群，表达的内容可以很详细。“表示”宾语是双音节谓词或名词这种情况相对而言较为特殊。从句群/句子到双音节动词、名词或形容词，实际上是将具体的表达内容压缩为一个个范畴。这个“压缩”的过程我们可以借助构式理论特别是“构式压制”来进行审视。

“表示＋句群/句子”中的“表示”是言说动词，“表示＋$V_{双}$”中的“表示”有所虚化，这体现了构式和词项之间的互动关系。“表示＋O”的不同类型是一种构式压制现象。根据施春宏（2014）的观点，构式提供了需要满足的基本要求——招聘机制，组构成分提供了能够满足的基本条件——求职机制，构式压制就是这两种机制的协调运作过程。在“表示＋O”的原型构式中，“表示”作为一个言说动词，要求其宾语是一个完整的表述，所以“表示”典型的宾语是一段话（句群）或者一个完整的句子，否则就会输出错误的句子。如：

(150) a. *张三表示：“一本好书。”

b. *张三表示：“帮助。”

例（150）中“表示”的宾语分别是个数量名短语和动作动词，都不是一个完整的表述，因而站不住脚。“感谢、支持、抗议、慰问、反对、祝贺”等动词也不是一个完整的表述，但是能够提供满足构式“表示＋O”的基本条件。因为对于言说动词“表示”来说，其宾语一般用来陈述说话人的观点和态度。在这样的表述中，谓词往往是核心成分，是表述的关键所在，大部分表述可以用一个谓词或名词来概括。而上述“感谢”类动词都是某一言语行为的代表性词项，因而它们可以看作一个完整表述的高度概括、凝缩，具备了“求职”的关键要素，最终融入

"表示＋O"的构式。如果换作其他不表示言语行为或情感态度的动词，如"调查、研究、装扮、消除、摧毁"等，不具备"求职"的基本条件，所以无法进入"表示＋$V_{双}$"的构式。由于表示言语行为或情感态度的谓词多数是二价的，施事和受事（广义上的）是必有论元，其中施事一般充当主语，受事则需要置于"表示"之前。在构式压制的过程中，"表示＋O"在形式和意义的匹配关系上做出了调整，构式压制的结果是产生了变异构式——"表示＋$V_{双}$"，而且在此构式中，"表示"呈现出虚化的态势，成为非典型形式动词。施春宏（2015）对范畴的原型效应进行了分析，认为正是范畴具有原型效应才导致了构式压制现象普遍存在，非原型构式是在原型构式形义关系的基础上生成的，原型构式和非原型构式具有家族相似性。"表示＋O"就表现出这样的原型效应，"表示＋$V_{双}$"是在原型构式的基础上拓展的结果之一。与双音节动词进入"表示＋O"的构式相似，双音节名词和形容词也可以进入这一构式。

构式压制的效应还表现为：不管是动词还是形容词，它们原本的部分特征都得到了抑制，表现出与名词相似的特点，以"表示"后的形容词为例，词项为了契合构式的要求而作出调整和适应。我们在上文中曾指出，"表示"的宾语也可以是双音节形容词，当双音节形容词充当"表示"的宾语时，和双音节动词相似，有些性质只能蕴含在内，而不能表现出来。比如"高兴"，自身可以受程度副词修饰，也可以重叠，但是占据"表示"宾语位置后，这些性质只能"隐而不发"。例如：

（151）关于南非局势，两位领导人对南非各派恢复对话表示高兴。

（152）奥根亚诺维奇对能去中国执教表示由衷的高兴。

以上是对"表示＋O"构式内部构式压制的分析，主要是为了说明"表示"和所携带宾语之间存在形义关系的调整和适应。

换个角度，从"表示＋ $V_{双}$"和"进行＋ $V_{双}$"这两个构式之间的关系看，我们认为"表示＋ $V_{双}$"还是"形式动词＋ $V_{双}$"构式压制的结果。从这个角度能更好地说明"表示"成为非典型形式动词的动因。"表示＋ $V_{双}$"是在"形式动词＋ $V_{双}$"这一原型构式基础上的拓展。"形式动词＋ $V_{双}$"要求支配宾语的成分是语义虚化，并且能剥夺及物动词带宾能力的动词，"进行、加以、予以、给以、作"等典型形式动词契合这一需求，它们携带动词宾语构成“形式动词+ $V_{双}$”的常规构式。由于常规构式中的“$V_{双}$”一般是表示动作行为的动词，很多非动作双音节及物动词不能进入由典型形式动词构成的构式。“表示”后的谓词宾语一般是表示言语行为或情感态度的，所以“表示+ $V_{双}$”和“形式动词+ $V_{双}$”是互补的。这也是“形式动词+ $V_{双}$”这一构式“招聘”的原因：从表达功能的角度来说，“形式动词+ $V_{双}$”有不足之处。另外，那些表示言语行为或情感态度的谓词本身包含着“表示”的意味，例如“感谢”，《现代汉语词典》对“感谢”的解释是“用言语行动表示感激”，所以实际上“表示+ $V_{双}$”中的“表示”是这些谓词语义溢出的结果。正因为如此，“表示+$V_{双}$”中的“表示”语义贡献不大，主要起语法作用，也符合“形式动词+ $V_{双}$”招聘的基本条件。

我们已经指出，“形式动词+ $V_{双}$”是原型构式、常规构式，“表示+$V_{双}$”是在原型构式基础上拓展而成的边缘构式。作为一个边缘构式，“表示+$V_{双}$”还会表现出一些与原型构式不同的特点。这主要表现为“介+NP+表示+ $V_{双}$”和“表示+ $V_{双}$+NP”之间还可以较为自由地变换，例如：

(153) 关贸总协定缔约方对我国的改革措施普遍表示欢迎。

(153’) 关贸总协定缔约方普遍表示欢迎我国的改革措施。

这一现象和我们在第一部分讨论的作“表示”宾语的谓词短语及谓词之间的结构关系有关。“介+NP+形式动词+ $V_{双}$”无法变换成“形式动词+$V_{双}$+NP”，相比之下，“表示”作为形式动词典型性不够。

另外，“表示”以双音节形容词为宾语时，形容词可以受程度副词的修饰。例如：

(154) 他对来华进行国事访问表示非常高兴，对中方热情、友好的接待表示感谢。

例（154）说明“表示”对谓词宾语的抑制作用不及典型形式动词强。

五、“表示”的语法化

“表示”从普通言说动词而衍生出形式动词的用法，这是一个共时层面语法化的过程。这一过程即我们在第二节讨论的“表示”的宾语类型的变化：从句子到谓词性短语再到谓词的连续统。概括地说，“表示”的语法化过程可以描写为：言说动词→言说动词/形式动词→形式动词。

"表示"作为言说动词时意义实在，可以用"说"替换，当作为形式动词时则主要是在句法构造方面起作用。显然，"表示"经历了由实转虚的过程，即由词汇成分逐步转变为句法标记。当双音节及物动词充当"表示"的宾语时，宾语的动性减弱，名性增强。因此，"表示"的语法化过程也是其宾语由动性强的成分过渡到名性强的成分的过程。下面例（155）中的"表示"处于由言说动词向形式动词过渡的阶段，例（156）中的"表示"属于形式动词，它们对宾语成分施加的句法作用有强弱之别。

（155）他表示赞成世界银行关于从各国具体情况出发，采取减贫措施的战略。

（156）在谈到国内问题时，他对一年半以来中央的工作感到满意，对制定新的五年计划和十年规划表示赞成。

例（155）中的"赞成"是宾语从句的核心谓词，携带了宾语，词义具体。例（156）中的"赞成"降级为"表示"的宾语，无法再携带宾语，及物性减弱，词义上主要表明一种态度，相对而言概括性更强，词义更为笼统。两相比较，当"赞成"单独充当"表示"的宾语时名性增强，指称义得以凸显，也就是说形式动词对宾语成分的句法作用更强。根据 Langacker 的观点，动词刻画的是一个过程或者说场景，对过程或者场景的观察，既可以是总括式的扫描（summary scanning），即对过程的整体感知，也可以是次第式的扫描（sequential scanning），即过程的各个阶段之间存在变化。经过"总括扫描"的动词名性强，经过"次第扫描"的动词动性强。对"赞成"进行次第扫描的结果表现为程度上的级差，所以若"赞成"充当核心谓词，如例（155），其前面可以添加"十分、很、比较、不太、绝对不"等表示不同程度的成分。对"赞成"进行总括扫描的结果表现为程度上的固定，当"赞成"单独充当"表示"的宾语时，如例（156），只能添加"极其、完全"等高程度词。"进行＋$V_{双}$"生成的构式义中同样凸显了动作行为进展程度之高，比如"进行调查"中"调查"若添加修饰语一般是"全面、认真、细致、深入"这样的词。所以，这是形式动词的共性，当动词充当形式动词的宾语时，对动词所刻画的过程的认知方式就是总括式的。

沈家煊、张姜知（2013）提出了"名动共变"规律：动词的动性越强，宾语的名性也越强，反之，动词的动性越弱，宾语的名性也越弱。他们认为"形式动词是动性最强的动词"，其统一功能是"增强谓语的陈述性，按名动共变的规律，增强谓语的陈述性也就是增强后边宾语的指称性”。“表示”与不同类型的宾语之间的互动关系也符合“名动共变”规律。当“表示”的宾语是从句，从句陈述性较强，“表示”是典型的言说动词，动性较弱；当其宾语是光杆双音节及物动词，动词属性被“抑制”，指称性增强，宾语动词动性由强转弱，“表示”的动性则增强，表现出形式动词的性质。

“表示”进行语法化的机制主要是重新分析，重新分析的过程大致可以从“表示”宾语为“副词+动词”的情况看出。例如：

(157) 两国外长对当前由联合国斡旋在日内瓦举行的叙利亚和谈表示完全支持。

(158) 他对中国“自始至终给予巴勒斯坦人民正义事业的支持”表示再次感谢。

(159) 美国公民自由协会则对雇主可通过电子核查系统对雇员进行身份核实表示极为反感。

(160) 欧共体方面在会谈中，对欧日贸易环境的严重恶化，尤其是日本对欧贸易顺差的持续高速增长表示极其担忧。

例(157)至(160)中的“完全、再次、极为、极其”都是副词，副词只能作状语，若把以上例句中“表示”的宾语看作状中结构，那么“表示”就是普通动词。不过，汉语母语者对以上例句所示的“副+动”结构一般识解为定中结构，“表示”就可以看作形式动词，一般书写形式上在“副”“动”之间加“的”而非“地”就是证据。例如：

(161) 声明说，阿盟秘书长纳比勒·阿拉比已经代表阿盟，对利比亚“国家过渡委员会”表示完全的支持。

朱德熙(1982：59-60)认为形式动词的宾语若是偏正结构则只能是定中结构，修饰语不可以是副词。我们认为，副词不是绝对不可以作形式动词宾语动词的修饰语，只不过其属性受到了构式的压制，“副+动”结构被重新分析为定中结构，这是总括扫描的结果。

“表示”语法化的主要动因是语体表达的需求。形式动词可以使整体表达显得得体庄重，是汉语书面语系统的重要组成部分，“表示”虚化为形式动词可以弥补一般以动作动词为宾语的典型形式动词的不足。冯胜利、施春宏(2018)对语体语法系统进行了建构，认为“句法语距是句法形式负有调距功能”，即用句法手段调节交际距离。“表示+V”这种结构一般用于正式场合，施事往往是在交际场景中地位较高的人，一定程度上拉长了听说双方的交际距离，以此强调V所表示的情感态度。因此，“表示＋V”起到了调节交际距离的作用，与常规的SVO语序相比增强了表达的正式性。

六、小结

本小节对“表示”的宾语类型及各种类型之间的结构关系进行了梳理，并重点讨论了“表示”以谓词特别是双音节及物动词为宾语的情况。通过结合对“表示”以动词为宾语时语法功能的分析，我们认为“表示”和“进行”有较为明显的共性，可以判定为非典型形式动词。

“表示”以谓词为宾语这种用法清末民初已经较为常见，例如：

(162) 唐总理与熊总长，不得不据情答复。略云：“贵院能先对大纲，表示同意，再行指出应改条文，本总理等必当尽力磋商，务期有济。”各议员一律拍掌，表示赞成。(《民国演义》第十一回)

“表示”的这种用法在当前新闻报道及正式场合的谈话中使用频率较高，促进了“表示”向形式动词的靠拢。

第七节　“提出”“造成”的语法化

一、“提出”的语法化

“提出”和“表示”都属于言说表态类形式动词。“表示”的四种宾语类型，对于“提出”也同样适用。“提出”以句群、复句、短语、动词为宾语的情况分别举例如下：

(163) a. 毛泽东同志在1950年和1951年两次提出“健康第一，学习第二……全国学校都应如此”。

b. 他提出只有在这一基础上才能发展科学。

c. 毛泽东同志多次提出务必使同志们继续保持谦虚谨慎、戒骄戒躁、艰苦奋斗的作风。

d. 非遵从者对他们所反对的社会规范的合法性提出挑战。

“表示”是在言说动词的基础上语法化而成表态类形式动词的。“提出”也差不多是这样，例(163a)和(163b)中的“提出”可以用“说”替换，替换之后基本句意不变，但是不如“提出”庄重典雅。形式动词“提出”带动词宾语一般用于表态，如：

(164) 对于“中国的统一”这一节末段的论断，布德博士提出怀疑。

例（164）中“提出怀疑”用于表明怀疑的态度。又如：

(165) 市委办公室对效率较高的十三个单位提出表扬，对效率特别低的二十八个单位提出严重批评。

“表扬”和“批评”都是表明态度的动词，用形式动词“提出”作为标记，显得严肃正式。

不过，“表示”作为形式动词所在句子的主语一般是指人名词或代词，还有表示机构名称的名词，所以“表示”是比较典型的表态类形式动词，而“提出”作为形式动词有所不同，它所在句子的主语可能是无生命物，例如：

(166) 这次爆发的非典疫情除了向我国医疗卫生体系提出严峻的挑战外，更是直接向我们的社会控制提出了挑战。

例（166）中的“提出挑战”如果说是一种“表态”，那么这种“表态”也是带有隐喻性质的。因为“挑战”的施事和受事都是无生命的。

二、“造成”的语法化

形式动词“造成”也经历了与“表示”相似的语法化过程。“造成”可以主谓结构完整的小句以及名词短语作宾语，例如：

(167) a. 工业污水以及洗涤剂的过度使用，造成我国大部分城市的水域污染严重，而含磷污水排入江河，造成水体富营养化，使水缺氧而殃及鱼虾。

b. 该市60%的车辆尾气排放超过国家标准，造成了城市空气的污染。

c. 实际上，电的生产也会对环境造成污染。

可见，“造成”的宾语表示一种结果，叙述结果可以使用长句、短句，也可以使用短语，甚至仅用一个词来代表。以例（167）为例，“污染”的情况可以作较为详细的介绍，也可以用简单的短句或者偏正结构的短语概括，甚至只用“污染”这个词表达，不管是复杂的句群或者长句还是一个词都可以充当“造成”的宾语。因此，充当“造成”的宾语在结构形式上也呈现出一个从复杂到简单的连续统。

第八节　本章结论

形式动词典型分布位置是一些短语或结构实现词汇化的最终句法环境。在这一句法环境中，关键之处在于宾语（中心语）是双音节动词，而且一般是双音节及物动词，同时双音节及物动词的后面不能再携带附加成分，比如宾语、补语等。普通动词的宾语一般是名词性成分或者小句、短语等，形式动词的宾语是动词。动词作形式动词的宾语时是指称化了的陈述性成分，意义较为抽象，有助于促进形式动词语义的虚化。形式动词语义虚化会进一步促进词内结构的凝固。因此，形式动词的用法是一些短语和结构实现词汇化的重要手段。

第七章　形式动词的表达功效

在20世纪50—60年代，学者们曾就形式动词存在的必要性进行讨论，一些学者主张废除形式动词，实践证明这种观点是过于极端的，形式动词在交际中发挥着重要作用。有些情况下，形式动词不是结构上所必需的成分，导致一些研究者认为它们在句子中是冗余成分。霍凯特在其《现代语言学教程》中曾就音位配列中的“羡余”成分进行过讨论，他指出“就这种专门意义来说，羡余根本不是令人惋惜的东西，而是任何像语言这样覆盖面广而又富于弹性的交际系统的基本的组成部分”。形式动词类似于音位序列上的羡余成分，虽然有些情况不是表意所必需的成分，但是它的存在会赋予整个句子不同的意义，改变整句话的表达功效。我们在前几章指出相比于20世纪50—60年代，形式动词成员数量逐渐增加，并且分化为动作类、表态类和存现类三种类型，一个重要原因在于形式动词使用频率增加，使用场合扩大，原来的成员不足以满足表情达意的需求。因此，形式动词这一动词次类整体的表达功效值得探讨。我们打算在本章首先对所有形式动词共有的表达功效进行分析。另外，有些形式动词意义和用法相近，是汉语学习者学习和使用的难点，它们表达功效的区别需要梳理。一般来说，这些较难辨析的形式动词往往属于形式动词同一个次类。比如同样属于动作类形式动词给予小类的“给予、予以、给以”，同属于表态类形式动词动外向表态类的“表示”和“提出”。

第一节　形式动词在语体方面的作用

形式动词具有较强的书面语语体特征。这种语体特征不是现代汉语才产生的，而是源于古代汉语并随着汉语的发展而越发明显的。例如：

(1) 妻曰：“死何裨益？不如自行搜觅，冀有万一之得。”（《聊

斋志异·促织》)

(2) 宰严限追比，旬余，杖至百，两股间脓血流离，并虫亦不能行捉矣。(《聊斋志异·促织》)

上面两个例句中的“行”都以及物动词为宾语，相当于现代汉语的“进行”。“加以、加、行”等在古代就有作为形式动词的用法。从古代汉语到现代汉语，形式动词不仅在汉语语言系统中保存下来，而且成员数量逐渐增加，关于成员数量的增加以及类型的扩展我们在前文已经较为详细地进行了讨论。

形式动词在语体方面的作用主要是转换语体色彩或增强书面语体色彩。也就是使原本不是书面语体色彩的表述转换成书面语体或者使原本是书面语体的表述更为正式、严肃。

在《现代汉语词典》(第7版)中，“进行”有两个义项，一个是“从事(某种活动)”，另外一个义项是“前进”。显然第一个义项的“进行”是形式动词，《现代汉语词典》(第7版)在“进行”的第一个义项之后附了一个“注意”，分析了“进行”使用上的条件，也就是对宾语动词的选择限制条件，首先强调了形式动词的书面语体色彩，如“午睡”“叫喊”等不庄重、严肃的动词不能充当其宾语，其次还指出“进行”的宾语动词表征的是可以持续的动作行为。对于它所指出的两个错误用例，我们通过语料库进行了检索，发现CCL语料库中“进行午睡”仅有1例，即例(3)。语料库中没有“进行叫喊”的用例，不过在网络上发现1例，即例(4)，但是其可接受程度不高。

(3) 其实打哈欠说明你确实是比较疲倦，那么有条件的话最好休息一下，比如进行午睡。

(4) 比赛过程中，第一裁判员已发现某队坐在替补席上的教练员经常对场上队员进行叫喊，以达到场外指导的目的。(https://www.zybang.com/question/5d2d2fbe652011709a9e4c0774c2127a.html)

“午睡”“叫喊”不是“正式、严肃”的行为，因此不能充当形式动词的宾语。问题是，如“殴打、虐待、嘲笑”等动词表征的动作行为也并不是正式、严肃的，但是它们都可以充当形式动词的宾语。所以，我们认为更准确的表述应该是形式动词带动词宾语这一动宾结构整体用于表示正式、严肃的行为。因此，可以说“严肃、正式”是“形式动词+宾语动词”的构式义的一部分，而且主要是形式动词的表达功效。

(5) 据意大利人的报道，牛赖特对里宾特洛甫建立有意义的英德友好关系的幻想曾进行过嘲笑。

“嘲笑”肯定不是严肃的、正式的行为，但是“进行嘲笑”整体是一种正式的表述，整个句子用于严肃的报道。又如：

(6) 法院审理后认为，被告人张建新、王菊香当众对张拴巧进行殴打、辱骂、泼粪便，其行为均构成侮辱罪。

例(6)是新闻报道中的一句话，主要内容是讲在农村偏远地区普法的重要性，是一种严肃的说理。句中“进行”的宾语动词所表征的动作行为单独来说都不是严肃、正式的，但是它们用作“进行”的宾语后整体是正式、客观的叙述。

不论是20世纪50—60年代还是当前，都有学者认为形式动词在句中语义贡献不大，不可滥用。李开来(1995)对滥用“进行”的情况提出了批评，认为很多例句中不需要使用“进行”却用了，下面例(7)是他文章中认定的病句：

(7) 他们将零件拆下来进行修理。

例(7)中的“进行”确实可以删略而不影响句子基本意思的表达。但是，应该思考的一个问题是，是否不需要用而用就一定是“滥用”？语言表达的需要是多元化的，不是只要能够表达清楚意思就是满足需要了。例(7)虽然删略“进行”不会影响句子的成立，也不会改变基本句义，但是在语用层面是存在值得注意的后果的。这种后果主要集中在语体方面，如果不用“进行”，句子是通俗的，加上“进行”，则是较为正式、严肃的。所以，例(7)从表达基本意思的角度来说不需要“进行”，但是从标明语体的角度则需要“进行”。可见，“进行”在上述例句中并不是“多余”的，而是有着重要的作用。可以说，形式动词有种“包装”的作用，通过添加形式动词可以增加句子的书面语体色彩，这在新闻类节目中也是常见的现象。例如2018年8月18日的《今日说法》节目中有这样一句话：

(8) 潘凤珠老人不会说普通话，见她与记者难以正常交流，她的亲生女儿王美芬主动提出，帮我们进行沟通。

例(8)中的“进行”如果删略，会影响整个句子的语体色彩。

我们认为，口头表达一般较为简洁，多为流水句，一般也没有复杂的结构。书面语表达则较为复杂，不能以口头表达的特征去要求书面语。下面例(9)是《今日说法》中的旁白，是典型的书面语体，例(10)是节目主持人所说的话，属于口语语体。例(9)中使用了形式动词“进行”，例（10）则没有在“处理”之前添加形式动词。这种差别主要受语体的影响。

（9）死亡抚恤金虽然不是遗产，但是可以参照遗产进行处理。

（10）但是对潘老太太之前声称的存款当中之前被阿福取出来已经消费掉的部分，还有房子，都没有处理。

再来看另一组出自《今日说法》（2018 年 8 月 17 日）的句子，很有启发性。

（11）警方连夜沿着黑影逃跑的方向进行了搜寻。

（12）我们想顺着这个嫌疑人逃跑的方向去追捕嫌疑人。

例（11）和例（12）实际上是讲的同一件事。例（11）是旁白所说的句子，是客观的报道，属于书面语体，句中使用了形式动词。例（12）是办案警察所说的句子，属于口语语体，句中没有使用形式动词。

还有一点值得强调的是，增强句子的书面语体色彩是所有形式动词共有的“包装”作用，但是具体来说，不同的形式动词还有自己的个性。我们在前面已经指出，不同的形式动词往往凸显宾语动词的不同义面，而且形式动词有些情况下并不是结构所必需的成分。那么，这种不是结构上必需的形式动词的隐现有无规律可循呢？下面例（13）这段话是《今日说法》2018 年 8 月 17 日这期节目中的一段旁白，其中出现了三个“进行”，第一句话动词“怀疑”之前并没有形式动词，但是“进行怀疑”是合格的搭配，那么为什么这句话中“怀疑”之前没有添加“进行”，而后面连续使用了三个“进行”？

（13）综合这些信息，警方不得不怀疑，抢劫可能是嫌疑人制造的一个假象。……而丈夫杨业具备这样的作案条件和动机。作案后，他有足够的时间回到家里进行清洗，并在接到警方的电话后，赶到医院，对人事不醒的妻子进行辨认。既然存在这种可能性，警方需要立即对杨业进行控制。

正如我们在上文所说，有了形式动词的“包装”，句子整体显得严肃、正式。另一方面，“进行”强调宾语动词作为一个具有持续时段的过程。例（13）中说话人的意图就是要强调“清洗、辨认、控制”等的过程性。特别是第一个使用“进行”的句子，前半部分包括“有足够的时间”，所以后半部分强调“清洗”持续了一段时间。问题是“怀疑”一词所表征的动作行为本身也可以持续进行，为什么说话人没有使用“进行”？这还是要结合上下文语境来分析，例（13）第一个句子叙述的是警方根据现有线索而产生怀疑，可以说“怀疑”是一个结果，也就没有必要去凸显“怀疑”作为过程的方面。所以，我们认为，在可用可不用的情况下，形式动词的使用与否，取决于说话人的表达意图。

第二节　形式动词凑足结构的作用

有些情况下，形式动词的出现与否并不影响句子结构的合法性，只会影响句子的语体色彩，这种情况下，形式动词主要起到一种“包装”作用，如例（13）中第1个使用“进行”的句子。但是，有些情况下形式动词如果被删略，则会导致整个句子结构不合格，站不住脚，如例（13）中后两个使用“进行”的句子。这说明形式动词不只有“包装”作用，还有凑足结构使结构完整的作用。虽然这一点主要是从结构形式的角度来说的，但是实际上也关系到一个表述能否成立，表达效果是否理想，因此，我们也放到这一部分来说。形式动词使结构形式完整的作用宋玉珂（1982）、朱德熙（1985）都注意到了，如果形式动词的宾语本身是名词性成分，形式动词是必须要存在的。另外，如果是分布在“P（介词）＋NP＋形式动词＋VP（双音节及物动词）”这样的结构中，形式动词一般也不能删除。例如：

（14）法官决定对这份房屋买卖契约的真伪进行调查。

（14’）* 法官决定对这份房屋买卖契约的真伪调查。

例（14）中“进行”带双音节及物动词“调查”作宾语，删除“进行”后不再是合格的句子。可见，如例（14）和（14’）所示，形式动词的宾语若是光杆动词，且形式动词前面是介宾短语，那么形式动词也不能删略，它在句中保证了结构的平衡。我们认为，形式动词在句中可以使其宾语动词复杂化，这点和“把”字句对谓语动词的要求有相似之处。

（15）1993年2月初，中纪委、监察部和国家税务局组成联合调查组，并制定了周密的调查方案，三赴咸宁，对此案进一步调查核实。

例（15）中的“调查”的受事由介词“对”引导前置，句中没有使用形式动词，因为“调查”和“核实”构成连动结构，而且前面受“进一步”的修饰，因此，可以说画线部分的“调查”是复杂化了的，否则必须要使用形式动词。

形式动词一般分布的小句结构是：P（介词）＋$NP_{受事}$＋____＋$V_{双/及}$（双音节及物动词），而且其中的介词以“对”为常。这种句型实际上也是一种类似于“把”字句的处置式，为了称说的方便，我们称为“对”字句。形式动词常分布在“对”字句中，也可以分布在“把”字句中，例如：

（16）一个人已经画成了，一看另一个人还远远落后，就决定把他画的蛇加以润饰，添上了几只脚。

（17）在古代，墨子与孔子享有同等的盛名。墨学的影响也不亚于孔学。把这两个人进行对比，是很有趣的。

例（16）和（17）中的“把”都可以用介词“对”替换。例（16）、（17）中“把”字句都包含形式动词及其宾语动词，宾语动词是光杆动词，如果把形式动词去掉，那么就会仅剩下光杆动词，违背了“把”字句的构造规则。这充分说明了形式动词使谓词复杂化的作用。

形式动词所在的“对”字句和“把”字句如果都归为“处置式”，那么“把”字句是典型的处置式，处置意味强，“对”字句则是处置意味弱的非典型处置式。例如：

（18）一些倒煤者采用筛选和破碎的方法，对煤矸石进行加工，使之“煤矸亲和”，鱼目混珠。

（19）如民管会负责人强巴克珠等人，把从仓库中寻找出的铜皮进行加工，制成维修工程所需的鎏瓷金钢皮顶，付出了大量艰苦的劳动，为国家节省资金 300 多万元。

“对”字句处置意味较“把”字句弱还表现在“对”所介引的名词性成分不一定是典型的受事，有的是动作行为的对象，这种情况下“对”及其宾语与话题有相似之处。例如：

（20）兽医部门对该村的家禽进行了扑杀，并对村子外围的家禽进行强制免疫。省卫生厅派人到现场进行了严格普查和监控，并对疫点和疫区进行了反复消毒。（http://news.sina.com.cn/c/2004-01-29/05401662615s.shtml）

例句中有 4 个“进行”，第二个和第四个“进行”的宾语动词“免疫”“消毒”不是及物动词，但是它们所表征的动作行为必然关联一个对象。所以，这种情况的“对”字句处置意味较弱。

第三节 形式动词调整语义的作用

汉语是SVO语序的语言，动词一般和宾语处在同一层次，而且在线性语流中邻接。形式动词所在的结构将O前置，V置于句尾，在O和V之间起到了“间隔”作用，而且形式上的“间隔”也造成语义上的结果。如果说SVO一般表示直接实施某一行为，那么形式动词结构则是一种“间接”实施的行为。因此，相对于SVO，形式动词结构可以说是有标记的。例如：

(21) a. 武冈市动物防疫工作人员立即赶赴现场，一方面对养鸭场进行封锁，迅速组织扑杀；一方面采样送检。

b. 武冈市动物防疫工作人员立即赶赴现场，一方面封锁养鸭场，迅速组织扑杀；一方面采样送检。

例（21a）可以变换为例（21b），相对于例（21b），例（21a）从结构包含的词项来说增加了介词和缺少词汇义的形式动词，从结构安排上来说也变得复杂。再从线性距离上来说，若使用形式动词，则其宾语动词和受事之间距离变远，如例（21a）中的“封锁”和“养鸭场”之间被“进行”隔开，不在同一层次。而若不使用形式动词，动词和受事之间无其他成分间隔，处于同一层次。我们认为，动词与其受事之间直接组合，其语义关系也更为密切，动作对受事的作用也更为直接。若使用形式动词，则动作对受事的作用较为间接。如例（21b）所表达的意思一般是防疫工作人员亲自封锁养鸭场，主语是直接发出动作的施事，主动施为的意味明显。而例（21a）中不一定是防疫工作人员封锁养鸭场，也可能是指挥别人（非工作人员）封锁养鸭场，间接发出这一动作。如果不是“防疫工作人员”亲自实施“封锁”行为，那么说“防疫工作人员封锁养鸭场”是有问题的，但是表述成“防疫工作人员对养鸭场进行封锁”则是可以成立的。

这一点，表态类形式动词和存现类形式动词表现得更为明显。以“表示”为例，下面例（22）中如果不使用“表示”则可接受程度下降，一个重要的因素就是例中的“祝贺”并不是典型的直接祝贺，而是一种间接的方式进行的。

(22) 这时，出席会议的100多名代表用热烈的掌声表示祝贺，至此，陕西省商会宣告正式成立。

对于“祝贺”这种行为来说，实际上不用形式动词“表示”来表达是更为直接的方式，例如：

(23) 康部长微笑着走到我们面前，和我们一一握手，高兴地说：“祝贺你们成功！你们今天吊装成功了，很好！”

如果使用“表示＋VP”的形式，往往并不是一种直接的表达方式，例如：

(24) 我对你们的劳动表示感谢！对文件的形成表示祝贺！

例（24）出自《邓小平文选》，是邓小平同志 1990 年 2 月 17 日在北京人民大会堂会见出席香港特别行政区基本法起草委员会第九次全体会议的委员时即兴发表的讲话。这种语境并不是小平同志和其他人的面谈，而是一种公开的演讲，听话人是一个人数众多的群体，因此不宜使用如例（23）那样的直接感谢方式。使用形式动词“表示”是比较得体的。又如：

(25) 中国化学会执行理事长徐光宪致开幕词，他代表中国化学会向为发展中国量子化学和培养人才做出杰出贡献的唐敖庆教授表示祝贺和感谢。

例（25）中，徐光宪先生并不是以面对面的形式直接祝贺、感谢唐敖庆教授，唐敖庆教授也可以不在场，可以说是在一种庄重严肃的场合以一种间接的方式来实施言语行为，听话人也是一个群体而非个体。如果是只有听说双方，使用形式动词来间接地实施言语行为则显得不够自然。例如：

(26) 这笔买卖对你我都很重要。但首先我对你的平安抵达表示祝贺。

例（26）这种表达方式如果是私人聊天，会显得过于正式。

存现类形式动词也有类似的作用，例如：

(27) 泡沫经济可重新分配国民收入，加剧社会贫富两极分化，严重的会引致一系列的社会问题，对社会安定构成威胁。

(28) 报告认为，土地沙化加剧，制约经济持续发展，危害人民生产生活，威胁社会安定团结，已成为中国继水、旱灾害之后最大的自然灾害。

例（27）中使用了形式动词“构成”，例（28）没有使用。例（27）中“对社会安定构成威胁”并不是说“威胁”已实际发生，而是说有可能发生。例（28）“威胁社会安定团结”中“威胁”与其受事直接组合，

"威胁"已实际发生。

第四节　形式动词标记焦点的作用

形式动词为其他动词提供了宾语的位置，使之处在句尾，成为全句所强调的新信息。特别是形式动词的宾语一般是双音节及物动词，而光杆形式的双音节及物动词一般不位于句尾，而是会携带宾语、补语等成分。因此，形式动词可以使一般不作焦点的动词成为句子的焦点。罗仁地、潘露莉（2005）指出"所有语言都有各自标记话语中信息类型的语法系统"。形式动词可以看作汉语一种特殊的焦点标记。其他语言中的"轻动词"也起到了类似的作用。罗仁地、潘露莉（2005）一文介绍了Lambrecht对宽焦点和窄焦点的区分，前者包括句子焦点和谓语焦点，后者指句子的焦点是单一的成分。

（29）对于以往积累的正确的工作经验，如果能够很好地结合新的工作实际，加以正确的运用，可以创造出更好的成绩。

（30）许多宝贵的思想政治工作的基本原则、重要经验，要结合新的实际，认真地加以坚持，加以运用。

（31）家庭经营在我国的经济发展中发挥了重要作用，问题是要加以规划、加以宣传、加以组织、加以引导。

形式动词是句子窄焦点的标记，因为其宾语成分一般是光杆动词或偏正结构的词组。形式动词标记焦点的作用在例（29—31）中得到充分表现，在例（30）中，"加以坚持"和"加以运用"构成并列结构，焦点是单一成分，显得论述有力。如果是以"加以坚持和运用"这样的形式出现，焦点是两个动词，表达效果有所削弱。在例（31）中，四个动词分别作"加以"的宾语构成并列关系，而不是四个动词构成并列结构以后再充当"加以"的宾语。类似的这种安排正是为了凸显焦点。

（32）地委、行署领导干部以身作则，对原地区行署基建局违反政策招、转工的问题，予以坚决处理，对招、转的八十八名固定工全部予以清退。

例（32）中"地委、行署领导干部"是全句的话题，其后两个介词"对"分别标记了一个次话题，而"予以"则标记了两个次话题的述题的焦点。可以表示为：

（33）＜地委、行署领导干部＞$_{\text{话题}}$以身作则，对＜原地区行署基建局违反政策招、转工的问题＞$_{次话题1}$，予以［坚决处理］$_{焦点1}$，对＜招、转的八十八名固定工＞$_{次话题2}$全部予以［清退］$_{焦点2}$。

所以，形式动词的存在使我们更容易确定小句的焦点成分。

（34）如有的人和部门公开违背和妨碍中央一号文件的贯彻落实，利用职权，以种种借口和手段，对农民发展商品生产予以指责、干预和刁难，设置障碍，一经发现，要立即制止，坚决纠正。

形式动词的“隐”和“现”同样反映了它凸显焦点的作用。如下面例（34）所示，其中“予以”起到了标记焦点的作用，句尾两个及物动词“制止”和“纠正”的前面没有形式动词，但是可以添加上，如在“制止”前添加“进行”，在“纠正”前添加“加以”。添加之后的例句为：

（35）如有的人和部门公开违背和妨碍中央一号文件的贯彻落实，利用职权，以种种借口和手段，对农民发展商品生产予以指责、干预和刁难，设置障碍，一经发现，要立即进行制止，坚决加以纠正。

例（35）并不是错误的句子，但是表达效果不如原句。这是因为句中“指责、干预和刁难”这一组动词和“制止、纠正”这一组动词是一种不兼容的关系，不能同时成为焦点。既然“指责、干预和刁难”已经被“予以”标记为焦点，那么“制止”和“纠正”不宜再成为焦点。

第五节　“给予”“给以”“予以”表达功效的同异

一、“给予”“给以”“予以”的共性

动作类形式动词中的“给予”类包括“给予、给以、予以、提供”这4个。其中“给予、给以、予以”都是典型的形式动词，“提供”则是非典型形式动词，它们语义上都和“给”相关，所以我们称为“给予”类。本部分重点分析“给予、给以、予以”三个形式动词表达功效的同异。

周刚（1987）根据形式动词在语义和语法上的特征把形式动词划分为“加以”类和“进行”类两类。在他的分类中，“给予、给以、予以”都属于“加以”类。“给予、给以、予以”和“加以”确实有很强的共

性，但是它们的个性研究得还不够深入。目前的研究对除“加以”和“进行”以外的其他形式动词有所忽视。

“给予、给以、予以”三个词已被《现代汉语词典》（第7版）收录。在《现代汉语词典》（第7版）中，“给予”和“给以”都解释为“给”，“予以”解释为“给以”。可见，三者的意思基本一致，都可以用“给”解释，也可以相互解释。朱景松主编的《现代汉语虚词词典》也收录了这三个词。编者在“内容概要”部分指出虚化动词虽然属于实词，但是使用频率高，虚化程度高，语法化趋向明显，在句中主要起语法作用，因此，也收录在词典内。编者将形式动词（即虚化动词）收入一部以解释虚词为主的工具书反映了形式动词语义虚化的性质。其中对“给以、给予、予以”的解释为：“给，必带宾语”，并进一步指出“给以”只能带具有某些名词特征的双音节名动词，“予以”的宾语是双音节动词，“给予”的宾语多是双音节动词，也可以是名词性词语，同时可以带双宾语。里面谈到了三个形式动词的一些区别，主要是它们所带宾语的性质有差异。实际上三者都可以带动词作宾语，例如：

（36）各级文化行政部门的领导和老一辈京剧工作者都要从思想上予以高度重视，从精力上给予更多投入，从工作上给以热情支持，以使京剧新苗不断破土而出、茁壮成长，使少儿观众队伍不断扩大。

例（36）中三个形式动词先后使用，避免了语词的重复，它们的宾语中心语“重视、投入、支持”在《现代汉语词典》中都标注为动词。

本节打算首先对三个形式动词带宾语的情况进行比较，在此基础上梳理它们在使用层面的差异。

二、“给以”“给予”“予以”的虚化程度

“给予”“给以”“予以”三者都是形式动词，语义虚化，那么虚化程度有无不同呢？对于这个问题，刁晏斌（2004）和李桂梅（2015）进行过讨论。刁晏斌（2004）指出“加以”虚化程度最高，“予以”虚化程度接近“加以”，“给予”可以带名词性宾语和双宾语，比较“实”。李桂梅（2015）通过分析形式动词句法功能的强弱得出它们虚化程度由强到弱依次为：加以＞予以＞进行＞给予（给以）。在她的结论中，“予以”比“给予”和“给以”的典型程度高，并且没有区分“给予”和“给以”在典型性上的差异。“予以”大部分情况下只能带动词或动词性

结构作宾语，如：处罚、制裁、制止、保障、支持、镇压、改变等。在CCL语料库中没有找到“予以”带名词宾语的例子，这说明“予以”不具有普通动词的用法，只具有形式动词的属性，确实是三者之中典型程度最高的。之所以如此，可以从“予以”一词的构成上得到部分解释，“予”是不成词语素，且书面语体色彩重，“以”本是介词，属于虚语素，二者结合为词不可能构成有具体词义的词汇词。“给予”带名词性宾语的情况较多，例如：答案、抚恤金、信息、礼物、条件、好处、奖金、信心、衣服、产假、优厚的待遇等。“给以”和“给予”一样，除了带动词形式为宾语，也可以带名词作宾语，并非如朱景松先生所说只能带动名词为宾语，如下例（37—39）中“给以”的宾语都是地道的名词。

（37）凡职工因工受伤而致残废或死亡者，资方应给以一定的抚恤金。

（38）与此同时，大陆为进一步发展两岸关系，对台商与大陆交易给以极优厚的条件。

（39）与此同时，他们还赋予企业家极高的社会地位和政治地位，对有贡献的企业家进行表彰，给以荣誉。

不过，我们认为“给以”要比“给予”的虚化程度更高，相比而言是更为典型的形式动词。我们的主要根据是“给予”可以带双宾语，“给以”虽然也可以，但是数量很少。我们利用北京大学CCL语料库对“给以”带双宾语的情况进行了初步统计，“给以”后以人称代词为近宾语的例句数只有3例［例（40—42）］，而“给予”仅以第三人称代词为近宾语的例句数就多达700多条，这种数量上的悬殊反映了二者语法性质的差异：“给以”几乎不能携带指人宾语，“给予”则比较自由。这说明“给予”的句法活动能力更强，虚化程度较差。“给以”带双宾语的三个例句全部列举如下：

（40）在北京市人才交流中心，几乎每个交流台前都高悬着招聘退休人才的告示，仅退休医务人员来这里申请求职的就登记了满满5大本，这些医护人员希望社会给以他们发挥专长的机会。

（41）以色列人的奇迹是否能给以我们一些启发呢？

（42）都说老天是公允的，恩怨并济，事事扯平，既不会让一个人占尽天下风流，也不会让一个人一辈子倒霉，在事业上让你受挫，就会在爱情上给以你补偿。

“给予”和“给”在句法层面有很大共性。它们在带宾语之后还可以带介词结构“以+NP”，如下面例（43）和例（44），“给以”本身含有虚语素“以”，自然不能再带“以+NP”。

（43）美国初期殖民者所过的生活很苦，自然界给予它们以大量的木材和肉类，几乎不求回报。

（44）教育，特别是学校教育能排除和控制一些不良因素的影响，给人以更多的正面教育。

“给予”和“给”词汇义基本一致，往往可以相互替换，替换之后只是语体色彩发生了变化。比如例（45—47）中的“给予”实际上都能用“给”替换。

（45）爷爷奶奶、爸爸妈妈倾心全力地要把人世间所有的物质享受都给予他们。

（46）他都无所谓了，而一切都无所谓了，则是因为某种别的最重要的东西给予他。

（47）这就是说，在为人处世中，贵重自己身体超过贵重天下的人，可以把天下给予他。

“给予”和“给”的相似性证明“给予”词汇义较为实在，虚化程度低。不过，“给予”和“给”之间的替换并不是完全自由的，会受语体及韵律的影响。比如例（48）中的“给予”并不能换成“给”。

（48）要学会多多给予他人，“送人玫瑰，手有余香”。

“给予”虚化程度低的另一个证据是它能携带动态助词“着、了、过”，特别是能够带“着”表示动作正在持续进行，这是“予以”和“给以”所不具备的语法表现。周刚（1987）指出：“‘加以’类形式动词的语义特征是：［+完成］、［+非持续］、［−过程］、［+要求受事］。”不难看出，具有“［+非持续］、［−过程］”这两个语义特征导致的一个结论是“加以”类形式动词排斥和时态助词“着”的组合，但这一论断只适用于“予以”和“给以”，并不适用“给予”，我们在CCL语料库中找到了“给予”类形式动词附带“着”的例句。

（49）市委、市政府从全市大局出发……一直在给予着极大的关注与支持。

（50）这段历史，在某些方面不断给予着我们警示和启迪。

这样的例句数量虽然不多，但是合乎我们的语感，并不是一种特异性用法。

基于上述理由，我们认为，“给以、给予、予以”的虚化程度由强到弱为：予以＞给以＞给予。虚化程度是综合考虑这三个词的句法表现的结果，当它们都携带相同的双音节及物动词作为宾语的时候，虚化程度不会产生太大的影响，它们之间可以相互替换并且不导致句子基本意思的改变。

（51）对于中小型民营企业，政府相关部门尽可能予以支持。

（52）各级政府对社会效益好和公益性的舞蹈教育应给以支持，并在可能的范围内提供各种条件。

（53）要人给人，要物给物，国家对这个项目的研制尽可能地给予支持。

例（51—53）中分别是三个形式动词携带相同的双音节及物动词“支持”，基本意思完全一致。但是三者在词义上也存在着细微的差别。“给以、给予”往往表示施事一方的主动行为，“予以”则有上级对下级的准许之意。又如：

（54）这一部分文字，国家商标局根据南方厂的申请，于去年核准其作为商标予以注册。

例（54）中的“予以”若替换成“给予”“给以”都不够适当。这反映了它们在语言使用层面还是有差异的，也是我们接下来要探讨的问题。

三、“给予”类形式动词的语势差异

“给予、给以、予以”都可以赋予整个表达正式、庄重的色彩，并且能够变换信息焦点，增强语势，调整韵律节奏。例如：

（55）陕西省为此要求，林业加强保护工作；民政方面给以救济；地方予以帮助。

（56）对健康的趣味要加以倡导，对平庸的趣味要给以引导，对低级的趣味要予以批评。

（57）对于在教学活动中，寻衅滋事、破坏秩序的，应当给予批评、教育并予以制止。

从例句（55—57）可以看出，形式动词“加以、给予、给以、予以”经常并列使用，这样可以避免表达上的重复，而且可以形成排比之势，起到强调的作用。

虽然适用场合、表达效果基本一致，但是从语用价值层面进行比较，三者还是有细微的差异。

首先，三者的使用频率有高低之差。在CCL语料库中，“给以”有1818条用例，三者之中最少，“予以”19814条，而“给予”37267条，是最多的。“给予”用例最多，主要原因在于除了形式动词的用法之外，它还有普通动词的用法，句法功能比较活跃，携带宾语的范围大，既能带名词宾语，也可以带双音节动词作宾语。“予以”只有形式动词的用法，用例数量少于“给予”是可以预测的。“给以”虽然也是既可以带名词宾语也可以带双音节动词宾语，但是在带名词宾语方面不如“给予”，在带双音节动词宾语方面不如“予以”，所以使用频率在三者之中是最低的。

其次，在对宾语的选择方面，三者有不同的表现。虽然从用例数量来说“予以”少于“给予”，但是由于“予以”虚化程度更高，其所能携带双音节动词宾语的范围比“给予”和“给以”大。我们在CCL语料库中进行检索，发现很多动词只能作为“予以”的宾语，不能作为“给予”的宾语。比如例（58—60）3个例句。

（58）工商部门找到这家商场，经检验定为“冒牌货”，全部予以销毁。

（59）对无法修复、失去使用价值的监测设备，应予以报废。

（60）任何人不容使为奴役；奴隶制度及奴隶贩卖，不论出于何种方式，悉应予以禁止。

除此之外，在语料库中，“予以回避”12例，“予以禁止”41例，“予以报废”7例，而相应的“给予”“给以”带以上三个动词为宾语的则为0例。除此之外，像“摧毁、关闭、处决、歼灭、杀害、毁灭、消灭、清除”为“予以”的宾语的用例数分别是12、90、2、9、4、1、21、23，没有作为“给予”宾语的用例，“消灭”和“清除”作“给以”宾语的情况各1例，其他动词则没有作“给以”宾语的用例。有些动词虽然既可以充当“予以”的宾语（中心语），也可以作“给予”的宾语（中心语），但是数量悬殊。比如“予以制止”305例（指的是“制止”作“予以”的宾语或宾语中心语，余例仿此），“给予制止”仅7例，“给以制止”1例；“予以取缔”330例，“给予取缔”6例，“给以取缔”1例，“予以拒绝”197例，“给予拒绝”7例，“予以清理”21例，“给予清理”2例，“给以清理”0例。可以看出，很多能充当“予以”宾语的动词不能作“给予”的宾语，但是能作“给予”宾语的动词一般能作

"予以"的宾语。之所以如此，一个重要的原因是"给予"虚化程度不及"予以"，携带动词宾语的能力较"予以"弱，比如同样是宾语中包含"撤销"，"给予"直接以"撤销"为宾语中心语仅有1例，其他42个例句中都是以"处分"为中心语，如例（61），而"处分"是动名兼类词，既有动词词性，也有名词词性，"予以撤销"则多达135例，如例（62）：

（61）对事故发生负有主要责任的领导，给予撤销党内职务处分。

（62）对于依靠不正当手段获奖的，由授奖单位予以撤销。

以上所列举的一般只能充当"予以"宾语的大部分动词都具有一个共同的语义特征"［＋使消除］"，一般来说，能够实施"消除"行为的一方往往有较大的权力，或者说相比于"消除"的受事成分具有更强势的地位。这也从侧面反映了"予以"具有较强的语势。那些只能充当或者更倾向于充当"予以"宾语的动词都具有使动作行为的某个参与者受损的特点。比如例（58）"销毁"对"商场"造成损失，例（59）"报废"对设备使用者造成损失，例（60）"禁止"对贩卖奴隶者造成损失。从这个角度来说，"予以＋VP"的施事与受损者之间的心理距离较大，需要增强语势以体现这种距离。这是我们接下来要讨论的第三个方面。

从语势来说，"予以"是最强的，而且这种行为大部分是对下级不利的［如例（63）］，虽然也包括对下级有利的［如例（64）］，但是数量较少。

（63）对妨害民事诉讼的行为，依照法律规定予以制裁。

（64）要对有功人员予以嘉奖，对有过失的人员予以处分。

"处分、嘉奖、制裁"等动词表示的是上级对下级的行为，而且"上级"一般是机构或团体，而"下级"往往是个体，权利距离比较大。在CCL语料库中，"予以制裁"61例，"给予制裁"22例，"给以制裁"0例；"予以处分"13例，"给予处分"112例，"给以处分"0例；"给予嘉奖"11例，"予以嘉奖"14例，没有"给以嘉奖"的用例。这一方面说明"给以"使用频率相对较低，另一方面说明"予以"和"给予"的语势较"给以"强，更适合表达上级对下级的行为。不过，"给予"和"予以"相比，感情较为中性、客观，"予以"则往往用以表示感情较为强烈的动作行为。比如"谴责"一词，感情色彩浓厚，在CCL语料库中，"予以谴责"有168例，"给予谴责"1例，"给以谴责"0例。

又如例（65）和（66），虽然宾语同样是“批评”，“给予批评”稍显程式化，不如“予以批评”的语势强，虽然CCL语料库中“给予批评”的数量（196例）比“予以批评”（63例）多。

（65）对严格执法的，要大力表扬；对执法不严的，要予以批评；对徇私枉法、贪赃枉法的，要依法追究刑事责任。

（66）对捏造事实，诽谤他人名誉的公民，由所在单位基层组织给予批评教育或行政处分。

根据我们对国家语委现代汉语语料库中“予以”使用情况的统计，在410个包含“予以”的用例中，属于施事对受事的“不利”行为的用例数达108个，占26.34%；“给予”共712个用例，74个表示施事对受事的“不利”行为，占10.39%；“给以”用例数较少，共150例，表示施事对受事的“不利”行为的用例数共27个，占18%。这从一个侧面反映出三者的语势强弱不同。需要说明的是，虽然在国家语委现代汉语语料库中“给以＋VP”表示施事对受事有“不利”行为的比例比“给予”高，但是它的数量过少，而且很多表示此类行为的动词没有发现充当“给以”宾语的情况，基于这个考虑，我们认为“给予”的语势比“给以”强。

“予以”语势更强还表现在“予以”和否定词“不”组合时可以简化为“不予”，“给以”“给予”两词的否定形式没有专门的简化形式。虽然理论上来说“不予”既可以是“不予以”，也可以是“不给予”的缩写，但是“予以”所携带宾语动词的范围较大，很多“不予”相应的肯定形式在语料中证明为只能是“予以”而非“给予”。例如：

（67）不真实、不合法的，会计人员有权不予接受，并向单位负责人报告。

（68）所谓“择善固执”，就是指认定目标不予放弃，坚持不懈。

在北京大学CCL语料库中，“予以接受”的用例33个，“予以放弃”6个，没有“给予接受”“给予放弃”的用例。这说明“不予VP”应是“不予以VP”的简缩形式。

否定拒绝的态度往往需要较强的语势，“予以”有对应的专门否定简缩形式，说明它在句中有助于形成较强的语势，表现较强烈的感情。总之，从语势强弱的角度来说，给予类形式动词由强到弱依次是：予以＞给予＞给以。

四、小结

本节主要从句法和语用两个层面对“给予”“予以”和“给以”进行了探讨，特别是分析了三个词在虚化程度和语势两方面的强弱之别。从句法活动能力上来说，“给予”最强，可以带双宾语，并且既可以带名词宾语也可以带动词宾语，和普通动词“给”有共性，因此它的词汇意义较为实在，虚化程度三者之中最差，相对而言是三者中最不“纯粹”的。“给以”虽然也是既可以带名词宾语同时也可以带动词宾语，但是它带名词宾语和双宾语的能力远不如“给予”，是以动词宾语为主。不过“给以”使用频率低，在北大 CCL 语料库中的用例最少，虚化程度同样不高。“予以”是三者中最典型的形式动词，不能带名词宾语。所以我们得出了“给予”“给以”“予以”虚化程度由高到低的序列：予以>给以>给予。在语言运用层面，三者的共性较强，都能使表达正式、庄重，但是从语势强弱的角度来说，“予以”最强，适用于施事和受事之间权力距离较大的场合，并且它有专门的否定形式“不予”。其次是“给予”，相比于“予以”，“给予”使表达显得客观，不带强烈感情色彩。“给以”使用频率低，很少携带“处分、谴责、处罚、制裁、惩罚”等表示施事对受事不利的行为，所以语势最弱。另外，我们对“给予”“予以”和“给以”词汇化的情况进行了初步的探讨，三个动词最初都可以带名词性成分为宾语，在后来的演变中出现了分化。

第六节　形式动词与英语轻动词

本节旨在对汉语中“加以、进行、予以”等形式动词与英语中的轻动词进行比较。首先要指出的是，英语“light verb”这一概念有不同含义，不少学者已进行了梳理。如王慧兰、张克亮（2014）认为轻动词这一术语涵盖了 3 类动词，刘亮（2015）梳理了轻动词的提出及发展过程，邓盾（2017）指出了英语轻动词在语言学界的两种理解。概括地说，Jespersen（1942）首次提出“轻动词”的概念，他在讨论英语中动词不经词形变化而直接变为名词的现象时指出“have、give、make、get、take”等动词是轻动词，如 have a cry 中的 cry 是与动词 cry 同形的体词（substantives），负载了真正的信息，have 的词义因此变“轻”。轻动词概念的提出给予生成语法学家很大的启发，Larson（1988）在分析英语中的双宾结构时认为双宾结构的深层结构中包含一个没有语音形式的轻动词，轻动词句法功能强大，可以吸引具有显性形式的动词移位。显然，生成语法学派赋予了轻动词不同的内涵。本文讨论的轻动词仅限于有语音形式但词义虚化、须与其他成分组合才能陈述事件的动词，即蔡维天（2016）提到的“显性轻动词”，这样的轻动词与汉语形式动词有一些共性。首先，轻动词和形式动词的部分成员存在着对应关系，如 have 和“有”，give 和“给予”，do 和“做”，make 和“做出”，这几组词词义接近。如：

（69）a. I hoped they could experience a sense of their own ability to make a change.

b. 我希望他们能体会到自己有能力做出改变。

其次，轻动词和形式动词两个术语的字面都强调了它们表义功能弱化的特点，它们往往是实义动词经历了虚化过程演变而来的。第三，轻动词结构和形式动词结构都是各自的语言系统中较为特殊的语法形式，动词没有经过词形变化直接充当宾语。而且，这在有形态变化的语言中显得更为特殊。汉语缺少形态，因此关于形式动词的宾语的词性问题有更大的争议。因为两者有以上这些共性，一些研究者将它们视为一类，从而不同程度上忽略了它们的差异。虽然“轻动词”这一概念被不少学者用来分析汉语中的部分特殊动词，不过汉语中哪些词属于轻动词，形式动词与轻动词之间可否画等号，实际上是很值得讨论的问题。

仇伟（2010）曾统称形式动词和轻动词为乏词义动词，主要是指出了它们的共性，仇伟（2015）则从宾语修饰、宾语聚焦、社交指示等方面比较了形式动词和轻动词的区别。邓盾（2017）指出“进行”和“加以”都不是严格意义上的轻动词，“进行”是非宾格动词，“加以”是三元动词，都是有论元结构的实义动词。我们同意邓盾（2017）区分轻动词和形式动词的主张，不过，其观点有两点值得商榷。首先，即使“进行”和“加以”是实义动词，也不能就此断定它们与轻动词不同，因为 Brugman（2001）就指出过，尽管轻动词确实意义抽象，但并不是完全没有意义，并且认为轻动词与对应的实义动词之间有密切关系，实义动词的力动态属性影响了轻动词对宾语的选择限制。此外，将“进行”判定为非宾格动词的依据不够充分，邓盾（2017）认为“进行”具有“非宾格动词所具有的‘使动—自动’（causative-inchoative）的变换”，给出的例子是：

（70）a. 他们正在进行讨论。

b. 讨论正在进行。

“进行”之所以可以有这样的变换，其实是因为“进行”既是形式动词，又是普通实义动词，例（70）中“进行”的用法是实义动词的用法，但不代表其形式动词的用法。其他典型形式动词如“予以、加以、给以、给予、做”并不能进行这样的变换。另外，例（70）描述的是正在持续的事件，如果是描述过去已经发生的事情，这种变换难以成立，说明变换需要其他条件。例如：

（71）a. 秦始皇兼并六国后，为了巩固政治上的统一，进行了一系列的改革。

b. *一系列的改革进行了。

（72）a. 在该案发生过了47年以后，即1972年，有人对达顿城的中学生进行过一次调查。

b. *对达顿城的中学生的一次调查进行过。

所以，形式动词和轻动词的区别还值得进一步分析，它们之间也确实存在明显的差异。汉语使用形式动词时英语往往并不需要使用轻动词，如：

（73）a. Being chronically bored at work can have damaging consequences-and we need to talk about it more, say experts.

b. 专家指出，长期对工作感到厌倦会带来有害后果，需要我们更多地进行探讨。（中国日报网，2021-07-05）

（73b）中使用了形式动词结构，但（73a）中对应的部分是常规的动宾结构。

本节首先从结构形式出发讨论形式动词和轻动词所在句式的差异，然后从话题结构的角度分析二者的区别，特别是指出形式动词结构的特点，最后探讨两类结构的语体特征。

一、形式动词和轻动词句法配置的差异

形式动词、轻动词都是可以带及物动词和不及物动词作宾语。对于形式动词而言，如果宾语是及物动词，那么及物动词的受事需要置于形式动词之前，此种用法，朱德熙（1985）称为“标记前置受事”。常规情况下，及物动词一般不作为句子焦点，因为其后还可以带宾语、补语，但是当及物动词充当形式动词宾语后，及物动词的受事必须受介词

引导置于形式动词之前，及物动词处在了句子焦点的位置。因此可以说，形式动词是一种焦点标记，能使一般不作焦点的动词成为句子的焦点。形式动词是句子窄焦点的标记，因为其宾语成分一般是光杆动词或偏正结构的词组。例如：

(74) 社会控制是指社会组织体系通过社会规范以及与之相应的方式和手段，对社会成员或群体的行为进行指导和约束。

(75) 改革中，我们要不断地利用这一标准，随时随地对我们的各项工作进行评估、进行检查，使改革始终沿着正确的方向前进，取得最大的社会和经济效益。

形式动词的宾语可以是多个动词构成的联合结构，如例（74），也可以是单个动词分别充当形式动词的宾语然后再构成联合结构，如例（75）。相比来说，例（75）中形式动词的焦点是单一成分，语势更强。

如果宾语是不及物动词，那么无所谓“受事前置”，但是，充当形式动词宾语的不及物动词可以是协同动词。根据袁毓林（2010：284），协同动词“所表示的动作、状态是由两个或两个以上的个体协同作用而形成的”。这种动词在作形式动词的宾语后，往往凸显的是参与者之间的不平等性，即在参与者之间可以划分为主动施为和被动承受的双方，施事一般做主语，与事一般由介词引导，例如：

(76) 近日，广西玉林，一位民警在街头与小偷进行搏斗。（腾讯网，2021-06-24）

(77) 还要指出的是，中国学者主动借鉴西方，并不是单向度地学习西方，而是同时与西方进行对话、博弈，进行互释、互动、互鉴，目的是对中国传统文化进行切实改造和创新转化，努力建构现代美学新学科。

如例（76）和（77）所示，“A与B+进行+协同动词”的格式中，与事成分B同时带有一定的受事意味，比如“民警与小偷进行搏斗”中“民警”具有主动施为的属性，“小偷”则浮现出被动承受的属性。像“搏斗、对话、磋商、交流、博弈、战斗、交战”等协同动词作形式动词宾语时，其与事都带上了受事的色彩。

能做形式动词宾语的不及物动词不限于协同动词，VO式也比较多，比如“排序、分类、评分、投资、投票、冒险、对账、结账、把关、问责、备案、报价”等，这些动词虽然不能指派宾格，但所表征的动作需要一个对象才能落实，实现语义上的自足。它们所指向的对象严格来说不适合用“受事”概括，但若将“受事”作宽泛的处理，也可以囊括这些对象。朱德熙（1985）认为“有些不及物名动词虽然不可以带宾语，可是在语义上可以有受事”。我们十分赞同朱先生的观点。例如：

（78）国家林业局将对各省考核总分进行排序，对总分列前5名的单位予以表彰奖励。

（79）无纸化考试是由财政部门日常组织的，考生在计算机上对随机生成的考试试卷进行答题，提交试卷后立即显示得分的一种考试方式。

以上两例中的“排序”“答题”虽然是不及物动词，但是在语义上需要动作承受的对象才能自足，在句子中对象可以由介词引入。语义层面需要与多个名词性成分的参与，但句法层面却只能为一个名词性成分提供核心论元的位置，这类动词曾对配价语法的研究提出挑战。袁毓林（2010：113-118）提出了元、位、项、联的不同配价层级，按照这一配价体系，上述VO式动词都属于一元二位二项三联动词，袁毓林（2010：281）也称为“准二元动词”，此类动词“要求两个名词性成分与它发生强制性的句法、语义联系，并且两个名词性成分与之共现时，其中一个名词性成分必须用介词来引导”。

形式动词的宾语是事件名词时，也存在这样的问题，事件名词在句法上不强制地要求其他名词与之共现，但在语义上往往指向一个对象。例如：

（80）学校必须端正办学指导思想，全面贯彻国家的教育方针，坚持社会主义方向，实行教育与生产劳动相结合，对学生进行德育、智育、体育、美育和劳动教育。

例（80）中画线部分“进行”之后是由5个名词性成分组成的并列结构，5个名词性成分表示教育活动，都是二价的，需要施事和受事凑足完整的语义结构。

所以形式动词在句中“标记前置受事”应该做广义的理解，其中“受事”的内涵比较宽泛。

轻动词既可以不及物动词为宾语，如“have a cry、give a sigh、take a walk”等，也可以及物动词为宾语，如“have a try、give a kiss、take a drive”等。我们在上文已经提到，汉语形式动词要求充当其宾语的及物动词的受事必须在句中出现，或者依靠语境可以补出来。与此不同，英语轻动词的宾语若是及物动词，及物动词的受事往往不是置于轻动词之前，如例（81）中轻动词“give”的宾语“kiss”的受事“anyone”是由介词“to”引导置于句尾，例（82）中“have”的宾语“drink”的受事“tea”由介词“of”介引位于句末。而且及物动词的受事不必然能够补出来，如例（83）“have a wash”中“wash”的受事是“face、hands、body”还是什么需要凭借语境明确，而一般不在句中明确指出。

（81）Tradition says that a person caught standing underneath the hanging mistletoe can not refuse to give a kiss to anyone who might ask.

（82）I want to have a drink of tea.

（83）Two festival goers share a joke as they have a wash at the Glastonbury Festival on June 26，2010.

一些轻动词结构整体有固化为习语的倾向，在其本来意义的基础上产生新的意义，新的意义不能从构成成分的意义推出。比如“make a plunge”，“plunge”意为“突然下落、跳进”，这是一个较为具体的动作行为，“make a plunge”一方面可以表示这样具体的动作义，但又从中衍生出新的含义，即冒险，“冒险”这样的意思显然不是组成成分意义的简单相加。又如“take a bow”，除了含鞠躬之义，还引申出“谢幕”的意思。这是英语轻动词结构通过隐喻或转喻实现语义和用法上的虚化和拓展。这种结构不能自由地替换轻动词的宾语，能产性较低。

另外，有些情况下，形式动词不是强制性出现的，而是可“隐”可“现”。这一是反映了形式动词凸显焦点的作用，焦点的选择往往是由说话人的交际意图决定的，不是句法层面的强制性操作，另一方面则说明了形式动词结构是组合性质强的句法结构，凝固性差。

（84）“男女有别”是认定男女间不必求同，在生活上加以隔离。（费孝通《乡土中国》）

（85）古巴奥委会主席费尔南德斯说，如果大赛期间出现问题，我们的原则是帮助东道主加以解决，而不是指责。

例（84）中的“加以”是可以删去的，不影响结构的可接受性。但是，有没有“加以”会造成句义的差异，“加以”的存在体现了施事较强的主观意志，使“隔离”成为一种施事有意识地施加到特定对象的行为。例（85）有两个具有析取关系的述题，实际上只在第一个述题之中添加了“加以”（“加以解决”），但两个述题中的核心动词都可以作形式动词的宾语，比如：

（86）古巴奥委会主席费尔南德斯说，如果大赛期间出现问题，我们的原则是帮助东道主加以解决，而不是进行指责。

例（86）自然也是合语法的句子，但是表达效果与例（85）有细微差异。根据例（85）的语境，“解决（问题）”和“指责（东道主）”是不相容的析取关系，说话者在这两者之间只能选择其一，因此例（85）中“解决”被“加以”标记为焦点，“指责”虽然可以但没有必要成为焦点，也没有被形式动词标记。

但轻动词不是隐、现两可的，在“LV＋a＋V”中，“a”是常项，如果没有轻动词“LV”，那么“a＋V”必然不能充当谓语，丧失陈述功能。从这个角度来说，多数学者将轻动词后的动词形式看作名词性成分是有依据的。而汉语学界则对形式动词宾语的性质是动词还是名词有较大争议，因为形式动词后的光杆动词本身具有较明显的陈述性。

可见，不论是以及物动词还是以非及物动词为宾语，英语轻动词没有标记前置受事的作用，而这正是形式动词主要的句法配置模式。而且，轻动词结构整体上凝固性更强，形式动词结构语义透明度更高，句法组合的性质更明显。

二、形式动词与话题结构

在形式动词为核心组构的句子中，前置的受事成分作为已知信息出现，我们认为可以看作整个句子的话题性成分，一般由介词“对”“对于”等引导置于句子主语之后。

不过，这类情况很少有学者指出是一类话题。徐烈炯、刘丹青（2007）根据话题所在的位置分为主话题、次话题、次次话题。其中次话题主要指位于主语和动词短语之间且不受介词管控的成分，次次话题指兼语结构、双宾结构中谓语动词之后的名词性成分，都不包括形式动词之前的“P＋NP”结构。对于“把”字句中“把”后的受事，徐烈炯、刘丹青（2007：251）认为不能看作句法上的话题，但是也承认“‘把’字的宾语在话语功能上有一定的话题性”。形式动词句与“把”字句存在形式上的共性，形式动词句中前置的“受事”也具有一定的话题性。为了避免术语上的纠缠，我们把形式动词句中的前置受事称为“次级话题”。

所以，形式动词的存在使我们更容易确定小句的焦点成分，可以视作不同述题之间的界限。英语的轻动词不具备这样的语法功能。形式动词前的次级话题也可以进一步话题化为主话题。例如：

(87) 第八条要求结婚的男女双方必须亲自到婚姻登记机关进行结婚登记。符合本法规定的，予以登记，发给结婚证。

例 (87) 中“符合本法规定的”作为主话题出现，如果句子再引进施事，那么施事可以作主话题，受事可以作次级话题，如：

(88) 民政部门对符合本法规定的予以登记，发给结婚证。

当然，即使施事和受事共现，受事仍然可以充当主话题，例如：

(89) 符合本法规定的，民政部门予以登记，发给结婚证。

这样说来，形式动词“标记话题化受事”可能是更为准确、全面的概括，在汉语句子中，话题必然是前置的。从篇章构造的角度来说，前置的话题化的受事可以回指上文中的成分，成为一种衔接手段，这也从另一个角度解释了形式动词句的“受事前置”的构造。

形式动词结构可以提供主话题和次级话题的位置，轻动词结构不能帮助其宾语动词的论元实现话题化。这从侧面反映了话题在汉语中的重要性。Li & Thompson (1981：15) 指出汉语是话题突出型语言 (topic-prominent language)。曹逢甫 (1995：37-40) 指出汉语主题的一个重要特征是“总是据主题串首位”，主语是句法概念，覆盖的范围是动词组，主题是语段概念，覆盖的范围可以是多个句子。在篇章中，形式动词结构不同于轻动词结构的一个突出特点是往往多个连续使用，既可以是相同形式动词的重复使用，如例 (90) 和例 (91)，也可以是不同形式动词的交替使用，如例 (92)。所以，从篇章组织的角度来说形式动词可以看作同一话题统辖下的不同述题的标记。这样的用法轻动词结构也很少见。

(90) 对于只有一次或少数几次发作的病人可进行观察，暂不进行治疗，病人及家属亦不必过于担心。

(91) 对正常的宗教活动加以保护，对利用宗教进行的违法犯罪活动加以限制和打击，这是同一个问题的两个方面，不能把它们对立起来。

(92) 诫勉期满，对已改正错误、纠正问题的，给予鼓励，解除诫勉；对未改正错误、纠正问题的，除进行批评教育外，采取相应措施，予以调整。

需要指出的是，即使是多个形式动词所陈述的话题有所不同，但是这些不同的次级话题实际上是由整个句子的主话题派生出来的。比如例(92)中两个次级话题分别是“正常的宗教活动”和“利用宗教进行的违法犯罪活动”，而整句话的主话题则是“与宗教有关的活动”，显然，两个次级话题受到句子主话题的管辖。通过以上分析可以看出，汉语的句子一般要先确定主话题，作为整个语篇的起点，主话题可以派生出不同的下位话题，由主话题统摄整个句子的组织，形式动词可以视作不同的述题界限的标记，从而区分不同下位话题。这样的篇章特征非常符合曹逢甫（1995）所说的汉语属于言谈语言，主题覆盖语段的观点，以及王寅（2007：396）所说的话题的“统领语篇和建构连贯的功能”。

与汉语不同，英语仍然存在一定的形态变化，句子的组织要求主语和谓语在人称、数等方面保持一致。因此英语的句子是“二元对立”的，需要主语和谓语核心都确定好之后才可以安排句子中的词项。英语中的轻动词结构一般不能像汉语形式动词那样在同一个主话题的统领下重复使用，自然也无法构成多组“话题—述题”组织而成的句子。

三、语体特征的差异

汉语形式动词是典型的书面语词，正式程度较高，适用于庄重严肃的场合，这一点大多数形式动词的研究者都注意到了。而英语轻动词结构大部分属于口语语体，正式度低，日常生活中常用。这种语体特征上的对立是形式动词和轻动词的重要区别。可以说，形式动词在汉语书面语中占据了重要的地位，一些句子添加或删略形式动词之后，语体特征就会实现转换。例如：

(93) 我问：如果从这些家谱中选择一两种加以研究，进行校注，予以发表，您同意吗?

例(93)中虽然用口头形式进行表达，但是连续使用三个形式动词，使得句子成为典型的书面语体，如果把句中三个形式动词去掉，即下面例(94)，虽然仍然可以接受，但是整个句子成为书面语体色彩大大削弱。这充分说明了形式动词增强书面语体特征的重要作用。

(94) 我问：如果从这些家谱中选择一两种研究、校注、发表，您同意吗?

轻动词结构则往往是口语语体，例如：

(95) After lunch，would you take a walk with me?

(96) I give a wink，so can you.

这些句子是英语国家日常生活中常用的口头表达。

下面，我们从语序、宾语的选择、结构的整体意义这几个方面讨论它们语体特征的差异。

形式动词结构之所以在现代汉语中属于书面语体表达的重要手段，关键在于它引起的句子语序上的变化。汉语是SVO语序为主导的语言，受事在无标记情况下一般置于句尾。所以，可以说形式动词的句法配置相比于SVO语序而言是有标记句式，正是有了形式动词的介入，受事不再居于常规位置，而是变为话题性成分，促发了一种汉语特殊书面语句式的生成。曹秀玲（1997）、彭锦维（2005）和张赪、荣晶（2008）等对汉语受事前置句的研究多集中于口语句式，没有提及形式动词结构。目前，形式动词在汉语书面语体表达中的价值还值得进一步阐发。英语轻动词没有标记前置受事的作用，这一点我们在上文已经指出，轻动词结构也没有构成英语句子常规语序的变异形式。

虽然形式动词和轻动词都是以动词形式为宾语，但是轻动词后的宾语成分多是表示身体活动的词语，比如“have”之后可以是“walk、play、drink、swim、try、bite、lick、taste、listen”等，这样的组合整体上也是表示日常行为活动的。以上所说的“have a V”结构大多不能翻译成形式动词结构，因为形式动词选择的宾语动词一般是表示正式、严肃的行为，所以，充当形式动词宾语的成分至少是双音节的，不能是单音节的。在汉语中双音节动词较意义相近的单音节动词语体正式度高，如“调查”比“查”的正式度高，“比较”比“比”的正式度高。英语轻动词对音节数量没有要求，轻动词的宾语所表征的动作行为正式度也比较低。如“give a wink”中的“wink”表示“眨眼睛”，“take a walk”中“walk”表示“散步”，都是表示日常生活中的动作，汉语中表征这些动作行为的词无法充当形式动词的宾语。常作形式动词宾语的词语如“调查、比较、研究、阐述、调整、叙述、总结、评论、判断”等，这些动作行为都不是生活化的动作。另外，从数量上来说，形式动词带宾语的情况远远多于轻动词带宾语。可以说，形式动词带动词宾语这种格式的能产性很强，而轻动词结构有固化为习语的倾向，能产性弱。

虽然同样是语义虚化的动词带动词作宾语的结构，但整体的构式义有较为明显的对立。英语“轻动词＋不定冠词a＋动词”的结构具有往小、往轻里说的意味，而“形式动词＋动词”的结构则一般会凸显动作行为的量大。如“have a look”是看一看，持续时间一般不长，而“进行观察”则意味着认真观察，比较严肃。“give a talk”虽然意为作个报告，但表达风格显得轻松，“进行讲话”则正式庄重，且一般不会只持续较短时间。Wierzibicka（1987）指出不定冠词“a”与动词词根组合具有一种为事件划定界限及单数化的作用，意味着活动的一部分是可以复数化并可以重复。她猜测，轻动词的宾语是光杆形式的动词词根，词形较短，这具有一种象似性效应，与“have a V”结构表示持续时间短的活动相一致。

汉语形式动词在书面语体中的重要性不言而喻，离开形式动词，汉语将缺少正式表达的一个重要手段。不过，20 世纪 50—60 年代的一些学者曾呼吁废除形式动词。反观英语轻动词则从来没有这个问题，没有研究者质疑它们在语言表达中的价值。究其原因，形式动词主要用于书面语之中，在日常口头交际中很少使用，而英语轻动词因为是地道的日常交际用语，使用频率高，在语言社团中的认知度较高。

四、小结

本节比较了汉语形式动词和英语轻动词在句法配置和语体特征上的差异。形式动词可以使常规情况下位于句尾的受事转换为句子的次话题或者主话题。形式动词用于明确句中焦点的作用在多个形式动词连续使用的复杂句子中更加明显。形式动词的这种功能反映了汉语由主话题管控整个语段及句子组成部分的特点。这样的功能轻动词并不具备。

现代汉语中语义虚化的特殊动词还有很多问题值得讨论，如果用轻动词对这些特殊动词加以概括，容易受名称的影响而忽视汉语特殊动词的特点。例如，庄会彬（2014）指出了“打”是轻动词，但是这样的定性值得商榷。首先，充当“打”宾语的成分一般是地道的名词性成分，并且没有事件义，英语轻动词的宾语主要是由动词未经词形变化而形成的名词性成分，有明显的事件义。其次，轻动词有相应的实义动词，并且在语义上存在密切的关系。Brugman（2001）认为，一些英语普通动词在其语义基础上延伸出轻动词及相关构式的用法，这种从具体到抽象的拓展背后的机制是相同的力动态图式从具体的认知域扩展至抽象的认知域，比如从物理认知域到心理、感知等认知域。但泛义动词“打”与它的实义之间存在什么样的关系，不容易说清楚。刘瑞明（1992）称“打”为泛义动词似乎更为合适。

陈寅恪先生在《与刘叔雅论国文试题书》中提到了研究汉语文法的方法问题："夫所谓某种语言之文法者，其中一小部分，符于世界语言之公律，除此之外，其大部分皆由研究此种语言之特殊现相，归纳为若干通则，成立一有独立个性之系统学说，定为此特种语言之规律，并非根据某一特种语言之规律，即能推之以概括万族，放诸四海而准者也。"从形式上来说，同样是"V_1+V_2"的动宾结构线性序列，且都是前轻后重的语义结构，轻动词的研究成果固然可以借鉴。但是它们的表达功能迥异，若将二者等同起来，照搬轻动词理论分析汉语中的形式动词、代动词、泛义动词等，模糊了汉语和英语的差异，得出的结论难言准确。

第七节 本章结论

在这一章我们首先整体对形式动词的表达功效进行了分析。形式动词可以增强书面语体色彩，适用于正式、严肃的场合，丰富了我们的表达手段。从结构形式上来说，形式动词改变了其宾语动词与宾语动词的受事之间的位置关系，这种形式上的调整产生的语义后果是削弱了宾语动词对受事的作用力，如果说VO语序表现的是V直接对O施加作用，则"P+O+DV+V"则使V对O的作用由直接变为间接。在语篇中，形式动词的焦点标记作用较为明显，说话人想要强调的动词则一般会充作形式动词的宾语，以示强调。

近义形式动词之间表达功效的区别值得研究。"给予""予以""给以"意义相近，用法类似。我们认为，"给予、给以、予以"虚化程度由高到低的序列：予以>给以>给予；从语势强弱的角度来说，给予类形式动词由强到弱依次是：予以>给予>给以。

第八章　结语

第一节　本书的主要结论

本书在前人研究的基础上对形式动词的范围、分类、句法功能、语义特征、语体特征、篇章功能、近义成员的辨析、部分形式动词的演变历程、表达功效等问题进行了讨论。通过对这些问题的分析，我们对形式动词形成了新的认识。

首先，我们认为形式动词和准谓宾动词、泛义动词、代动词、普通动词等范畴之间存在较为密切的关系，也较容易混淆，但是它们属于不同的范畴。就形式动词和准谓宾动词的关系来说，对比“给予”和“得到”的异同可以较充分地说明这个问题。从它们所带宾语情况来说，“给予”和“得到”都既可以带名词宾语①，也可以带动词宾语，比如“给予/得到财富”“给予/得到惩罚”。不过，当它们都以及物动词为宾语进入句子之后却造成了不同的结构。形式动词宾语的受事须前置，且受事成分一般不能作主语，只能作介词的宾语，如例（1）；例（2）中“惩罚”的受事虽然也是前置，不过只能充当整个句子的主语。可见形式动词“给予”的配位方式与“得到”不同，它们的意义也有主动和被动之别，应区分为两类。

（1）对拒不履行义务，不配合执法部门执法的公民按照法律规定给予惩罚。

（2）这个电影的剧情太气人了，坏人根本没有得到惩罚。

泛义动词如“打”“犯”意义空泛，义项数量大，须与宾语组合后才能明确其义项，可以与各种名词及动词性成分构成结构较为凝固的词

① “给予”带名词作宾语时，应视为普通动词而非形式动词，我们在前面的章节已经明确指出过。

语。代动词如“做”“来”在句中主要起指代作用，回指上文中的动词性成分，须在语篇中明确其含义。代动词和泛义动词都不能标记前置受事，不过，有些动词如“做”“来”属于代动词和形式动词的交集。

很多形式动词实际上是兼有普通动词的用法。我们通过比较《现代汉语八百词》中关涉形式动词的部分和朱德熙（1985）的观点，指出形式动词的宾语为动词，以名词作宾语不是形式动词的用法，而是普通动词的用法。像“进行”“给予”“作/做”等既有普通动词的用法，也有形式动词的用法。形式动词的句法功能在于“剥夺”其宾语动词携带宾语的能力，促使其宾语动词的受事由介词引导前置于形式动词，也就是朱德熙（1985）所说的“标记前置受事”。这也是形式动词区别于其他动词次范畴的关键之处。我们重点讨论了形式动词对宾语动词的作用。动词充当形式动词宾语时“指称化”了，语义加工方式属于“总括扫描”，“指称化”的动词可以较为自由地添加各种修饰性成分，从而增加信息量。

研究者们对于形式动词的认识主要基于其理想认知模型。形式动词的理想认知模型是一个集束模型，包括：语义特征模型——形式动词语义虚化，表意不够实在；宾语性质模型——形式动词的宾语一般是表动作行为的双音节及物动词；句法分布位置模型——形式动词在句中标记前置受事，一般分布在“对＋NP＋____VP”的结构槽中；语体特征模型——形式动词使句子严肃、庄重，属于书面词，而非口语词；语篇特征模型——形式动词往往连续使用，铺排成篇，增强表达气势。对于形式动词的认识一般是基于以上认知模型的组合，但不同研究者有不同侧重及选择，得出的结论自然有所区别。

形式动词是一个原型范畴，包括 30 个成员，典型成员体现了人们认识形式动词的理想认知模型，是判定其他非典型成员的参照，这样的典型形式动词句法属性较为单纯，一般只能带动词作宾语。比如“加以”，虽然它还有连词用法，并且有古汉语用法的遗留，但是这些用法使用频率较低，其主要的用法就是形式动词的用法。30 个形式动词大多数都是非典型形式动词，还具有普通动词的用法。

我们将 30 个形式动词分为动作类、表态类和存现类三个次类，它们作为形式动词的典型程度由强趋弱，典型形式动词集中在动作类。形式动词虽然意义虚化，但是并非完全没有词汇义，在《现代汉语词典》中也有义项。形式动词的词汇义对于它们选择宾语动词有所影响。动作类形式动词一般选择表示动作行为的动词作宾语，表态类形式动词一般选择表示情感态度或言语行为的动词作宾语，存现类形式动词及其宾语则一般表示对事件的判断。三类形式动词之间的宾语范围存在交集，但是当携带同一个动词作宾语时，不同次类的形式动词凸显了同一个动词不同的义面。Pustejovsky（1995）指出一个词（一般是名词）的不同义面随语境变化而存在交替现象。比如容器和被盛物两个义面的交替：

（3）Mary broke the bottle.

（4）The baby finished the bottle.

义面不等同于义项，义项是固有的，义面则是在进入句子后产生的。我们认为形式动词对其宾语动词存在选择限制，不同形式动词与宾语动词之间存在不同的互动作用。我们根据形式动词的词汇义、对动词义面的凸显作用及添加体标记的情况等将三个次类的形式动词分为八个小类。

动作类形式动词主要凸显宾语动词动作行为的义面，动作类形式动词分为 4 个小类，每个小类实际上又凸显了动作行为义的不同义面。“进行”类形式动词主要凸显动词作为持续过程的义面，“加以”类形式动词主要凸显动词作为一种作用力的义面，“给予”类形式动词凸显了动词作为传递物的义面，“作”类形式动词凸显了动词的完结义。例如：

（5）若对音位间的对立加以分析，其实只是一个或几个发音特征的区别。

（6）对于当前的形势，要实事求是给予分析，从全局进行把握。

（7）到了十八世纪九十年代，芬兰化学家加多林，对这块矿石作了分析和鉴定，发现其中有 38%是不知名的元素。

（8）对由众多个体构成的一类事物进行分析是很困难的，你可以将它们按照性质分类后再进行分析，也可以区别真伪之后再进行分析。

表态类形式动词则主要凸显动词作为情感态度的义面。外向表态类形式动词主要用于表示对他人的情感态度，内向表态类则主要表示主语自身的情感态度。

（9）我并不害怕，但隐隐中有一种不可名状的迷雾，使我不然而然地，对他们研究真理的态度感到怀疑。

（10）海明威开始对以基督教教义为基础的西方传统价值观念表示怀疑。

存现类形式动词分为存在类和出现类两个小类，存在类形式动词凸显动词作为存在状态的义面，出现类形式动词凸显动词作为结果的义面。例如：

（11）限制区内禁止设立炼油厂、化工厂、油库、爆炸方法作业的采石场、易燃易爆品仓库等对核电厂安全存在威胁的项目。

（12）有专家称，虽然废除该条约并不能显著增加俄罗斯对美国的战略威胁，却能对欧洲产生威胁。

根据我们的考察，基本上没有动词可以同时充当所有这些形式动词的宾语，不过像“怀疑”这样的动词可以充当三类形式动词的宾语。

总之，形式动词是动词的不同义面之间实现交替的一种手段，也是动词义面得以凸显的手段。不过，动词义面的区别不如名词义面显豁，这个问题还需要进一步研究。

大多数形式动词经历了词汇化、语法化的历程。我们重点分析了“V出”“V以”“展开”“造成”等形式动词词汇化的过程，它们一般首先词汇化为普通动词，再语法化为形式动词。成为形式动词的关键在于宾语范围扩大到动词，其中隐喻机制起到了重要作用。同时，形式动词的典型分布框架是它们完成词汇化的最终句法环境。我们还对部分非典型形式动词语法化过程进行了较为细致的分析。

从使用层面来看，有些情况下形式动词不是结构上所必需的成分，可以删略而不影响句义，这种情况下的形式动词是增强书面语体色彩或者使句子实现从口语语体到书面语体的转换，使整个句子庄重、严肃。但是有些情况下形式动词是结构上必需的成分，不能删略，否则整个句子站不住脚，这种情况下的形式动词具有完句作用。另外，形式动词之所以适用于正式场合，我们认为原因在于形式动词所在的结构将O前置，V置于句尾，在O和V之间起到了“间隔”作用，而且形式上的“间隔”也造成语义上的结果。如果说SVO一般表示直接实施某一行为，那么形式动词结构则是一种间接实施的行为。这种语序上的调整导致的动作行为的“间接”实施是促成其书面语体特征的关键。形式动词将宾语动词置于句尾，成为整个句子的焦点，焦点的选择反映了说话者所强调的内容，因此形式动词具有焦点标记作用。

第二节 本书的创新之处

语法学界对形式动词的研究从未停止，成果很是丰富，不仅有像吕叔湘、朱德熙、胡裕树、张斌、龚千炎、李临定、邢福义等语法大家的研究，最近十几年也出现了不少以形式动词为研究对象的学位论文，如吕瑞卿（2006）、于丽丽（2008）、杨虹（2009）、杜群尔（2010）、姜海艳（2020）等。他们从不同角度展开讨论，得出的结论丰富了对形式动词的认识。本书在前辈时贤研究的基础上，力求挖掘未揭示的语言事实，既在宏观上把握形式动词作为“类”的本质属性，也在微观上刻画形式动词成员的独特个性。本书的主要创新之处如下：

第一，本书运用认知语言学的原型范畴理论分析形式动词的范围，揭示了形式动词与普通动词、准谓宾动词、代动词、泛义动词的联系和区别，刻画了形式动词的理想认知模型，明确了形式动词的语法特征，区分了典型成员和非典型成员，对非典型成员也进行了论证，并将形式动词分为三个次类和八个小类，指出它们之间对立互补的关系。我们认为相比于其他研究者所提出的范围和分类，我们的分析、描写对语言事实的反映较为全面、充分。

第二，我们根据 Pustejovsky（1995）所提到的义面交替现象讨论了不同形式动词携带同一动词作宾语的情况，指出形式动词是动词不同义面得以在句中浮现的手段。在此基础上，对近义形式动词作了对比分析，指出它们不同的表达功效。

第三，本书运用词汇化与语法化理论分析了形式动词的演变机制。虽然形式动词具体的演化路径各有特点，但是关键的地方在于宾语逐渐囊括了动词，这其中隐喻机制发挥了重要作用。

第三节 后续研究的展望

限于笔者的水平，本书存在不少不足之处。比如没有对形式动词的成员在语料库中所有相关数据进行统计分析，对语言事实的掌握仍嫌不够深刻，个别形式动词的描写尚不够清楚、细致，在语言学理论与语言事实的结合方面也可能存有缺陷。

关于形式动词，仍有许多问题值得进一步探讨。比如当前语体语法的研究方兴未艾，形式动词在汉语书面语中的价值非常值得深究，这类词应该是汉语书面语语法系统重要的组成部分，如何结合语体语法展开讨论是一个有价值的课题。另外，形式动词成员的个性还需下大力气进行观察、描写。

总之，本书尝试全面挖掘形式动词的成员，分析其演变机制，描写其语法功能及使用特征，希望可以丰富学界对形式动词的认识。

主要参考文献

［1］百方. 对“加以”和“名物化用法”的意见［J］. 语文知识，1957（8）：39.

［2］蔡维天. 论汉语内、外轻动词的分布与诠释［J］. 语言科学，2016，15（4）：362-376.

［3］陈迪明. 说“加以”［J］. 中国语文，1959（7）：338.

［4］陈宁萍. 现代汉语名词词类的扩大［J］. 中国语文，1987（5）：379-389.

［5］陈永莉. 形式动词的范围、次类及特征［J］. 晋阳学刊，2003（3）：92-94.

［6］刁晏斌. 虚义动词论［D］. 天津：南开大学，2004.

［7］董秀芳. 词汇化：汉语双音词的衍生和发展［M］. 修订本. 北京：商务印书馆，2011.

［8］方环海，李洪民. “X以”的成词过程：以“加以”为例［J］. 古汉语研究，2011（4）：31-36.

［9］冯胜利，施春宏. 论语体语法的基本原理、单位层级和语体系统［J］. 世界汉语教学，2018，32（3）：302-325.

［10］傅雨贤. “进行”谓语句及其句式变换［M］//中国社会科学院语言研究所现代汉语研究室. 句型和动词. 北京：语文出版社，1987：151-167.

［11］龚千炎. 论“加以”［J］. 中国语文，1961（2）：19-22.

［12］龚千炎，胡治农. 略说动词“搞”［J］. 中国语文，1979（1）：37-40.

［13］郭锐. 现代汉语词类研究［M］. 北京：商务印书馆，2002.

［14］胡明扬. 语体和语法［J］. 汉语学习，1993（2）：1-4.

［15］胡裕树，范晓. 动词研究［M］. 郑州：河南大学出版社，1995.

［16］胡竹安．谈“加以”［J］．语文知识，1957（5）：38.
［17］华景年．“加以”“予以”是没有生命的字眼吗？［J］．中国语文，1959（11）：537.
［18］黄伯荣，廖序东．现代汉语［M］．增订5版．北京：高等教育出版社，2011.
［19］江蓝生．说“麽”与“们”同源［J］．中国语文，1995（3）：180-190.
［20］蒋绍愚．近代汉语研究概要［M］．北京：北京大学出版社，2005.
［21］姜自霞，丁崇明．虚义动词的完句功能及特点：以“进行”为例［J］．汉语学习，2011（2）：83-88.
［22］匡鹏飞，高逢亮．论“展开”和“开展”［J］．汉语学报，2020（1）：43-50.
［23］李桂梅．形式动词句式的表达功效［J］．语言教学与研究，2012（4）：82-88.
［24］李桂梅．形式动词的共性特征与个体差异［J］．郑州大学学报（哲学社会科学版），2015，48（6）：126-130.
［25］李临定．现代汉语动词［M］．北京：中国社会科学出版社，1990.
［26］刘丹青．“有”字领有句的语义倾向和信息结构［J］．中国语文，2011（2）：99-109.
［27］刘红妮．“加以”的多元词汇化与语法化［J］．语言科学，2011（6）：629-639.
［28］刘培伦．也谈“加以”［J］．语文知识，1957（8）：35-38.
［29］刘瑞明．论“打、作、为”的泛义动词性质及使用特点［J］．湖北大学学报（哲学社会科学版），1992（1）：62-70.
［30］刘勋宁．“做”和“作”［J］．语文建设，2001（12）：22-24.
［31］陆丙甫．汉英主要“事件名词”语义特征［J］．当代语言学，2012，14（1）：1-11.
［32］罗竹风．汉语大词典［M］．上海：上海辞书出版社，2011.
［33］吕叔湘．现代汉语八百词［M］．北京：商务印书馆，1980.
［34］彭睿．“临界环境—语法化项”关系刍议［J］．语言科学，2008（3）：278-290.

［35］仇伟．乏词义结构的认知及功能研究［J］．外国语言文学，2006（1）：1-5.

［36］沈家煊，张姜知．也谈形式动词的功能［J］．华文教学与研究，2013（2）：8-17.

［37］沈家煊．名词和动词［M］．北京：商务印书馆，2016.

［38］沈威．动词“有”和形容词性宾语［J］．汉语学报，2012（3）：8-16.

［39］施春宏．汉语词法和句法的结构异同及相关词法化、词汇化问题［J］．世界汉语教学，2017，31（2）：147-170.

［40］宋玉珂．“进行”的语法作用［J］．语言教学与研究，1982（1）：59-64.

［41］孙德金．现代书面汉语中的文言语法成分研究［M］．北京：商务印书馆，2012.

［42］王灿龙．“有所X”式与“无所X”式及相关问题［J］．中国语文，2014（4）：304-316.

［43］王力．汉语史稿［M］．重排本．北京：中华书局，1980.

［44］王阳畛．谈“加以”的语法特点［J］．中国语文，1959（11）：536.

［45］吴福祥．近年来语法化研究的进展［J］．外语教学与研究，2004（1）：18-24.

［46］邢福义．词类辨难［M］．兰州：甘肃人民出版社，1981：129.

［47］徐烈炯，刘丹青．话题的结构与功能［M］．增订本．上海：上海教育出版社，2007.

［48］薛凤生．试论“把”字句的语义特性［J］．语言教学与研究，1987（1）：4-22.

［49］薛宏武．“有所”的语法化及其表量功能的形成［J］．古汉语研究，2009（3）：27-30.

［50］姚双云．“搞”的语义韵及其功能定位［J］．语言教学与研究，2011（2）：61-68.

［51］尹世超．试论粘着动词［J］．中国语文，1991（6）：401-410.

［52］余志鸿．论古汉语补语的移位［J］．语言研究，1984（1）：

104-113.

［53］袁杰，夏允贻．虚义动词纵横谈［J］．语言研究，1984（2）：31-40.

［54］袁毓林．汉语词类的认知研究和模糊划分［M］．上海：上海教育出版社，2010.

［55］袁毓林．汉语配价语法研究［M］．北京：商务印书馆，2010.

［56］张斌．现代汉语描写语法［M］．北京：商务印书馆，2010.

［57］张赪，荣晶．汉语受事前置句结构的演变及对比研究［J］．语言教学与研究，2008（4）：33-40.

［58］张谊生．现代汉语副词研究［M］．上海：学林出版社，2000.

［59］张谊生．从前加到后附："（有）所"的跨层后缀化研究：兼论"有所"的词汇化及其功能与表达［J］．汉语学报，2014（1）：40-53.

［60］赵艳芳．认知语言学概论［M］．上海：上海外语教育出版社，2001：58.

［61］志村良治．中国中世语法史研究［M］．江蓝生，白维国，译．北京：中华书局，1995.

［62］中国社会科学院语言研究所词典编辑室．现代汉语词典［M］．7版．北京：商务印书馆，2016.

［63］周刚．形式动词的次分类［J］．汉语学习，1987（1）：11-14.

［64］周小兵．"进行""加以"句型比较［J］．汉语学习，1987（6）：1-5.

［65］朱斌．准谓宾动词［D］．济南：山东师范大学，1999.

［66］朱德熙．"加以""进行"之类动词的用法［J］．新闻业务，1961（3）：46-47.

［67］朱德熙．语法讲义［M］．北京：商务印书馆，1982：59-60.

［68］朱德熙．现代书面汉语里的虚化动词和名动词：为第一届国际汉语教学讨论会而作［J］．北京大学学报（哲学社会科学版），1985（5）：1-6.

［69］朱景松．现代汉语同义词词典［M］．北京：语文出版社，

2009：509-510.

[70] 庄会彬. 现代汉语轻动词“打”的来源刍议 [J]. 语言教学与研究，2014 (3)：67-74.

[71] CHOMSKY N. The Minimalist Program [M]. Cambridge, MA：The MIT Press，1995.

[72] GRIMSHAW. The Argument Structure [M]. Cambridge, MA：The MIT Press，1988.

[73] HOPPER P J，TRAUGOTT E C. Grammaticalization [M]. Cambridge：Cambridge University Press，1993.

[74] JESPERSEN. A Modern English Grammar on Historical Principles [M]. London：Routledge，1924.

[75] KATE K. Light Verbs in English [M]. Cambridge，MA：The MIT Press，1988.

[76] LAKOFF J. Metaphors We Live By [M]. Chicago：The University of Chicago Press，1980.

[77] LAKOFF G. Women，Fire and Dangerous Things：What Categories Reveal about the Mind [M]. Chicago：The University of Chicago Press，1987.

[78] LANGACKER R W. Foundations of Cognitive Grammar Vol. Ⅰ：Theoretical Prerequisites [M]. Standford，Caforlinia：Standford University Press，1987.

[79] PUSTEJOVSKY J. The Genereative Lexicon [M]. Cambridge，MA：The MIT Press，1995.

[80] WIERZBICKA A. Why Can You Have a Drink when You Can't * Have an Ent? [J]. Language，1982，58 (4)：753-799.

后　　记

出版此书受到了导师匡鹏飞教授的鼓励。匡老师一直关心我的学业、事业的发展，给我提供了很多指导和帮助。除了对问题加以深入的讨论，匡老师还组织师门定期举办学术沙龙，这给我们提供了相互切磋的机会。大家在这个沙龙上开诚布公，不留情面地指出问题，提出建议，一方面让我们学会了学术讨论的态度和方法，另一方面提高了汇报者的论文质量。我与匡老师发表在《语言教学与研究》上的论文《试论“V出”类形式动词及其词汇化》就曾经在沙龙上汇报过，并且深受同门所提建议的启发。我深切地感觉到在攻读博士学位阶段论文写作能力得到了较大的提高。匡老师在词汇化方面有比较深入的研究，他一开始想让我做词汇化方面的研究，但是一方面我当时对词汇化了解很不够，有畏难情绪，另一方面我对形式动词还“念念不忘”，觉得还有很多问题值得进一步研究。匡老师也就没有再坚持让我做词汇化的理论研究。实际上，他经常使用的共时和历时相结合的研究方法我十分认同，也试着用这种方法分析形式动词的演变问题。匡老师平易近人，对待学生温和宽厚，十分体谅我的难处。我开始读博时孩子刚刚出生，老人身体不好，经常生病，我又是在职读博，工作任务也比较繁重，那段时间我的压力是非常大的，好在匡老师尽可能地为我提供方便，给我减轻负担。对于导师的帮助，我永远感念。

博士论文答辩时，邢福义先生担任答辩委员会主席。邢先生就我的论文提了两个问题，我认真地进行了回答。其中一个是关于“进行”和“加以”的区别的。邢先生虽然年事已高，但是思维敏捷，提的问题很有针对性。骆小所先生提到了教学语法的问题，我当时误以为是对外汉语教学语法方面的，答得不好，实际上骆先生关心的是中学语文教学中的教学语法问题。邢先生和骆先生还就教学语法方面的问题交流了起来，骆先生还说我们这些博士生可以去做这个课题，邢先生语重心长地说了句“功力不够”。在答辩会上，我深深地感受到了大学者的学术魅力。邢先生对我们的殷切期望也鼓励我要继续努力。

形式动词的研究其实我在硕士阶段就开始了。当时我在跟我的硕士导师孙德金先生汇报论文选题的情况时，说我想写形式动词方面的问题。孙老师十分认可这个想法，并且给我定下《论形式动词的范围》这个题目，我本来想不只是写范围，方方面面都想写一写。孙老师告诫我说，硕士论文体量小，不要贪多，先解决范围问题再说。他还说，其他的问题可以后读博士阶段再写。孙老师给我的鼓励是我能坚持走学术这条道路的重要动力。现在回想起来，孙老师十分赞成我做形式动词方面的研究可能有两方面原因。一是胡明扬先生曾经在《汉语学习》上发表过一篇文章——《语体和语法》，里面谈到了形式动词首先在翻译文章中出现，然后扩大开来，纳入现代汉语语法体系有一定的麻烦。二是汉语词类问题复杂，胡先生曾组织词类问题考察，主张揭示问题的特殊性，不避疑难。孙老师在 2016 年因为意外溘然离世，令学界为之惋惜。我时常回想起孙老师给我们上课及同门聚餐的情景。我觉得只有努力在学术之路上探索，脚踏实地做学问，才能告慰孙老师在天之灵。

我在 2021 年 12 月进入上海师范大学中国语言文学博士后流动站，跟随宗守云先生做研究，因为疫情原因，主要是通过邮件与宗老师沟通。我每次把文章发给宗老师，他总是很快就给予回复，即使在上海疫情最严重的时候也是如此。宗老师对文章质量要求比较高，强调结合理论分析问题，我的理论视野是比较狭窄的，宗老师眼界开阔，问题看得更为通透，提的建议总让我感觉耳目一新。

胡明扬先生、邢福义先生，以及我的三位导师，有一个重要的共性，就是强调把语言事实描写清楚，不以事实迁就理论，理论的选择必须契合事实。这对我的影响是很大的，做语言研究不能为理论而理论，对语言事实的描写是基础，描写的充分性都做不到，解释的充分性就谈不上。

在我成长的道路上，要感谢很多人。感谢我的妻子、女儿、父母、岳父岳母，他们始终让我感受到家庭的温馨、幸福，即使我庸庸碌碌，他们也不离不弃，尽可能地支持我、鼓励我；感谢华中师范大学汪国胜、姚双云、谢晓明、刘云、张邱林、朱斌、罗耀华、沈威、朱芸、张磊、陆方喆、崔四行等老师，他们曾以不同形式对我的论文提出过修改建议，或者提供过其他帮助，朱斌老师是我的老乡，是准谓宾动词方面的专家，在动词研究方面给我提供了大量指导，让我受益匪浅；感谢中南民族大学文学与新闻传播学院的全体领导和老师，特别是语言学专业的几位老师，他们让我感受到来自集体的温暖；感谢我的同学和朋友们，牛长伟、陈禹、李延波、武梅琳、袁昱菡、吴胜伟、吕文涛、张利蕊、付开平、万晓丽、宋增文等青年学者，他们勤奋好学，对学术研究孜孜不倦，是我学习的榜样。当然，要感谢的人还有很多，还有很多老师、朋友、学生值得致谢，在这里我只能是随想随写，必然不全面，一一写下名字是不可能做到的，但我会谨记于心，你们的善意是我奋力前行路上的鲜花，让我领略到人世间的美好。

此书事实上尚存不少问题，特别是还有一些题目值得研究，如果等到这些问题都搞清楚了再出版会更加成熟，但是那样的话出版就会遥遥无期，所以，恰逢有出版的机会，只能仓促付梓。

做学问真的太难，难在外界干扰多，当别人发表高级别文章、晋升职称、获得各种荣誉奖励时，内心常常会泛起阵阵涟漪：自己究竟行不行？能不能做出科研成果？心无旁骛，静下心来看书、写文章，谈何容易？但是，除此之外，似乎于我而言也没有别的选择。“不是风动，不是幡动，仁者心动”，关键还是自己要守护好内心的静谧。好在，足以安慰我的是，研究语言问题是我的兴趣所在，“亦余心之所善兮，虽九死其犹未悔”。

高逢亮

2022 年 12 月 30 日于未悔斋